Typisch Oma, typisch Opa?!

Damit der Faden nicht reißt

Edition GroßelternAkademie

Marianne und Reinhard Kopp

Typisch Oma, typisch Opa?!

Damit der Faden nicht reißt

Edition GroßelternAkademie

Marianne und Reinhard Kopp

Marianne und Reinhard Kopp beschäftigen sich seit der Geburt ihres ersten Enkelkindes vor mehr als fünfzehn Jahren mit Großelternschaft.

Sie haben die GroßelternAkademie als Privatinitiative gegründet, halten Vorträge, Seminare und Workshops zur Großelternschaft. Sie leben in der Nähe von Ulm.

Alle Beispiele aus der Ich-Perspektive stammen vorwiegend von Marianne

Impressum

Bibliografische Information der Deutschen Nationalbibliothek:
Die Deutsche Nationalbibliothek verzeichnet diese Publikation in der Deutschen Nationalbibliografie; detaillierte bibliografische Daten sind im Internet über http://dnb.dnb.de abrufbar.

Die automatisierte Analyse des Werkes, um daraus Informationen insbesondere über Muster, Trends und Korrelationen gemäß §44b UrhG (»Text und Data Mining«) zu gewinnen, ist untersagt.

© 2024 Marianne und Reinhard Kopp

Verlag: BoD • Books on Demand GmbH, In de Tarpen 42, 22848 Norderstedt
Druck: Libri Plureos GmbH, Friedensallee 273, 22763 Hamburg

ISBN: 978-3-7597-9425-3

Inhaltsverzeichnis

Unsern Enkeln Finn, Svenja, Tian, Pepe und Aria

Ohne Euch hätten wir uns nie auf diese Reise begeben.

VORWORT ZUR ZWEITEN AUFLAGE

Das Erscheinen unseres ersten Buches »Typisch Oma, typisch Opa?!« (2019) ist zwar erst ein paar wenige Jahre her, dennoch kommt es uns so vor, als sei viel mehr Zeit vergangen. Mitten in Europa tobt ein Krieg, »Fridays for Future« hat sich gegründet und als Pendant »Omas for Future«. Menschen jeden Alters bewaffnen sich mit Sekundenkleber und blockieren wichtige Straßen, indem sie sich auf die Fahrbahn kleben. Klimaschutz und Nachhaltigkeit dürften auch bei der Seniorengeneration wenigstens als Begriffe angekommen sein.

Dazu kommt, dass mancher von uns Älteren sich von Unternehmen wie der Deutschen Bahn ins Abseits gedrängt fühlt, weil Fahrkarten nur noch am Automaten erhältlich sind, die menügesteuert sind und wer dieses Prinzip nicht beherrscht, wird vom öffentlichen Verkehr ausgeschlossen.

Um die Themen Klimaschutz, Digitalisierung, Verwöhnen und heutige Altersbilder haben wir diese Auflage ergänzt.

Den Oma-Opa-Test aber suchen Sie vergeblich. Wir haben ihn ein wenig überarbeitet und unter dem Titel »Küche, Kreuzfahrt, Kombizange?« als Buch herausgebracht.

Wir hoffen, dass mit unserm Großelternratgeber wieder eine praxistaugliche Handreichung für den persönlichen oder den Gebrauch in Großeltern-Gruppen herausgekommen ist.

Marianne und Reinhard Kopp, GroßelternAkademie

AM ANFANG

räumen wir mit dem Mythos auf, dass früher alles besser war und erklären Ihnen, wer die Großelternrolle eigentlich erfunden hat.

Liebe Großeltern,

wenn Sie an Ihre Großeltern denken, was fällt Ihnen ein? Oder auf? Gehen wir zeitlich noch weiter zurück: Besitzen Sie eventuell noch vergilbte Fotos aus der Zeit Ihrer Urgroßeltern, einer Zeit, in der heiß diskutiert wurde, ob Frauen Fahrradfahren dürften? Dass auf solchen Fotos alle angestrengt dreinblicken, lassen wir außen vor. Das war der Fototechnik mit ihren langen Belichtungszeiten geschuldet. Uns fällt auf, dass es sich wirklich um alte Leute handelt, alt im Sinn von hilfsbedürftig, unselbstständig, vulnerabel. Gebrechliche alte Leute. Auch wenn sie auf solchen Fotos aufrecht stehen und mit Würde in die Kamera blicken, lebten die wenigsten von ihnen allein und selbstbestimmt. Viele waren von der nachfolgenden Generation finanziell und sozial abhängig. Nur wenige wurden älter als achtzig Jahre und davor waren sie meist so gebrechlich, dass die Tage mit zunehmendem Alter mühseliger wurden. Nur die wenigsten konnten Großelternschaft mit Enkeln leben oder ein Rentnerdasein genießen, das dem der heutigen Senioren auch nur annähernd vergleichbar wäre.

Die Großeltern unserer Großeltern und die Seniorengenerationen vor ihnen waren eher auf Hilfe angewiesen, als dass sie andern helfen konnten, z. B. im Haushalt oder bei der Erziehung der Enkel. Viele Großväter litten unter Kriegsverletzungen und Altersbeschwerden, unsere Großmütter waren gebeugt von der Last ihrer Jahre. Anstelle von Parfüm gebrauchten sie mit Mitte sechzig Einreibesalben. Ein farbenfrohes Kleid tragen? Das war doch unanständig, alte Leute hatten sich seinerzeit dunkel, mindestens in gedeckten Farben, zu kleiden. Zärtlichkeiten und Sexualität? Vielleicht eine neue Partnerschaft? So etwas schickte sich für Großeltern der vergangenen Jahrhunderte nicht.

Abgesehen vom Äußeren und der gesundheitlichen Lage, wie erinnern Sie Ihre Großeltern sonst? Nett, freundlich, gütig? Oder dominant, herrschsüchtig und zänkisch? Welches Bild haben Sie durch Ihre Großeltern von der älteren Generation mitbekommen? Haben Sie sich eigentlich mal gefragt, wie Sie Ihr Großelterndasein gestalten möchten, oder sind Sie in diese Rolle hineingewachsen, ohne weiter darüber nachzudenken? Gehören Sie zu jener Sorte Großeltern, die glauben, wenn Sie genügend Zeit für die Enkel reservieren, alles getan zu haben? Ist der Trend der »neuen Alten«, der Generation 50 plus, bisher an Ihnen vorüber gegangen?

Vieles, auch bei der Großelternrolle, übernehmen wir durch Nachahmung

Der Großvater hatte immer Sahnebonbons in der Tasche, wenn er Sie besuchte? Denken Sie, Sie sollten es ihm gleichtun? Während Sie seinerzeit gejubelt haben, wenn Opa kam und es Sahnebonbons gab, mault Ihr Enkel und protestiert lauthals, denn er will einen Müsliriegel, Marke *Bio*. Schon ist man als Opa oder Oma irritiert. Mochten Sie sich seinerzeit wie ein König gefreut haben, als die Großeltern zum Geburtstag ein *Mensch-ärgere-dich-nicht* als Geschenk brachten, tangiert das Ihren Enkel nur mäßig, denn gesspielt wird inzwischen stundenlang auf dem Handy mit virtuellen Teilnehmern und Sie sind außen vor. Lebensmuster, die jahrhundertelang verbindlich waren, sind in Auflösung. Die rasanten Entwicklungen unserer Zeit machen nicht halt vor unserer überlieferten Großelternrolle und dem traditionellen Familienleben. Statt über Büchern sitzen die meisten Schulkinder gebeugt über einem winzigen Bildschirm und bewgen ihre Daumen in rasender Geschwindigkeit übers Display.

Ein anderes, überkommenes Muster, ist die ständige Verfügbarkeit von Oma und Opa, als hätten die nichts Besseres zu tun, als stets in Rufbereitschaft zu sein. Sich nicht vereinnahmen zu lassen, aber dennoch aktiv am Leben der Kinder und Enkel teilzuhaben, wie soll das gehen? Wie können wir mit unseren Stärken den Kindern helfend zur Seite stehen? Sind wir die Zahlmeister der Familie? Dürfen Oma und Opa ein selbstbestimmtes Leben führen?

Fragen über Fragen, denen wir nachgegangen sind, weil wir selber eine schlüssige Antwort darauf zu finden hofften. Wir haben Erstaunliches entdeckt. Zum Beispiel, dass früher nicht alles besser war.

Früher war nicht alles besser

Um einen Einblick in das soziale Leben der Menschen von vor 400 Jahren zu erhalten, haben Forscher Lebensgeschichten, Leichenpredigten, Testamente, Heiratsurkunden, Klageschriften, Personenstandslisten und sogar Gemälde und Bilder analysiert und Erstaunliches herausgefunden. Statt Ehrfurcht vor dem Alter fanden sie eher Feindseligkeit. Wer nichts zum Lebensunterhalt beitragen konnte, war ein unnützer Esser. Alte, bettlägrige Menschen waren nutzlos. Ihnen blieb nach damaligem Verständnis nur, auf die Gnade Gottes zu hoffen, was für Spott sorgte. Ihnen gebührte nach dieser Lesart keine Ehrfurcht, sondern Verachtung.

Gemälde, auf denen alte Menschen und Kinder miteinander abgebildet sind, wurden lange Zeit als Darstellung eines innigen Verhältnisses der alten und jungen Generation fehlinterpretiert. Die neuere Forschung fand inzwischen heraus, dass hier der Kontrast zwischen der blühenden Jugend und dem vergänglichen, verabscheuungswürdigen Alter dargestellt werden sollte. Genieße die Jugend, so die Botschaft an die damaligen Zeitgenossen, denn allzu schnell kommt das Alter und damit die Vergänglichkeit.

Von Aegidius Albertinus, einem Schriftsteller, sind uns 13 Privilegien alter Leute aus dem Jahre 1610 überliefert. Die Vorrechte, die er alten Menschen zuzugestehen scheint, sind Vorrechte in Anführungszeichen. Albertinus schien alte Menschen zu verabscheuen. Nicht nur, dass er Alter mit Bedrückung und Last gleichsetzte, er verhöhnte die alten Menschen als nutzlos und rückwärtsgewandt, im Bett liegend und auf den Tod wartend. Er war mit seiner Ansicht nicht allein. Alter hatte nach damaliger Auffassung keine Zukunft und war sinnlos. Denn alte, gebrechliche Menschen steuerten nichts zum Familienunterhalt bei. Alte Menschen waren unnütz, lebten von Gnadenbrot. Heute würde solches Verhalten als Altersrassismus gebrandmarkt, auf das sich die Boulevardmedien mit Wonne stürzen würden.

Die damalige ältere Generation hatte ihren Fortpflanzungsauftrag erfüllt und wurde nicht mehr gebraucht. Das innige Band zwischen Großeltern und Enkeln, wie es sich Jahrhunderte später zwischen den Generationen knüpfte, war noch nicht mal am Beginn, das Wort Großeltern noch nicht im Gebrauch. Die Großmutter war die Ahnfrau, der Großvater der Ahnherr.

Im 16. und 17. Jahrhundert entstanden Bürgerspitäler oder Siechenhäuser, in denen alte Menschen lebten. Seine Bewohner waren von den Enkelkindern und deren Entwicklung getrennt und vom sozialen Leben außerhalb abgekoppelt. Bei der Landbevölkerung lebten die Alten zwar auf dem Altenteil und damit bei der Familie auf dem Hof, jedoch ohne emotionale Beziehung zur jungen Generation. Was uns hier grausam erscheinen mag, war auch dem Verständnis geschuldet, dass Kindheit noch nicht als Entwicklungsphase galt. Schulbildung oder Spiel waren ausschließlich dem Nachwuchs der Wohlhabenden vorbehalten.

Nachkommenschaft hatte in diesen Zeiten einen rein sozialen Aspekt. Für die ärmere Bevölkerung waren Kinder billige Arbeitskräfte und bei den Wohlhabenden als Erben die Garanten, dass der Besitz nicht an Fremde fallen würde. Kinder waren die Altersversicherung vor dem Hungertod. Ein emotionales Verhältnis, wie es heute zwischen Kindern und Eltern besteht, kannte man zu dieser Zeit nicht.

Das Wort Enkel soll vom Wort Ahne kommen, gebildet in der Ansicht, dass Enkelsöhne eine Wiedergeburt des Großvaters seien, weshalb sie oft dessen Vornamen trugen. Verbunden war diese Namensgebung mit der Hoffnung, dass sich die Kraft und die guten Eigenschaften des Großvaters auf das Enkelchen übertragen sollten.

Machen wir einen Zeitsprung ins 18. Jahrhundert. Eine der ersten ausführlichen Beschreibungen großelterlichen Lebens finden wir bei keinem geringeren als dem Dichterfürsten Goethe. Goethe und sein Großvater hatten das, was wir heute eine Enkel-Großvaterbeziehung nennen. Goethes Großeltern lebten in einem eigenen Haus, der Großvater war sogar noch berufstätig, wie sein Enkel Johann Wolfgang berichtet. Aus des Enkels Feder fließt ein gewisses Erstaunen über die Lebensweise alter Leute: Das Mittagsschläfchen, die »altmodische«

Gesinnung, die Wohnungseinrichtung. Diese Äußerungen könnten durchaus auch von der heutigen Enkelgeneration stammen. Goethe konnte sich beispielsweise nicht erinnern, dass seine Großeltern sich etwas Neues angeschafft hätten. Großmütter hatten zu Goethes Zeit übrigens keinen eigenen Stellenwert, weshalb sie auch kaum erwähnt wurden.

Zwei Kunstfiguren entstehen

Von den Gebrüdern Grimm wird berichtet, dass sie ihrem Großvater regelmäßig Briefe schrieben, worin sie von ihren Fortschritten nicht nur in der Schule, sondern auch in ihrer Persönlichkeitsentwicklung berichteten. Der Großvater seinerseits geizte nicht mit Ermahnungen und guten Ratschlägen. Eine von Großeltern besonders geforderte Enkeleigenschaft – dieser Anspruch hat sich bis heute erhalten – begann sich damals herauszukristallisieren: das Bravsein. Immer wieder versicherten die Gebrüder Grimm ihrem Großvater, dass sie recht artig seien.

Im 19. Jahrhundert versorgte die expandierende Druckindustrie auch die einfache Bevölkerung mit einer steigenden Anzahl von Medien. Über Wanderhändler vertriebene Bilderbögen vermittelten auch auf dem Lande ein bürgerliches Familienmodell und gaben beim Großelternleitbild die Norm vor. Großväter wurden zu Hütern und Bewahrern der damaligen Moralvorstellungen aufgebaut und auf diese Weise zu Autoritäten innerhalb der Familie. Jedoch verschob sich diese scheinbar gefestigte Rolle recht schnell zugunsten der Großmutter. Sie wurde allmählich zur Bewahrerin der Religiosität und prägte die bis heute geltende Vorstellung: zunehmendes Alter bedeute zunehmende Frömmigkeit.

Mitte des 19. Jahrhunderts erschien das Familienmagazin »Die Gartenlaube«. Diese Zeitschrift prägte die Großelternrolle nachhaltig. Das 19. Jahrhundert ist nicht nur das Jahrhundert der Industrialisierung, des Darwinismus und der sozialdemokratischen Idee, es ist auch das Jahrhundert zweier Kunstfiguren: des Großvaters und der Großmutter. Das Idealbild der sogenannten trigenerativen bürgerlichen Familie wurde geformt: Großeltern, Eltern, Kinder. Es gehörte sich einfach, auf Familienbildern mehrere Generationen abzubilden. Waren die Großeltern bereits verstorben, wurden sie dennoch dazu gemalt. Weihnachten in Familie hat in dieser Zeit seinen Ursprung: die ganze Familie am Heiligabend mit den Großeltern unterm Tannenbaum. Brave Enkel bekommen von freundlich und gütig dreinblickenden Großeltern Geschenke.

Gleichzeitig begann in dieser Zeit das Zelebrieren von Kindergeburtstagen. Statt an Namenstagen kamen die Großeltern zum Geburtstag zu gratulieren und brachten Geschenke. Altersgebrechlichkeit war inzwischen nicht mehr Anlass zu Spott, sondern, im Gegenteil, respektabel. Ehrerbietung gebührte der Großmutter in gedeckter Kleidung, mit Haube oder Kopftuch, dem Großvater mit Bart und Pfeife. Die Metamorphose von der totalen Verachtung alter Leute zu ihrer Überhöhung war damit vollzogen.

Anfang des 20. Jahrhunderts entdeckte die Werbung Großmütter als weise alte Frauen und setzte sie in Bezug zu den Enkelkindern: Großmutter brüht dem Enkel Malzkaffee oder weiß, welche Seife am besten reinigt. Bis zum Ende des Zweiten Weltkrieges und darüber hinaus hielten sich die Bilder von der weisen Großmutter und dem alten, gütigen, aber auch autoritären Großvater. Auf der anderen Seite formte sich die Vorstellung, dass Menschen im fortgeschrittenen Alter keine Wünsche mehr hatten.

Die Kunstfiguren verabschieden sich allmählich ins Museum

Großeltern von heute sind alles andere als hilflose und von ihren Nachkommen abhängige Greise. Großeltern von heute sind gesünder, als es Menschen in ihrem Alter je waren. Sie sind selbstständig und meist finanziell unabhängig. Sie können gut und gerne allein leben, nicht mehr angewiesen auf ein familiäres Umfeld. Nicht wenige gestalten ihren Lebensabend auf diese Weise. Sie gehen auf Kreuzfahrt oder fliegen auf andere Kontinente. Wie die Jungen gehen sie shoppen und sitzen nachmittags in Cafés oder surfen im Internet. Ihnen steht, mit wenigen Abstrichen, die Welt offen. Sie haben die Zeit und das Geld und die meisten sogar Enkel.

Damit Sie das eine nicht lassen müssen, aber das andere auch tun können, nämlich sich um Ihre Enkel kümmern, dafür haben wir dieses Buch geschrieben. Es soll Ihnen zu einem gesunden Maß zwischen Selbstständigkeit und der Bereitschaft, für die Familie da zu sein, verhelfen. Großvater oder Großmutter zu sein ist ein spannendes Abenteuer.

NICHT WIE EIN EI DEM ANDERN

Bei aller Unterschiedlichkeit der Familienformen haben wir Großeltern wichtige Aufgaben.

Bei unseren Seminaren zerlegen wir gerne die Worte GROSSELTERN und ENKELKINDER in ihre einzelnen Buchstaben und bitten die Teilnehmer, jedem Buchstaben ein thematisch bezogenes Wort zuzuordnen.

Hier ein paar Antworten:

G   Großzügigkeit, Güte, Gefühle

R   Ruhe, Rückständigkeit, Rückschau, Rat, Räume, Reisen

O   Offenheit, Opfer, Orientierung

S   Sorgenhelfer, Sehnsucht

S   Seelentröster, Sicherheit

E   Erfahrung, Einfühlsamkeit, Essen

L   Liebe, Loslassen

T   Treue, Trösten

E   Erfahrung, Ehrfurcht

R   Richtschnur, Regeln

N   Neugier, Nähe

E	Energie
N	Neugierde
K	Kritik, Kreativität
E	Erlebnisfreude, Elan, Erlebnisse
L	Liebe, Langeweile
K	Kreativität, Kuscheln
I	Interesse
N	Natürlichkeit, Nachahmen
D	Diskussionsfreude, Draufgänger
E	Extreme, Ehrgeiz, Ekel
R	Respekt, Raufen, Reizüberflutung, Rappel

Diese Denkübung zeigt bereits: Unsere Rolle scheint immer noch festgeschrieben und klar und wir fühlen uns ihr mehr oder weniger verpflichtet. Wer diese Verpflichtung abschüttelt, aus welchen Gründen auch immer, muss sich stets erklären, verteidigen und oft sein eigenes Gewissen beruhigen.

Wir sind noch immer geprägt von einem Großelternbild aus dem vorvorigen Jahrhundert.

Um Ihnen zu verdeutlichen, wie Sie momentan Ihre Rolle als Großeltern sehen, kreuzen Sie bitte die entsprechenden Antworten an:

Welche soziale Funktion erfüllen Großeltern Ihrer Meinung nach?

Kreuzen Sie an, was Ihnen wichtig ist. Machen Sie dort ein Häkchen, wo Sie momentan stehen.

☐ Betreuung

☐ Erziehung

☐ Sponsoring

☐ Brücke in die Vergangenheit

Welche emotionale Funktion haben Großeltern bei der Entwicklung der Enkelkinder?

Kreuzen Sie an, was Ihnen wichtig ist. Machen Sie dort ein Häkchen, wo Sie momentan stehen.

Großeltern ...

☐ fördern die Entwicklung

☐ fördern die Widerstandsfähigkeit (Kinder stark machen)

☐ fördern die sprachliche und schulische Entwicklung

☐ geben ein Sicherheitsgefühl

☐ geben Wurzeln

Großeltern fördern die kindliche Entwicklung

Besonders Großmütter nehmen eine führende Rolle ein, wenn sie die Enkelkinder betreuen, wobei sie nebenher noch dies und das im Haushalt erledigen.

Immer wichtiger werden auch die Großväter beim Werdegang der Enkel. Lassen Großväter das Enkelkind an verschiedenen handwerklichen, gärtnerischen oder sonstigen Tätigkeiten Anteil nehmen, gibt solche Anleitung der Entwicklung der jungen Generation einen riesigen Schub. Dazu gehört auch die Vorbildfunktion bei der Ausübung eines Ehrenamtes. Dazu am Schluss dieses Buches mehr. Großväter von heute kochen übrigens genauso gut wie Großmütter.

Um die kindliche Entwicklung der Enkelkinder zu unterstützen, bedarf es darum keines speziell ausgearbeiteten Förderprogramms. Schon das Einbeziehen der Kleinen in die ganz normalen alltäglichen Abläufe unterstützt die kindliche Entfaltung.

Großeltern fördern die Widerstandsfähigkeit der Kinder

Bringen Sie den Enkeln bei, Grenzen zu ziehen, indem Sie auch selber welche ziehen. Denn es gibt Schränke, Schubladen, Räume und dergleichen, die nur für Sie zugänglich sind, in denen niemand anderes etwas zu suchen hat. Ziehen Sie in Gegenwart der Enkel auch mal Grenzen Ihren Mitmenschen gegenüber, indem Sie sich Unhöflichkeiten jeglicher Art verbitten. Dadurch machen Sie sich nicht zum hilflosen Opfer und geben den Kleinen ein Beispiel, wie das Zusammenleben funktioniert.

Lehren Sie die Enkel besonders das Recht auf ihren eigenen Körper. Bedenken Sie: Kinder haben das Recht, nein zu sagen. Nein, sie wollen nicht geküsst werden und nicht küssen. Nein, sie wollen nicht gestreichelt werden. Das kann kurz darauf wieder anders sein, aber akzeptieren Sie die momentane Verfassung. Wenn Opa die Kleinen ungeniert, ungefragt und übergriffig betatscht, werden sie glauben, das sei normal und auf diese Weise leichte Beute für Pädophile. Großeltern stärken die Widerstandsfähigkeit der Enkel, indem sie ihnen helfen, zu sich selber, ihrem Aussehen und ihren Fähigkeiten zu stehen.

Großeltern fördern die sprachliche und schulische Entwicklung

Schon die normale Ansprache und die alltägliche Unterhaltung miteinander, fördern die sprachliche Entwicklung eines Kindes. Auch Vorlesen, miteinander singen und erzählen gehören dazu. Vielleicht hat mancher von Ihnen in den Zeiten des Lockdowns Enkeln und deren

Eltern beim Homeschooling mit unter die Arme gegriffen. Großeltern haben ihren Internetanschluss zur Verfügung gestellt, damit die Enkel Mathe, Deutsch, Physik u. a. per Videoschalte mitverfolgen konnten. Die entsprechenden Arbeitsblätter wurden hochgeladen und ausgedruckt. So waren wir alle ganz nahe dran an den schulischen Anforderungen von heute und konnten vielen Enkeleltern eine riesige Last abnehmen.

Großeltern geben den Enkeln ein Sicherheitsgefühl

Alle Menschen brauchen das Urvertrauen, das Gefühl, dazuzugehören und geborgen zu sein, eben *die* Gewissheit, dass irgendwie alles lösbar ist und gut wird. Alles zusammen gibt uns ein Sicherheitsgefühl mit dem Wissen, an einem bestimmten Ort Geborgenheit zu finden, geschützt zu sein, sich einigeln zu dürfen. Menschen, die dieses Urvertrauen nicht haben, werden ein Leben lang an sich selbst zweifeln, sind auf haltlos und getrieben. Solche Menschen werden leichter zu Opfern. Dazu später mehr.

Großeltern dürfen sich zwar nicht in elterliche Ehekonflikte einmischen, aber sie dürfen in solchen Situationen verstärkt für die Enkel da sein. Nicht, indem sie Partei ergreifen und Vater oder Mutter bei den Kindern schlecht machen, sondern, indem sie den Enkelkindern Sicherheit geben. Indem sie trösten und ihnen klarmachen, dass es nicht kindliche Schuld ist, warum Eltern sich streiten oder sogar trennen. Auch bei anderen Lebenskonflikten, Krankheit oder Tod, dürfen Großeltern die letzte Rückzugsmöglichkeit für die Enkel sein, ihr Rettungsanker, ihre Fluchtburg.

Großeltern sind die Wurzeln der Familie

Schon durch ihre bloße Existenz sind Großeltern die Wurzeln der Familie. Sie sind der Ursprung, aus dem die nachfolgenden Generationen entstehen und beantworten den Enkeln die wichtige Frage: Wo komme ich her? Die menschliche Existenz braucht diesen familiären Rahmen. Wer die Frage nach seiner persönlichen Herkunft konkret beantworten kann, hat einen wichtigen Schritt ins Leben getan. Aufgrund dieses Wissens kann das Enkelkind getrost an seiner eigenen

Lebenszukunft bauen und damit die Frage nach dem Wohin ausreichend beantworten. Wer nicht weiß, woher er kommt, wird das Wohin schwerer herausfinden. Wer sich als Teil einer Familie, Sippe oder Dynastie versteht, hat es leichter, im Leben Fuß zu fassen.

Sollten Sie, liebe Großeltern, durch tragische oder besondere Umstände selber keine Wurzeln haben, so bietet sich durch die Enkelgeneration die Gelegenheit, welche zu bilden. Zwar können Sie in solchem Fall nicht zurückblicken auf Eltern, Großeltern oder andere Verwandte, aber Sie können nach vorne schauen, auf Ihre eigenen Kinder und Enkel, die Ihnen Halt und Lebenssinn geben. Ihnen dürfte deshalb die Familie besonders wertvoll sein. Bringen Sie das auf jeden Fall zum Ausdruck, es stärkt nicht nur Sie, sondern auch Ihre Kinder und Kindeskinder. Die Wurzelmetapher greifen wir nochmal im Kapitel »Was Großeltern dürfen« auf.

Wie wir unsere Rolle als Großeltern ausleben, hängt von vielen unterschiedlichen Faktoren ab, nicht zuletzt von uns selbst

Junge Großeltern um die fünfzig, die selbst noch voll im Berufsleben stehen und eigene Kinder erziehen, werden andere Großeltern sein als Neunzigjährige, die vielleicht im Seniorenheim leben. Für Fünfzigjährige ist die Großelternschaft eher eine bedeutende Nebenrolle, die sie zwar mit viel Engagement ausüben, die aber noch nicht zum dominierenden Lebensinhalt wird. Denn das Berufsleben verlangt ihnen alles ab. Sind noch jüngere Kinder da, so werden die Enkel unkompliziert zusammen mit diesen groß. Die neunzigjährigen Großeltern im Seniorenheim aber – und das ist heutzutage keine Unmöglichkeit mehr – sind eine gute Anlaufstelle für Gespräche und Gedankenaustausch. Oft werden sie – auch das sagen uns entsprechende Statistiken – als »Kreditinstitut« oder »Mäzene« fungieren, die aufgrund ihrer finanziellen Verhältnisse ihren Enkeln gerne beispringen.

Heute spricht man von sechzig als dem neuen vierzig, d. h., noch bis zum Zweiten Weltkrieg und etwas danach, waren Menschen mit vierzig alt und verbraucht. Die Oma im gleichnamigen Roman von Peter

Härtling, 1978 erschienen, ist erst siebenundsechzig. Der Autor beschreibt sie, als handele es sich um eine Greisin: alt, gebrechlich, verbraucht und nicht mehr auf der Höhe der Zeit. Heute, fast vierzig Jahre später, sind Siebenundsechzigjährige noch gut in Schuss und fühlen sich jung genug für neue Herausforderungen. Heute erkennt man Omas nicht mehr automatisch an der dunklen Kittelschürze und dem schwarzen Kopftuch. Großmütter von heute tragen selbstbewusst Miniröcke in aktuellen Farben, die Großväter sehen in ihren T-Shirts und den Dreiviertelhosen keinesfalls albern aus. In unserm Zeitalter darf jeder alles tragen, tun oder lassen – wie er oder sie kann und mag. Das spielt uns Großeltern doch bestens in die Hände! Davon können wir profitieren! Wir leben nicht mehr in den Zwängen von »das gehört sich nicht!« oder »was werden die Nachbarn sagen« oder »was denken die andern!« Was die andern denken oder sagen, muss uns nicht interessieren, wir sind heutzutage unser eigener Maßstab. Erlaubt ist, was gefällt, behagt, Spaß macht, ein gutes Gefühl gibt.

Dennoch wäre es falsch zu behaupten, unsere heutige Freiheit sei grenzenlos. Wir unterliegen dennoch manchen Zwängen. Die Gesundheit ist neben dem Finanziellen ein Faktor, der unsere Lebensumstände gravierend bestimmt. Auch gilt es zu beachten, wie wir leben: sind wir noch als Ehepaar zusammen oder in wechselnden Lebenspartnerschaften, die uns viel abverlangen? Leben wir getrennt, geschieden oder in einer gleichgeschlechtlichen Lebensgemeinschaft? All das wird unsere Großelternrolle auf die eine oder andere Weise beeinflussen.

Von nicht geringer Bedeutung ist auch die Frage, in welchen Wohnverhältnissen Großeltern leben. Ihre Rolle gestaltet sich anders, wenn Sie im Heim untergebracht sind, als wenn Sie in einer kleinen Stadtwohnung leben oder noch immer in dem Haus, in dem auch Ihre Kinder groß geworden sind.

Auch nicht zu vernachlässigen. Zu welcher Gesellschaftsschicht gehören wir? Die Shell-Jugendstudie unterscheidet nach Unterschicht, untere Mittelschicht, Mittelschicht, obere Mittelschicht und Oberschicht. Steht Ihnen monatlich gerade die Grundsicherung zur Verfügung, haben Sie ein geregeltes Einkommen oder ist Ihr Gehalt so hoch, dass Sie zu denen gehören, die sich mehr leisten können als die meisten? Alles Faktoren, die unsere Großelternrolle beeinflussen.

Selbst wenn der reiche Opa geizig ist, macht es doch einen Unterschied, ob ein finanzielles Polster vorhanden ist oder zu viel Monat für zu wenig Geld. Die finanzielle Rücklage gibt ein anderes Lebensgefühl als die Unsicherheit, ob denn endlich die dringend benötigte Zahlung eingegangen ist.

Wer in dieser Hinsicht seinen Enkeln keine Hilfestellung geben kann, hat es auch in anderer Weise nicht leicht. Geld regiert die Welt, wie der Volksmund sagt. Auch wenn Geld nun wirklich nicht alles ist, Großeltern, die in finanzieller Hinsicht sorgengeplagt sind, haben oft keine Zeit, sich in gewünschter Weise um Enkel zu kümmern. Sei es, weil ihnen der Antrieb fehlt oder sie noch kleine Nebenjobs annehmen müssen, um über die Runden zu kommen. Es kann sich auch ein soziales Gefälle gegenüber den Kindern entwickeln in der einen oder anderen Richtung: entweder agieren Großeltern als Sponsoren oder als Bittsteller. Neben der finanziellen Seite hat auch die Frage, ob es sich bei den Großeltern um leibliche oder nichtleibliche, wie den Teil einer Patchworkfamilie, handelt, Einfluss. Dazu beantworten Sie bitte nachfolgende Fragen:

Kreuzen Sie an, in welcher Situation Sie sich derzeit befinden. Mehrfachnennung ist möglich.

☐ **Ein-Enkelkind-Familie.**

Ihre Liebe, Fürsorge und Beschäftigung konzentrieren sich auf ein einziges Enkelkind.

☐ **Mehrere Enkelkinder-Familie.**

Sie haben mehrere Enkelkinder aus einer Familie.

☐ **Enkelkinder aus mehreren Familien.**

Sie haben Enkelkinder von mehreren Ihrer Kinder.

☐ **Teil einer Patchworkfamilie.**

Sie haben Enkelkinder von geschiedenen, wiederverheirateten oder lebenspartnerschaftlich verbundenen Kindern.

☐ **Scheidungsgroßeltern.**

Ihre Tochter/Ihr Sohn sind geschieden und alleinerziehend.

☐ **Verwaiste Scheidungsgroßeltern.**

Die Schwiegertochter/der Schwiegersohn (oder Tochter/Sohn) haben die Enkelkinder nach der Trennung mitgenommen und unterbinden jeden Umgang mit den Großeltern.

☐ **Großeltern von nicht leiblichen Enkeln.**

Ihre Kinder haben Sie durch Adoption eines Kindes zu Großeltern gemacht, bzw. ein Enkelkind stammt aus einer früheren Beziehung eines Schwiegerkindes.

☐ Großeltern von Kindern aus gleichgeschlechtlichen Lebenspartnerschaften.

Diese Enkel können sowohl adoptiert sein, als auch aus früheren Partnerschaften der Kinder stammen oder durch Samenspende gezeugt worden sein.

☐ Tagesgroßeltern.

Sie betreuen Ihre Enkel, während die Eltern arbeiten gehen. Das ist besonders für Großväter die Chance nachzuholen, was sie an den eigenen Kindern versäumten bzw. versäumen mussten.

☐ Ersatzeltern.

Weil die Eltern krank, nicht in der Lage oder verstorben sind, kümmern Sie sich um Ihre Enkelkinder und schlüpfen damit in die Rolle der Eltern.

☐ Großeltern aus einem anderen Kulturkreis.

Ein Elternteil Ihrer Enkel stammt nicht aus Ihrem Kulturkreis. Das kann von Vorteil sein, denn die Kinder werden mehrsprachig erzogen, Sie lernen Aufgeschlossenheit gegenüber anderen Kulturen.

☐ Großeltern im Netz bzw. am Telefon.

Sie sind aufgrund großer Entfernungen vorwiegend via Internet oder telefonisch mit ihren Enkeln verbunden.

☐ Leih-, Wahl-, Pflege-Großeltern.

Sie sind als Großeltern für die Kinder einer eigentlich fremden Familie da. Von diesem Modell profitieren beide Seiten.

Solche Bestandsaufnahme führt uns vor Augen, in welcher Situation wir uns eigentlich befinden. Wir können an den entsprechenden Lebenssituationen nichts ändern (mit Ausnahme der Leih- oder Wahlgroßelternschaft, das ist unsere freie Entscheidung), uns nur einfügen, das Gegebene gestalten und das Beste daraus machen. Ob wir die Adoption des Enkels für gut befanden oder nicht, die gleichgeschlechtliche Partnerschaft und die daraus resultierende Familie begrüßen oder verdammen, das alles ändert nichts daran, dass wir damit zu Großeltern geworden sind, die ihrer Verantwortung gerecht werden sollten. Distanzieren wir uns oder was noch schlimmer wäre, verunglimpfen wir diese Familien, fügen wir uns selbst den größten Schaden zu. Einmal geschaufelte Gräben lassen sich nur schwer wieder zuschütten. Wer gut findet, dass wir endlich als Großeltern in einer Zeit ohne gesellschaftliche Zwänge leben dürfen, sollte sich auch in der nötigen Toleranz üben. Egal, ob Sie nur einen Enkel bzw. eine Enkelin haben, eine Rasselbande unterschiedlichster Herkunft oder Enkelkinder aus einer ganz traditionellen Familienform – wichtig ist in jedem Fall, dass Sie die Rolle als Großmutter oder Großvater ausfüllen.

Was bringt uns Großeltern eigentlich eine gesunde Enkelbeziehung?

Das ist ganz einfach zu beantworten: Lebenssinn. Für andere da sein zu können, ist der stärkste Sinnimpuls. Mit anderen Worten: Wer weiß, dass er gebraucht wird, sieht einen Sinn in seinem Leben. Wer um Lebenssinn weiß, hat Zukunft und kann vorwärts gerichtet leben. Mehr dazu am Schluss dieses Buches.

Der Umgang mit der jungen Generation hält uns selber jung. Es ist wissenschaftlich erwiesen: Wer sich um die Enkel kümmert, lebt länger. Der Umgang mit der jungen Generation führt in der Regel zur Dankbarkeit. Dankbare Menschen sind gesünder und weniger anfällig für Krankheiten.

Zufriedenheit ist ein weiterer Aspekt in Bezug auf den Umgang mit der jungen Generation. Zufriedene Menschen kreisen weniger um sich selbst und leben dadurch auch gesünder.

VIELSEITIGE GROSSELTERN

Die junge Generation »tickt« so ganz anders. Wie kommt das?

Generation »Tradition« trifft Generation »Reflektion«

»Das gehört sich so« oder: »das ist einfach so«, und: »das macht man so«. Es gibt viele Großeltern, die mit diesen Sätzen aufgewachsen sind. »Man« trug eben zum Hut auch Handschuhe. Händchenhalten oder ein Kuss in der Öffentlichkeit schickte sich nicht, eine Frau ging nicht unbegleitet ins Restaurant. Solche und ähnliche »Regeln« galten noch zur Zeit unserer Großeltern, also der Urgroßeltern unserer Enkelkinder. Manch unsinnige Regel oder angebliche »Weisheit« war auf diese Weise von Generation zu Generation weitergereicht worden. Das hat sich inzwischen – glücklicherweise – grundlegend geändert. Mag sein, dass es damit auch anstrengender für uns Erwachsene und besonders für uns Großeltern geworden ist. Denn die junge Generation von heute ist selbstbewusst und reflektiert genau. »Warum ist das so?«, fragen sie zurück, wenn wir ihnen mit unseren überlieferten Weisheiten kommen wollen. Warum sollte ich als Frau nicht allein ausgehen? Weil das komisch aussieht? Wer sagt denn so was, wer bestimmt das? So oder ähnlich werden wir auch schon mal an die Wand geredet, gehen uns die Argumente aus. Mit »das war schon immer so«, lassen sich junge Menschen keinesfalls abspeisen. Zugegebenermaßen ist durch solche Reflektion auch schon mal das Kind mit dem Bade ausgeschüttet worden, floss manch nützliche Regel durch den Abfluss der Geschichte und verschwand auf Nimmerwiedersehen. Doch würde es keinem etwas nützen, zu palavern und den guten alten Zeiten nachzutrauern.

Kennen Sie diesen Witz? In einem vollbesetzten Bus steht eine alte Oma, die sich mit beiden Händen fest an die Haltestange klammert. An ihren Armen baumeln zudem noch volle Einkaufsbeutel. Sagt ein junger Mann, der gemütlich auf seinem Sitz lümmelt: »Soll ich Ihnen die Beutel abnehmen? Dann hätten Sie die Arme richtig frei zum Festhalten!«

Ja, die Zeiten von Anstand und Benehmen scheinen der Vergangenheit anzugehören. Vielleicht kriegen Sie ja Ihren Enkeln ein bisschen davon beigebracht. Nicht »weil es sich so gehört« oder weil das »höflich« ist, sondern weil es einem selbst etwas bringt, wenn man andern gegenüber rücksichtsvoll ist. Weil man mit solchem Verhalten wie, alten Menschen in öffentlichen Verkehrsmitteln seinen Platz anzubieten, die Welt ein kleines bisschen besser macht. Weltverbesserer möchte eigentlich jedes Kind, jeder Jugendliche sein. Solche Haltung baut auf und stärkt das Selbstbewusstsein.

Die »3 M Generation«

Kennen Sie die drei M der Enkelgeneration? Klar kennen Sie McDonalds, bestimmt haben Sie schon von Microsoft gehört. Sein Gründer, Bill Gates, ist einer der reichsten Menschen der Welt. Microsoft verdanken wir das meiste von dem, was auf den Computern läuft und nicht zu vergessen, das Internet. Das Netzwerk also, innerhalb dessen Ihre Enkel mit Freunden und Fremden verbunden sind. Weltweit. Das dritte M steht für MTV, den Musiksender. Hier werden den ganzen Tag Musikvideos gespielt, deren Klänge und Rhythmen nicht unbedingt unserm Geschmack entsprechen.

Auch Sie und wir gehören einer bestimmten Generation an. Generation nennt man die Menschen, die in eine bestimmte Zeit geboren wurden. Sie haben ähnliche Erfahrungen gemacht, die sie miteinander verbinden und Spuren hinterlassen. Wir haben also einen gemeinsamen Pool von Erlebnissen, Eindrücken, Stimmungen, auch sprachlichen Ausdrücken, mit Menschen, die zu unserer Zeit geboren wurden.

Die fünf Generationen unserer jüngsten Vergangenheit

Zwischen 1925 und 1940 Geborene

wuchsen unter schlimmsten wirtschaftlichen und politischen Bedingungen auf. Es sind die Urgroßeltern der gegenwärtigen Enkelgeneration. Erschwerend kommt bei den 1925 oder 1926 Geborenen hinzu, dass sie ihrer Kindheit und Jugend beraubt wurden.

1968er Generation

besteht aus den 1940 bis 1955 Geborenen. Gerade die in den Fünf-zigern Geborenen fanden bereits bessere wirtschaftliche Bedingungen vor. Sie setzten sich von autoritären Machteliten ab und sind die Großeltern der gegenwärtigen Enkelgeneration.

Die sogenannte Babyboomergeneration

sind die von 1955 bis 1970 Geborenen. Sie wagten sich in einem auf-strebenden Land an politische und wirtschaftliche Reformen. Sie sind Großeltern bzw. Eltern der heutigen jungen Generation.

Zwischen 1970 und 1985 Geborene zählt man zur sogenannten **Generation X**, auch **Generation Golf** genannt. Diese Generation hat nach dem Wirtschaftswunder die erste Krise am Arbeitsmarkt miterlebt und war auf wirtschaftliche und soziale Hilfe durch ihre Eltern ange-wiesen. Sie bildeten keine eigenen sozialen Strukturen. Das X kommt hierbei aus der englischen Sprache und will die Unsicherheit aus-drücken, die so eine veränderte Lage mit sich brachte. Außerdem symbolisiert das X ein gewisses Zögern und eine Verwöhntheit, die eine Ignoranz der jungen Menschen zur Folge hatten, indem sie weiter-lebten, als wäre nichts Dramatisches passiert und sich weigerten, ihren Lebensstil zu ändern und an ihre persönliche Zukunft und die ihrer Kinder zu denken.

1985 bis 2000 Geborene zählt man zur **Generation Y.** Das Y ist dem englischen Wort »Why« entlehnt – »Warum?« Es kennzeichnet fragende, sinnsuchende, unsichere junge Menschen, die in unsicheren wirtschaftlichen und politischen Zeiten aufwachsen. Generation Y ist die erste Generation, die mit dem Internet aufwächst und dessen Möglichkeiten vollauf nutzt, um sich ihre eigene Realität zu schaffen.

Ab 1992/93 Geborene nennt man auch **digitale Eingeborene, digital natives.** Bei ihnen sind alle Lebensbereiche von digitalen Medien durchdrungen. Sie wachsen mit einer immensen Fülle an Informationen auf, deren Folgen wir heute noch gar nicht abschätzen können.

Ab 1995 Geborene nennt man Generation Z, die GenZ. Wissenschaftler schließen aus dem Verhalten dieser Generation auf die Mentalität künftiger Generationen. Diese Generation hat einen noch selbstverständlicheren Umgang mit den digitalen Medien. Selbst Dreijährige wissen schon, wie sie auf dem Smartphonebildschirm durch Wischen ins Menü kommen und auf welche App ihr kleiner Finger tippen muss, um das Lieblingsvideo zu sehen. Dieser selbstverständliche Umgang könnte aber auch einen gewissen Sättigungseffekt mit sich bringen. Das IPhone von heute ist morgen schon veraltet, die VR-Brille bald nichts Besonderes mehr, Kinos mit 4D-Effekt kein Anlass für Begeisterungsstürme.

Die heutige Generation lebt in einer wirtschaftlich vorteilhaften Zeit. Es wird dringend nach Fachkräften gesucht. Sie können also ihre Lebensplanung »relaxt«, wie sie sagen würden, angehen.

Generation Klimawandelversteher

Gerade erleben wir es wieder, während wir dieses Buch überarbeiten: große Teile von Bayern und Baden-Württemberg versinken in den Fluten, die Folgen eines zweitägigen Starkregens sind. Wer es jetzt noch nicht begriffen hat, besonders aus der Großelterngeneration, dem ist wohl nicht mehr zu helfen. Selbstverständlich haben auch wir, Marianne und Reinhard, in unseren vergangenen Jahrzehnten verregnete Sommer erlebt oder Gewitterschauer, die schwere Schäden anrichteten. Im Katastrophenwinter 1978/79 in Norddeutschland wurde unser erstes Kind geboren. Damals sprach man noch von ungewöhnlichem Wetter. Inzwischen aber ist wissenschaftlich geklärt, dass sich unser gesamter Planet im Klimawandel befindet. Während es in Spanien ungewöhnlich heiß und viel zu trocken war, verregneten unsere diesjährigen Frühlingswochen.

Unsere Enkel haben es schneller kapiert, als wir es wahrhaben wollen: Wenn wir nicht alle gemeinsam, also auch wir Älteren, schleunigst umsteuern, gibt es eine Katastrophe. Deshalb schließt sich mancher der Bewegung »Letzte Generation« an oder »Ende Gelände« und wie sie sich alle nennen mögen. Die Art und Weise, wie sie ihre Anliegen proklamieren, mag uns fragwürdig vorkommen, dennoch: sie haben Recht!

Die Generation Klimaversteher hat das, was wir von Kindheit an als Wohlstandsbegriff eingetrichtert bekamen, vollends über Bord geworfen. Minimalismus ist für sie angesagt, vegan statt Massentierhaltung. Sie achten auf Tierwohl und Menschenrechte. Statt es als Spinnerei abzutun oder darauf zu verweisen, dass sie mit den Jahren auch zur Vernunft kommen werden, sollten wir ihnen beispringen, so wie viele Großeltern das bereits tun und eigene Bewegungen ins Leben gerufen haben wie »Grandparents for Future«.

Weil wir in einer globalisierten Welt leben, können wir uns vor dem, was außerhalb unserer Grenzen passiert, nicht abschotten. Also spüren auch wir die Folgen von Krisen, Kriegen und Flüchtlingsströmen. Wir erleben inzwischen hautnah wie der Terror und seine Bedrohung zunehmen und sind hilflos angesichts der Tatsache, dass im Osten Europas ein brutaler Krieg ausgebrochen ist. Der globale Überschuss an Informationen steht inzwischen nicht mehr in einem angemessenen Verhältnis zu der bisherigen Lebenszeit der jungen Generation. Sie bekommen mehr geliefert, als sie verkraften können. Angesichts solcher Herausforderungen stellt sich uns Großeltern die Frage: Wo ist unser Platz? Was für Großeltern wollen wir sein?

DIGITALISIERUNG

Ein Thema, das wir Ihnen nicht ersparen können und wollen

Wer bietet mehr?

Ein Gerät, das Fotoalben, Taschenlampe, Kalender, Videos, Tonbänder, Taschenrechner, Gesundheitsinformationen, Unwetterwarnungen, Navigation, Lexika, Wecker, Uhr, Fernsehzeitschrift, Übersetzungshilfe, Radio- und Fernsehprogramm und, und, und enthält – und mit dem man auch noch telefonieren kann. Ein Smartphone ist heute ein solches Gerät, das all diese Funktionen und noch mehr enthält.

Digitalisierung bedeutet: kein anderes, sondern ein Leben, das das alte mitnimmt

Niemand wird Ihnen Ihre guten alten Schallplatten streitig machen oder sich belustigen, weil Sie über eine umfangreiche Bibliothek verfügen. Vielleicht schreiben Sie auch noch mit der Schreibmaschine, weil dieses Gerät Sie seit Ihren jungen Jahren begleitet. Doch wenn Sie den PC, das Tablet oder den Laptop erst entdeckt haben, werden diese Geräte Sie garantiert überzeugen. Sie können sich vertippen, so oft Sie wollen (was mir beim Schreiben dieser Zeilen gerade ständig passiert...), das Schreibprogramm macht Sie darauf aufmerksam, Sie können selber nachbessern, ohne Tipp-Ex oder einen Radierer benutzen zu müssen und – Sie können von einem Text unendlich viele Kopien ausdrucken. Oder Sie versenden Ihren Text gleich per E-Mail oder legen ihn als Datei ab, ohne dass Sie Papier benötigen. Innerhalb eines Augenblicks sind Ihre Fotos, Grüße oder amtliche Schreiben beim Empfänger.

Das gute, alte Telefon ...

...früher benutzte man es dosiert und organisiert, denn telefonieren war teuer. Noch Anfang der 90er Jahre war es bei uns ausgemacht, dass wir, heimgekommen, die Großeltern per Klingelzeichen benachrichtigten:

wir wählten die Nummer, ließen es dreimal klingeln und legten auf. Das war das Zeichen für: gut angekommen. Denn Telefonate tagsüber hatten ihren Preis.

Inzwischen besitzen wir Smartphones mit einer sogenannten Flatrate. Zu einem festgelegten Tarif gibt es keine zeitliche Begrenzung mehr für Telefonate. Weiter gibt es günstige, sogenannte »Datenpakete«, für die Nutzung des Internets – selbst im Ausland. Das Festnetz benutzen wir immer weniger. Die junge Generation meldet gar nicht erst eines an.

Ohne die digitale Welt

Wäre manches heute nicht möglich. Beginnen wir mit dem PKW. Anstelle von Tasten und Knöpfen gibt es ein tabletähnliches Menü, worauf alles gespeichert ist, was der Fahrzeugführer benötigt: vom Benzinverbrauch, über Navigation bis hin zu aktuellen Verkehrsmeldungen und dem Handbuch für den jeweiligen Fahrzeugtyp. Auch viele Haushaltsgeräte sind inzwischen menügesteuert. Wer die Grundlagen nicht beherrscht, ist aufgeschmissen. Genauso beim Lösen einer Fahrkarte auf dem Bahnsteig. Wer den Touchscreen nicht richtig bedient, bekommt nicht das Gewünschte. Der Bankautomat, die Weltraumfahrt, das Sat-Fernsehen: ohne Digitalisierung wäre alles nicht möglich.

Die Welt wird immer digitaler – bleibt Ihr Leben ausschließlich analog?

Die meisten Anbieter geben die 49-Euro-Tickets nur noch digital heraus. Das bedeutet, dass sich Nutzer dafür mit Ihrem Smartphone anmelden müssen. Sicher ist Ihnen schon aufgefallen, dass der Zugschaffner vor allem bei jungen Menschen die Fahrkarte vom Smartphone abscannt. Ältere Menschen bleiben hierbei oft unberücksichtigt, denn viele Anbieter ignorieren den Wunsch nach einer Fahrkarte auf Papier.

Auch Kundenkarten beim Discounter oder anderen Geschäften hält man über einen Scanner.

Sollen wir wegen solcher Ignoranz und himmelschreiender Ungerechtigkeit auf die Straße gehen, uns beschweren oder einigeln? Wir meinen, dass es Zeit ist für Menschen jeden Alters, sich mit diesem Thema auseinanderzusetzen. Denn Digitalisierung ist ein globaler Megatrend, der sich nicht mehr aufhalten lässt. Ohne elektrischen Strom könnten Sie gut leben, wenn Sie mögen. Sie leuchten abends mit Kerzenlicht oder einer Solarlampe. Zwar haben Sie dann keinen Fernsehempfang und können auch keine Waschmaschine bedienen, aber das Leben wird, wenn auch etwas sehr einfach, funktionieren. Doch ohne Digitalisierung geht es nicht. Ihr Rezept für die Apotheke – ein E-Rezept. Ihre Fahrkarte – wir haben es gerade beschrieben. Sie wollen ein Fußballticket? Nur online.

Wie hat es mal jemand ausgedrückt in Hinsicht auf die ältere Generation? »Draußen findet eine digitale Revolution statt und wir lehnen uns zurück und gehen auf Kreuzfahrt.«

Großeltern sind kaum in der Gefahr, über die digitale die analoge Welt zu vergessen

Deshalb sparen wir uns all das, was wir sonst den Usern von Smartphone und Co. ins Stammbuch schreiben: dass es da draußen noch eine analoge Welt gibt mit echten Tieren, Pflanzen und echtem Wetter, echten Menschen. Aber in diesem Kapitel möchten wir Sie ausdrücklich dazu ermutigen, sich der digitalen Welt anzunähern, falls Sie es nicht schon längst getan haben. Ihre Enkel helfen Ihnen gerne, das wissen wir aus eigener Erfahrung. Falls Sie ein echtes Greenhorn auf diesem Gebiet sind, wenden Sie sich an Ihre örtliche Volkshochschule oder den Seniorenrat in Ihrer Nähe. Bei uns in Baden-Württemberg gibt es den sogenannten Digitalpakt für Senioren. Dort werden Senioren jeden Alters mit der Handhabung von Smartphone oder Tablet vertraut gemacht. Ihnen wird geholfen, eine Internetadresse einzurichten und sie werden geschult im Hinblick auf Internetbetrug.

Dank Digitalisierung bieten sich im Alter mehr Chancen

Sie trainieren Ihr Gehirn am Computer, denn diese Geräte verlangen Aufmerksamkeit und Geschicklichkeit. Sie bekommen neue Kontakte, können sich Hilfe organisieren oder erfahren Neues, denn Internet-suchmaschinen sind schier unerschöpflich, wenn es um Informationen geht. Mit Hilfe der Digitalisierung ist es inzwischen möglich geworden, dass alte Menschen bis zu ihrem Lebensende selbstbestimmt daheim wohnen bleiben können. Menügesteuerte Hilfsmittel (AAL-Systeme) machen es möglich.

Lernen im Alter macht Spass

Lernen im Alter ist dank Internet viel bequemer und angenehmer, als es früher der Fall war. Sie gehen keine Verpflichtungen ein, müssen keine Prüfungen absolvieren. Im Internet können Sie Zeitungen aus aller Welt lesen, mit den Enkeln, die sich vielleicht gerade in Australien befinden, kommunizieren, sich über Krankheiten informieren und noch viel mehr.

Corona hat es schmerzlich gelehrt

Wie für alle, war auch für uns persönlich die Coronaquarantäne eine schwere Zeit. Dank Internet aber haben wir zahlreiche Weiterbildungen absolvieren können, via Zoom weiter Vorträge gehalten und hatten ständig Kontakt mit unsern Kindern und Enkeln. Wir fühlten uns weniger isoliert als die Bewohner der Pflegeheime, die über Wochen in ihren Zimmern bleiben mussten. Viele Heime hatten gar kein W-LAN (Internetzugang) bzw. viele Bewohner waren digital unerfahren, so dass ihnen das Internet, falls vorhanden, nichts nützte. Man hat während der Corona-Zeit via Zoom gemeinsam musiziert, gesungen, sich unterhalten, Tipps und Anregungen ausgetauscht.

Deutschland ist digital ein Schwellenland

Wir haben von Menschen gehört, die aus dem Urwald mit einwandfreiem Empfang per Smartphone nach Deutschland telefonieren konnten, der deutsche Teilnehmer aber leider im Funkloch mitten in der Stadt war, wie es in unserm Land häufig vorkommt.

Vieles, was in anderen europäischen Ländern schon längst digitaler Standard ist: sich auf dem Einwohnermeldeamt registrieren zu lassen, sein Auto anzumelden u. v. m., ist bei uns noch immer auf dem Stand der Zeit, als Faxgeräte die größte technische Innovation waren. Deutschland muss sich also sehr beeilen, will es den Anschluss nicht verpassen. Deshalb: Noch ist es nicht zu spät, sich einzureihen bei denen, die bereits digital unterwegs sind. Es ist alles erlernbar und vor allem: Sie (wir) müssen nicht alles wissen und übernehmen. Das Smartphone oder Tablet funktioniert auch, wenn Sie nur wenige Apps haben und nur einige Funktionen beherrschen.

Seien Sie dabei!

Darum ermutigen wir Sie, auch um Ihrer Enkel willen, werden Sie ein Teil der digitalen Welt. Erwerben Sie sich digitale Kompetenzen. Sie werden sehen, es lohnt sich!

KLIMAWANDEL IST KEIN SPLEEN DER JUNGEN GENERATION, SONDERN UNSER NACHLASS AN SIE

Dürreperioden mit Ausbruch von zerstörenden Flächenbränden, Zunahme der Hitzeperioden, höhere Meerestemperaturen, Starkregenereignisse mit Überschwemmungen, Orkane, Gewitterstürme, Murenabgänge (Erdrutsche), Felsstürze… Vielleicht sitzen Sie im Sessel, die Fernbedienung in der Hand und kommentieren: Meine Güte, schlechtes Wetter gab es doch immer mal.

Spätestens seit der Flut im Ahrtal dürfte hoffentlich jeder begriffen haben, dass wir in Deutschland, wettermäßig gesehen, schon längst nicht mehr auf einer Insel der Seligen leben. Auch wir zählen inzwischen zu den Opfern des Klimawandels. Die gegenwärtige (Wetter) Situation fordert uns heraus. Durch den Klimawandel erleben wir nicht nur Wetterextreme, sondern auch ein Artensterben wie es Generationen vor uns nicht kannten. Heimische Arten verschwinden, Mediterrane rücken unaufhaltsam nach Norden. Können (wollen) wir etwas dagegen tun, ist alles sowieso zu spät oder gar unnötig? Das ist eine ethische Frage inbezug auf unsere Freiheit und Verantwortung. Nie hatte das Sprichwort »nach uns die Sintflut« einen derart skurilen Beigeschmack. Denn wenn wir so weiterwirtschaften, haben unsere Enkel und Urenkel keine Zufunft mehr auf diesem Planeten.

»Der Planet wird es überstehen.
Er hat Dutzende großer Temperatur Schwankungen hinter sich. Nur die Menschheit war bei einer so gravierenden Klimaveränderung noch nicht dabei.« (Jean Jouzel)

2023 geht in die Geschichte als ein Jahr der Naturkatastrophen ein. Rund um den Globus kam es zu Wetterkatastrophen, denen Zehntausende Menschen zum Opfer fielen. Die Schäden gingen dabei in die Milliarden, von den Folgeschäden gar nicht zu reden: Zerstörte Häuser, Infrastrukturen und landwirtschaftliche Anbaugebiete. Wissenschaftler mahnten schon zu Zeiten, als wir Großeltern noch jung waren, dass

Klimaziele von 2 bzw. 1,5 Grad Erderwärmung bis zum Ende des Jahrtausends nicht überschritten werden dürfen. Weder die Politik noch wir, die Allgemeinheit, nahmen sie ernst.

Inzwischen versucht die Weltgemeinschaft die Nutzung von Kohle und Erdöl (fossile Brennstoffe) und den Plastikbedarf einzuschränken, damit Erde und Meere nicht weiter verschmutzt werden. Doch reicht das schon lange nicht mehr und ruft deshalb die jüngere Generation verstärkt auf den Plan. Da es um ihre vor ihnen liegende Zeit (eigentlich unser aller Zukunft) geht, leben sie nachhaltiger als ihre Eltern, wehren sich gegen Verschwendung, rufen zu Klimaprotesten auf wie z. B. Demonstrationen, Aktionen der letzten Generation. Man kann über die eine oder andere Aktion gespaltener Meinung sein, dennoch, die jungen Menschen haben etwas begriffen, das bei uns Älteren nicht mehr kollektiv anzukommen scheint: Unsere Erde ist bedroht! Wenn wir so weiterwirtschaften, werden wir (auch in Deutschland) bald gar nicht mehr wirtschaften können. Weil enorme Hitze und Starkregen auch unserm Land den Garaus bereiten werden.

Erdüberlastungstag

Seit den Sechziger Jahren des 20. Jahrhunderts errechnet man den sogenannten Erdüberlastungstag. Das ist der Zeitpunkt, an dem die Weltbevölkerung die Ressourcen aufbraucht, die für das laufende Jahr zur Verfügung stehen. Dieser Zeitpunkt war für Deutschland bereits am 4. Mai 2023 erreicht. Das bedeutete, 2023 hatten wir Deutschen einen Verbrauch von 1,7 Erden.

Kipppunkte

Kipppunkte sind wissenschaftlich definierte Punkte, an denen unaufhaltsame irreversible Kettenreaktionen ausgelöst werden. Wissenschaftler sprechen davon, dass sie sich »wie Dominosteine verhalten können«. Sie kippen nicht nur das Klima, sondern auch die Biodiversität. Um die verschiedenen Kippelemente erst gar nicht zum Kippen zu bringen oder bereits begonnene Prozesse zu verlangsamen, braucht es strenge Maßnahmen. Deshalb ist jede Art von Klimaschutzmaßnahme auch eine Artenschutz- und Biodiversitätsmaßnahme.

Folgende Regionen können zu Kipppunkten werden:

- Grönlands Eisgletscher
- Auftauen des Permafrostbodens
- Westantarktisscher Eisschild
- Rodung des Amazonregenwaldes
- Korallenriffe in den Tropen und Subtropen
- Zirkulation im Labrador und Irminger Meer
- Umwälzzirkulation im Atlantik (Golfstrom ist bedroht)
- Sahel- bzw. asiatischer Monsun

Damit die nachfolgenden Generationen auch noch einen lebenswerten Planeten vorfinden, darf das Thema Klimawandel uns nicht unberührt lassen

- Handeln Sie nicht nach der Maxime »Ich kann es mir leisten«!, sondern schützen Sie die Umwelt, wo es Ihnen möglich ist.
- Seien Sie in Ihrem Konsumverhalten verantwortungsvoll.
- Seien Sie das Bindeglied zwischen Wissen und Handeln.
- Geben Sie Anstöße, zeigen Sie, dass man auch als älterer Mensch seine Meinung ändern kann.
- Stehen Sie zu Ihren neuen Ansichten – notfalls auch alleine – oder gegen die Meinung der eigenen Kinder; aber mit den Enkeln und für sie.
- Handeln Sie konkret: Benutzen Sie Mehrwegverpackungen, usw.
- Schränken Sie, wenn möglich, private Autofahrten ein.

- Kaufen Sie fair trade Produkte.
- Übernehmen Sie vor Ort Verantwortung durch regionales Einkaufen

Wir haben zu diesem Thema ein Buch geschrieben, dass Sie unter dem Titel »Gibt es Generationengerechtigkeit« finden und das wir Ihnen für weiterführende Informationen sehr empfehlen.

»Alle gemeinsam können wir gute Antworten finden. Für uns selbst und unsere Kinder.« Sven Plöger

SCHENKEN, SCHLUCKEN, SCHWEIGEN?!

Sind Geschenke die einzige Brücke zur jungen Generation? Müssen wir uns alles gefallen lassen? Ist unsere Meinung überhaupt nicht mehr gefragt?

Schenken

Jemand erzählte uns vom »Großeltern-Abitur« mit den Pflichtfächern Schenken, Schlucken, Schweigen. Mit anderen Worten: lass was rüberwachsen, lass dir alles gefallen, halt' die Klappe und mach dich wieder unsichtbar ... Viele Großeltern fühlen sich verdammt, genau das zu tun. Sie wirken hilflos und unsicher, denn sie wollen es sich mit den jungen Leuten nicht verscherzen. Darum überlassen sie der Enkelfamilie das Heft des Handelns, übernehmen keine Verantwortung mehr, weil sie ja alles »richtig« machen wollen. Schon ist der Zwiespalt da. Solche Großeltern reagieren nur noch.

Wir zeigen Ihnen, dass Schenken, Schlucken, Schweigen – richtig praktiziert – zu ganz speziellen großelterlichen Vorzügen werden können.

Schenken als Teil der großelterlichen Kommunikation

Schenken ist eine Art der Kommunikation. Wir können auf diese Art Freundschaften knüpfen und erhalten. Liebesbeziehungen leben von Geschenken. Wenn ein Geschenk Freude bereitet, den Beschenkten also wertschätzt, ihm Dank erweist oder Mitgefühl zeigt, ist das eine begrüßenswerte Form der Kommunikation. Leider werden Geschenke von Seiten der Großeltern auch als Bestechung missbraucht.

Oftmals ist die Schenkkultur ein Muss, ob unter Freunden, Verwandten oder der Familie. Für den, der sich schwertut mit Geschenken, dem Phantasie fehlt, Zeit oder Geld, ist Schenken dann eine Last und wird als sozialer Druck verstanden.

Warum Menschen sich beschenken

Aus Höflichkeit

Viele von uns wurden erzogen, immer ein Mitbringsel dabei zu haben. Höflichkeitsgeschenke aber treffen selten ins Schwarze. So wie sie verschenkt werden, eben aus Höflichkeit, werden sie dann auch entgegengenommen, aus Höflichkeit. Jeder hat einer Pflicht genügt.

Aus Dankbarkeit

Ein kleines Dankeschön, sagen wir und überreichen eine Kleinigkeit. Vielleicht hat uns der Beschenkte einen Gefallen getan. Ein kleines Dankeschön muss kein großes Geschenk sein. Wenn Ihnen die Kinder oder Enkel einen Gefallen getan haben, reicht es oft, einfach nur »Danke zu sagen. Wenn Ihnen das zu wenig ist, müssen Sie dennoch nicht gleich mit einem Riesenpaket mit großer Schleife aufkreuzen. Spendieren Sie eine Pizza oder laden Sie zum Eis ein.

Als Gegengeschenk

Manchmal waren wir es, die zuerst ein Geschenk bekamen. Jetzt revanchieren wir uns. Was hat mir X oder Y zum Geburtstag mitgebracht? Nur einen Blumenstrauß und Pralinen? Also kann ich mich entspannen, wenn ich an die Einladung zu seinem Geburtstag denke. Schwieriger wird es, wenn die betreffende Person kreativ sehr begabt ist. Wie soll man sich revanchieren? Sich zu einem Gegengeschenk verpflichtet zu fühlen, macht unnötigen Druck. Soweit es geht, sollten wir uns aus solchem System befreien.

Aus Wertschätzung

Wertschätzung können wir in vieler Hinsicht zum Ausdruck bringen. Vielleicht laden Sie die Enkel mal übers Wochenende ein und zeigen auf diese Weise den Eltern Ihre Wertschätzung für die geleistete Familienarbeit. Oder Sie helfen auf andere Weise und bringen Ihre Wertschätzung damit zum Ausdruck.

Aus Freude

Es gibt Menschen, die haben große Freude beim Verschenken. Wer Freude am Geben hat, steckt auch voller Ideen und ist in der Lage, schon mit einer Kleinigkeit ein Feuerwerk der Begeisterung auszulösen. Wenn Sie zu diesen Personen gehören, wird Ihnen das Schenken nicht schwerfallen und Sie haben immer das Passende parat.

Aus Verpflichtung

Wer nur aus Verpflichtung schenkt, hat die denkbar schlechteste Motivation. Verpflichtung bedeutet Zwang und der ist ein schlechter Ratgeber beim Aussuchen entsprechender Präsente. Wer schenkt, weil er muss, wird sich quälen und keine Idee haben. Herauskommen all die Geschenke, auf die man so gerne verzichtet: Taschentücher, Krawatten, Socken usw., aber nichts Besonderes.

Zur Stärkung unseres Selbstbewusstseins

Wer schenkt, um Aufmerksamkeit zu erregen, befindet sich in der Vergleichsfalle. Mit fatalen Folgen.

Die Gegenschwieger-Großeltern schenken dem Enkel ein Fahrrad? Dann bekommt der Kleine von uns ein Pferd. Die Gegenschwieger-Großeltern fahren für einen Nachmittag mit dem Kind in einen Freizeitpark? Also schenken wir eine Jahreskarte. Und so weiter. So ein Verhalten ist sehr unreif und kann in die Katastrophe (nicht nur finanziell) führen.

Zur Manipulation

Manipulation ist eine perfide Form der Einmischung in die Angelegenheiten anderer, meistens in die unserer Kinder. Weil Oma findet, die Waschmaschine der Tochter ist unmodern, obwohl die damit zufrieden ist, schenkt sie ihr ungefragt und unbesprochen eine neue. Dafür aber verlangt sie, dass auch ihre Wäsche mitgewaschen wird.

Opa spendiert dem Schwiegersohn mal einfach so ein größeres Auto, damit Opa und Oma stets mitfahren können und Opa ein Wörtchen mitzureden hat, wohin es gehen soll. Oma oder Opa zwingen die Enkelfamilie also, nach dem Gutdünken der Großeltern zu leben.

Solche Geschenke erzeugen statt Freude, Doppelmoral. Ist Oma im Anmarsch, holt die Mutter schnell die hässliche Porzellanfigur, Omas Weihnachtsgeschenk, hinter der Schranktür hervor und stellt sie neben den Flachbildschirm. Oma ist dann zufrieden und ahnt in ihrer Selbstbezogenheit nicht im Geringsten, dass die Hässlichkeit gleich nach ihrem Abgang wieder in der hintersten Schrankecke verschwindet.

Was schenken wir?

Selbstgefertigtes

Das war vor 60 Jahren völlig normal. Meine Mutter bekam Jahr für Jahr zum Geburtstag zwei Paar gehäkelte Topflappen von ihrer Kusine. Ein Geschenk, das wirklich Freude auslöste, denn unsere Verwandte konnte kunstvolle Topflappen häkeln. Da bei uns fleißig gekocht wurde, brauchten wir die Topflappen wirklich und meine Mutter konnte sich darauf verlassen, dass mit jedem neuen Lebensjahr auch neue Topflappen dazu kommen würden.

Gekauftes

Das kann heikel werden. Denn es soll weder zu teuer und noch zu billig sein, auch nicht überzogen. Wir wollen den Erwartungen gerecht werden. Vom Sponsor-Opa erwartet die Familie anderes als von der Be-Schirm-Oma. Wenn die unsere Weihnachtsgeschenke vom Discounter holt, werden die Enkel Nachsicht walten lassen, aber der Sponsor-Opa käme nicht so leicht davon, weil der genügend »Kohle« hat. (Was es mit diesen Bezeichnungen auf sich hat, lesen Sie in unserm Buch »Küche, Kreuzfahrt, Kombizange?«)

Doch können teure Geschenke auch einen schalen Beigeschmack haben. Wenn beispielsweise Beschenkte die Schenkenden nur flüchtig kennen, würden teure Geschenke eher in Verlegenheit bringen, anstatt zu erfreuen. Fragwürdig werden Geschenke auch dann, wenn wir wissen, dass sich die Schenkenden das eigentlich nicht leisten können und beim Erwerb des Geschenkes vermutlich finanziell überhoben haben.

Zeitgeschenk

Das beste Geschenk von Großeltern ist und bleibt: Zeit. Wenn Großeltern ihrer Familie Zeit schenken, weil es doch heißt: »Rentner haben niemals Zeit«, treffen sie damit ins Schwarze. Echte Zeit für handwerkliche Arbeiten, Hausarbeiten oder Kinderbetreuung ist richtig wertvoll. Einmalig Zeit oder periodisch wiederkehrende Zeitfenster – solche Geschenke kommen bei den Beschenkten gut an. Mehr dazu im Kapitel »Verwöhnen Sie Ihre Enkel richtig?«

Spenden

Es hat sich inzwischen als gute Tradition eingebürgert, zu Goldenen Hochzeiten oder anderen Jubiläen in die Jahre gekommener Senioren, anstelle von Geschenken um Spenden für spezielle Projekte zu bitten. So entgehen die Jubilare den Peinlichkeiten unpassender Geschenke und sind durch ihr Jubiläum an einem guten Werk beteiligt. Den Gästen wurden stundenlanges Grübeln und tagelanges Suchen im Kaufhaus erspart. Eine Win-win-Situation für alle Beteiligten.

Die Anlässe zum Schenken sind vielfältig

Ostern, Weihnachten, Geburtstage, Namenstage, Valentinstag, Taufe, Konfirmation, Kommunion oder andere Gelegenheiten. Größere Geschenke sollten solchen Anlässen vorbehalten bleiben. Wer mal so im Vorbeigehen dem Enkel ein teures Spielzeug kauft, muss sich fragen, ob das zu wirklichen Anlässen noch steigerungsfähig ist. Für wen teure Geschenke zum Alltag dazugehören wie für andere eine Tüte Gummibärchen, braucht sich nicht zu wundern, wenn die Beschenkten, in diesem Fall unsere Enkel, jedes Maß verlieren, anmaßend und undankbar werden. Wenn sie erwachsen sind, lotsen sie Oma oder Opa zum Autohändler und erwarten im Vorbeigehen ein Cabrio. Dann bitte nicht aufregen, sondern sich an die eigene Nase fassen.

Geschenke sollen etwas Besonderes und Ausdruck von etwas Besonderem sein und bleiben, beispielsweise, wenn das Enkelkind eine gute Leistung in der Schule erbrachte oder sich auf andere Art hervorgetan hat. Als Wertschätzung und Anerkennung sind kleine Aufmerksamkeiten im Alltag durchaus angebracht. Aber, um das Beispiel vom Pferd nochmal aufzugreifen, schenken Sie dem Kind ein Pferd, weil es in Mathe eine gute Note brachte, was wollen Sie dann zum Geburtstag schenken, etwa einen Stall? Das Jahr drauf vielleicht eine ganze Ranch? Zum 18. vielleicht eine Herde? Wer beim Schenken mit Klugheit vorgeht, erspart sich viel Ärger und Missverständnis.

Selbst wenn Oma und Opa mit ausreichenden finanziellen Mitteln gesegnet sind, dürfen die Enkel wissen, ein gut gefülltes Bankkonto ist meistens das Ergebnis harter Arbeit und klugen Wirtschaftens. Oma und Opa helfen gern, wenn Not am Mann ist, sie schenken gern, wenn es der Anlass gebietet, aber sie schmeißen nicht mit ihrem Geld herum. Sie wollen weder die Enkel noch andere Mitmenschen mit ihrem Wohlstand beeindrucken. Auf diese Weise bekommen die Enkel Respekt vor Lebensleistung und den Ansporn, werden zu wollen wie die Großeltern.

Klug schenken will gelernt sein

Nicht zuletzt, weil sich mit den Zeiten und der Mode auch die Ansprüche ändern. Finger weg vom Handykauf für Enkelkinder oder Kinder! Geben Sie Ihnen lieber das Geld oder einen Gutschein dafür, ansonsten haben Sie nur Stress und Ärger. Das Gleiche gilt für Laptops und ähnliche Medien. Großeltern stehen meistens fassungslos davor und das ist auch gut so. Lassen Sie die jungen Leute machen. Begleiten Sie sie in den Elektronikmarkt und lassen Sie sich aufklären über Blue rays und DVDs, über Sticks und Powerbanks. So viel Zeit muss sein, wenn Sie anschließend an der Kasse die Rechnung begleichen. Ihre Enkel werden es cool finden, wenn Oma oder Opa nicht nur Zahlmeister sein wollen, sondern interessiert Anteil an ihrem Leben nehmen.

Hier dürfen Sie aktiv werden

Welcher Schenker-Typ sind Sie? Kreuzen Sie an.

☐ *1. Mir fehlen die Ideen für Geschenke. Darum verdränge ich das Kaufen bis zur letzten Minute.*

Sollte das bei Ihnen die Regel sein, raten wir Ihnen, es dringend zu ändern. Denn Sie kaufen meistens teurer, wenn Sie unter zeitlichem Druck stehen. Einen Tag vor Weihnachten gibt es nicht nur Schnäppchen, sondern auch teuren Schrott.

☐ *2. Mir macht Schenken Spaß. Ich kaufe das ganze Jahr über hier und da Kleinigkeiten und weiß auch gleich, wer sie bekommen soll.*

Sie sind eine einfühlsam schenkende Person, die in der Lage ist, akribisch lange vorher zu planen, wer was bekommt.

☐ *3. Ich finde, ein richtiges Geschenk sollte selbst gemacht sein. Deshalb bin ich stets am Stricken, Häkeln und Basteln.*

Wer geschickt ist beim Basteln oder Handarbeiten, kann mit einem ausgefallenen Geschenk aufwarten.

☐ *4. Ich weiß nie, was ich kaufen soll. Da finde ich Gutscheine eine tolle Idee.*

Wenn Sie unsicher sind, was Sie schenken sollen, vielleicht sogar schlechte Erfahrungen mit Ihren Geschenken gemacht haben, können Sie mit Gutscheinen nichts falsch machen.

☐ *5. Ja, ich weiß, es ist nicht besonders originell, das zu kaufen, was alle kaufen. Aber es ist immer noch besser, als mit leeren Händen dazustehen.*

Langweilige Standardgeschenke sind: Krawatten, Parfüm, Socken, und der oder die Beschenkte muss sich auch noch freuen.

☐ *6. Geschenke auszusuchen ist für mich eine Qual. Darum verzichte ich lieber und versuche, das auch meinem Umfeld einzureden. Doch klappt das nicht immer.*

Solche Verweigerer verzichten lieber auf Geschenke, als dass sie sich Gedanken darüber machen, was sie schenken könnten.

☐ *7. Ich schenke, was ich auch gebrauchen könnte. So schlage ich zwei Fliegen mit einer Klappe.*

Sind Sie vielleicht auch so ein Stratege? Vielleicht ein Opa, der dem einjährigen Enkel eine Modelleisenbahn schenkt, die mehr ihm nutzt als dem Kind?

☐ *8. Beim Schenken darf man nicht sparen. Manchmal habe ich mich schon finanziell übernommen, aber was hilft's, Geschenke sind nun mal teuer.*

Wer einen Kredit aufnimmt, um Geschenke kaufen zu können, gehört in die Gruppe derer, die mehr scheinen wollen, als sie sind. In der Familie wird man Sie recht schnell durchschauen.

☐ *9. Ich schenke nur, was meinem Geschmack entspricht.*

Auf solche Weise kann unser Geschmack zum Diktat werden und wir zu Egomanen. Wenn unsere Kinder keine Tischdecken mögen und lieber am blanken Tisch essen, wird eine Tischdecke zu jedem Geburtstag als Provokation empfunden.

☐ *10. Wozu die ganze Aufregung ums Schenken? Ich mache mir da nicht viele Gedanken.*

Solchen Geschenken sieht man an, dass sie aus Gedankenlosigkeit erworben wurden. Sie sind in Geschenkpapier gewickeltes »Irgendwas«.

☐ *11. Ich gebe mir wirklich Mühe, wenn es ums Schenken geht. Teuer und gut. Das sollte gewürdigt werden.*

Wer mit Geschenken Macht ausüben will, läuft ins Leere. Solche Geschenke sind lästig, auch wenn sie noch so groß und teuer sind. Das gilt für Möbel ebenso wie für Autos oder Luxusartikel.

☐ *12. Aufgrund meiner Lebenserfahrung weiß ich, was meinen Kindern und Enkeln guttut. Entsprechend wähle ich die Geschenke aus.*

Solche Großeltern hören nicht auf die Wünsche der Kinder und Enkel, sondern bestimmen selbst darüber, was für die Familie gut ist. Das nennt man Bevormundung.

Schlucken

Müssen wir uns alles gefallen lassen?

Natürlich geht es uns nicht um einen kautechnischen Vorgang, obwohl es das erste Essen, das unsere Kinder ganz allein gekocht haben, in sich haben kann: entweder ist es total versalzen oder so lasch, dass wir am liebsten nach den Gewürzen greifen möchten, es aber unterlassen, um die Kinder nicht zu brüskieren. Stattdessen loben wir und schlucken brav. Doch dieses Schlucken meinen wir nicht.

Schaut man in einem Synonymwörterbuch nach, bedeutet Schlucken im übertragenen Sinn, etwas hinnehmen, aushalten.

Damit sind wir beim Kern unseres Themas. Müssen wir alles schlucken? Müssen wir immer nur schlucken? Ist es die Aufgabe der Großeltern, sozusagen ihre eigentliche Bestimmung, sich alles gefallen zu lassen? Sind Großeltern dazu da, zu allem ja und amen zu sagen, sich manipulieren zu lassen, fremdbestimmt durch die eigene Familie zu leben?

Schlucken oder hinnehmen?

Eine Frage, die wir mit einem klaren Ja beantworten. Schlucken und hinnehmen, ja. Aber das *Wie* macht für uns den Unterschied. Wer in der Lage ist, etwas hinzunehmen, gibt seinem Gegenüber Gelegenheit, sich zu entwickeln.

Da macht der 12-jährige Enkel eine flapsige Bemerkung über Omas Outfit und ist sich gar nicht bewusst, wie tief Oma das trifft. Nach einer Schocksekunde ist sie vielleicht in der Lage, zu reagieren. Entweder sie wendet sich beleidigt ab und droht sogar: »Das Handy zu deinem Geburtstag kannst du vergessen. Altmodische Omas verschenken keine Handys!« Oder sie ist in der Lage, zurückzufragen: »Was gefällt dir nicht an meiner Kleidung?« Nun kann passieren, dass der Enkel verlegen murmelt: »War nicht so gemeint, hab ich nur so daher gesagt« oder Ihnen konkret benennt, dass Ihre Bluse Sie komisch aussehen lässt. Können Sie solche Entschuldigung oder Erklärung annehmen, neutralisieren Sie sozusagen die entstandene negative Stimmung und alles ist wieder gut.

Alles hinnehmen?

Damit kommen wir zu einem entscheidenden Punkt beim Hinnehmen, nämlich der Frage, muss ich immer alles hinnehmen? Wo ziehe ich die Grenze?

Wer immer nur schluckt, ohne zu verdauen, wird irgendwann erbrechen. Das ist beim Essen wie beim Hinnehmen. Aber was tue ich, wenn der Brocken so gar nicht runter will? Fragen Sie sich in solchem Fall zunächst, ob Ihr Gegenüber aus Absicht oder Unwissenheit handelt.

Da stellt Ihnen Ihr Enkel seine Freundin vor. Das Mädchen fühlt sich wohl bei Ihnen und plappert unbedarft. Dabei macht sie eine Bemerkung über Autos bestimmter Marken, deren Fahrer sich nach ihrer Meinung nur als Störfaktoren im Straßenverkehr bewegen und denen deshalb kollektiv der Führerschein entzogen gehört. Genauso ein Auto steht in Ihrer Garage, was das Mädchen aber nicht wissen kann. Wenn sie es mitbekommt, wird ihr peinlich sein, dass sie in den klassischen Fettnapf getreten ist. Hinnehmen und solche Kommentare als jugendliches Geschwätz abtun, wäre in diesem Fall doch klug.

Aber es gibt auch absichtliche Grenzüberschreitungen und dann hört der Spaß bzw. das Hinnehmen, auf. Die Frage ist nur, wo ziehen Sie die Grenze? Manche Oma, mancher Opa hat ein sehr weites Herz und kann selbst gehässige Bemerkungen mit einer Handbewegung abtun. Andere aber können das nicht und reagieren empfindlich bei der kleinsten Andeutung.

Persönliche Grenze

Artikulieren Sie daher Ihren Toleranzbereich deutlich. »Ich mag nicht, wenn ihr so über Opa redet«, »es beleidigt mich, wenn ihr mich als geizig bezeichnet«, »ich finde es nicht halb so amüsant, wenn ihr meinen Gang imitiert«. Sie müssen nicht alles hinnehmen, aber die Grenze können nur Sie ziehen, weil es Ihre persönliche Grenze ist. Dafür müssen Sie sich auch nicht rechtfertigen.

Sie mögen es nicht, wenn die Enkel in Straßenschuhen bis ins Wohnzimmer rennen? Dann sagen Sie es, reden Sie mit ihnen.

Jedes Mal, wenn die Enkelfamilie kommt, verstellen die Enkel die Senderreihenfolge auf der Fernbedienung und Sie haben zu tun, damit zurechtzukommen? Sie dürfen Respekt verlangen und dass Sie die Fernbedienung hinterher noch handhaben können.

Vielleicht nehmen sich die Kinder heraus, ungefragt Ihr Auto zu benutzen oder wollen Ihre Kontodaten, um schnell mal im Internet einkaufen zu können? Sie müssen nicht um des lieben Friedens willen nachgeben. Versuchen Sie, Kompromisse zu finden. Wer Grenzen zieht, verdient Respekt. Wer aber Mauern baut und sich dahinter verschanzt, sperrt die andern aus und isoliert sich selbst.

Auch Großeltern dürfen sich verändern und entwickeln

Vielleicht hat bisher Ihr Sohn Ihre Bankgeschäfte am Computer getätigt. Sie waren dankbar dafür. Doch inzwischen haben Sie den Computerkurs für Senioren erfolgreich absolviert und würden gerne selbst Ihr Vermögen verwalten. Denn jetzt sind PIN, TAN und IBAN keine rätselhaften Buchstabenkonstellationen mehr. Jetzt wissen Sie, wie Sie bei einer Online-Überweisung vorgehen müssen und möchten davon ab sofort Gebrauch machen. Dann artikulieren Sie sich.

Widersprechen Sie, wenn der Sohn Ihnen die Computerfähigkeit absprechen will. (Junge Menschen sind manchmal unbeweglicher als ältere.) Ab jetzt würden Sie seine Hilfe nämlich als Bevormundung ansehen und so etwas müssen Sie nicht hinnehmen. Bedanken Sie sich für seinen bisherigen Einsatz und vereinbaren Sie, dass er Ihnen bei Schwierigkeiten sofort zu Hilfe kommen darf.

Hinnehmen ist kein Duckmäusertum

Landläufig werden Menschen, die in der Lage sind, eine Menge zu schlucken oder hinzunehmen, als Duckmäuser belächelt. Als Typen, die wehrlos sind, dümmlich und ängstlich. Menschen, die einfach mal stillhalten, gelten als Loser. Wer sich nicht wehrt, macht sich scheinbar angreifbar. Wer duldet, muss leiden. Soweit das Klischee. Solche Typen stellen wir gerne in die Ecke oder meiden sie. Duckmäusertum gehört zu den immer noch landläufig verstandenen typischen Großelterneigenschaften: lieb, naiv, von vorgestern. Darum müssen Großeltern von heute alles unternehmen, um nicht mit in diesen Topf geworfen zu werden. Sie wehren sich, und sehen gar nicht ein, dass sie alles schlucken oder hinnehmen müssen.

Aber weil manche Großeltern nicht wissen, wie man sich richtig abgrenzt, gehen Kinder und Enkel zuweilen gedankenlos mit ihnen um. Da wird für den Opa entschieden, anstatt ihn zu fragen, da drückt man der Oma die Enkel auf und ihr bleibt nichts anderes übrig, als sich damit abzufinden.

Die höhere Charakterschule

Wer hinnehmen kann, beweist Ausdauer und ein weites Herz. Hinnehmen, ohne zu grollen, ist die höhere Charakterschule und enorm wichtig für den Familienfrieden. Weil Oma und Opa gelernt haben, sich zufriedenzugeben, sich abzufinden mit dem wie es ist.

Ja, manchmal strengt es schon an, dass die Enkel jeden Nachmittag bei ihnen verbringen, aber andererseits kennen Sie so viele alte Menschen, die Sie um solchen Trubel beneiden würden. Daher ruhen Sie sich abends aus und treten vormittags ein bisschen kürzer, dann funktioniert das schon. In solch einer Geisteshaltung finden Sie sich mit mancher Gegebenheit ab und werden immer gelassener. (Wer sich nicht abfinden mag, sondern sich nur zähneknirschend dreinfinden kann, wird bitter, verbittert. Verbitterte Menschen schaden ihrer Gesundheit. Dass sie weitgehend gemieden werden, muss nicht betont werden.)

Gelassenheit ist keine »Egal-Haltung«

Mit welchem Blick schauen wir auf unser Umfeld? Sehen wir Kinder, Schwiegerkinder und Enkel durch die Brille der Skepsis? Sind wir stets auf das Schlimmste gefasst und wenn es doch nicht so kommt, orakeln wir dann, warnen oder unken?

Schauen wir neidisch auf die Enkelfamilie, weil sie funktioniert, unsere eigene Ehe aber schon vor Jahren in die Brüche ging? Ärgert es uns, dass die Kinder bereits in jungen Jahren über ein gutes Einkommen verfügen, während wir damals jeden Pfennig umdrehen mussten? Gönnen wir Ihnen vielleicht nicht, dass ihre Urlaubsreisen stets in weite Ferne gehen, während wir uns noch nicht mal einen Ostseeurlaub leisten konnten?

Der tolerante Blick

Gut, wer einen toleranten Blick auf seine Familie hat. Dabei geht es nicht nur um Finanzen, Wohnungseinrichtung oder Erziehungsstil. Schon der Begriff Familie an sich ist ja inzwischen sehr dehnbar geworden. Schämen wir uns, wenn unsere Kinder nicht mehr in der Konstellation Vater, Mutter, Kind leben? Wenden wir uns ab, wenn sie Entscheidendes anders handhaben, als wir es ihnen vorgelebt haben? Werten wir es als Affront gegen unsere eigenen Werte, wenn Tochter oder Sohn so ganz andere Wege in der Partnerwahl gehen?

Wollen wir den toleranten Blick lernen? Dafür müssen Sie Ihre eigenen Wertmaßstäbe nicht über Bord werfen. Sie müssen auch die neuen Ansichten Ihrer Kinder nicht teilen. Dennoch bleiben es Ihre Kinder und wenn die sicher sein dürfen, dass sie jederzeit willkommen sind bei den Großeltern, ohne Sticheleien und Belehrungen, werden Sie sie nicht verlieren. Sie werden geschätzte Eltern und Großeltern bleiben.

Tolerante Menschen sind gelassene Menschen

Gelassene Menschen fühlen sich nicht für alles und jeden verantwortlich. Auch nicht mehr für ihre erwachsenen Kinder. Gelassene Großeltern akzeptieren deshalb die Partnerwahl ihrer Kinder.

Sie verfallen nicht in Panik, wenn der elfjährige Enkel beim Rauchen erwischt wurde. Sie halten den Ball in jeder Lebenssituation flach, delegieren aber die Verantwortung an die richtige Stelle, falls das Enkelkind in Gefahr gerät. Das bedeutet, gelassene Großeltern scheuen sich z. B. nicht vor dem Kontakt mit dem Jugendamt, falls das Enkelkind häuslicher Gewalt ausgesetzt ist. Sie werden ruhig, aber bestimmt auftreten und das Recht des Kindes auf Unversehrtheit einfordern.

Gelassene Großeltern werden schneller ernst genommen und respektiert.

Gelassene Großeltern vertreten keinen falschen Optimismus, sind aber dennoch positiv gestimmt. Wer nicht positiv denkt, gibt andern die Macht über sein Leben. Angefangen von der Politik, die mit ihren Entscheidungen unsere Lebensführung beeinflusst über die Nachbarschaft, den Hausarzt oder unsere Familie. Wer negativ gestimmt ist, gibt seine Verantwortung ab und neigt zu Verallgemeinerungen. Da sind gleich alle Ärzte unzuverlässig, weil mich ein Facharzt hat warten lassen. Da ist die gesamte Jugend von heute unmöglich, weil sich ein Teenager vorgedrängelt hat. Da haben alle Leute im Haus einen Knall, weil der Nachbar über mir laute Musik spielt.

Großeltern müssen sich klarmachen, wer ihre Sicht der Dinge bestimmt. Immer noch sie selbst oder das Nachrichtenmagazin im Fernseher, die Tageszeitung, der Stammtisch oder der Smalltalk im Bus? Erlauben Sie sich eine eigene Meinung, bilden Sie sich eine Meinung durch Information. Gleichen Sie Ihre Sicht der Dinge stets mit der Realität ab. Sprechen Sie mit der jungen Generation, erfahren Sie von deren Zielen und Nöten. Winken Sie nicht ab, wenn Ihnen manches befremdlich erscheint. Wenn Sie versuchen, das Befremdliche einzuordnen, wird es schon ein bisschen vertrauter. Sie müssen es deswegen nicht für sich übernehmen, eine verständnisvolle Haltung aber wird die junge Generation gerne dankbar honorieren.

Gelassene Großeltern sind Genießer. Auch wenn Sie das Gefühl haben, die Enkelfamilie versinke im Chaos, nehmen Sie ihnen die Verantwortung dafür nicht ab, sondern leben Ihr eigenes Leben weiter, fahren in den Urlaub oder gehen Ihren Hobbys nach. Oma trifft sich mit ihren Kaffeetanten, Opa mit seinen Kegelbrüdern. Sie springen sofort ein, wenn Hilfe gebraucht wird, lassen sich aber nicht zum Notnagel machen, den man ausschließlich dann kontaktiert, wenn man nicht weiter weiß. Genießer müssen keine Egoisten sein. Auch Genießer kennen das Mit-Leiden. Aber sie bleiben nicht in dem Modus, sondern schalten schnell wieder um auf ihren Lebensrhythmus.

Gelassenheit ist der Schlüssel

Gelassene Menschen können mehr schlucken und hinnehmen als verbitterte und negativ ausgerichtete. Gelassene Menschen sind in der Lage, bestimmte Reaktionen nicht persönlich zu nehmen. Sie reagieren nicht nachtragend oder verletzt, wenn die Kassiererin im Supermarkt sie unhöflich behandelt, denn sie fühlen sich nicht persönlich getroffen. Gelassene Menschen ordnen das ein und fragen sich, wie viele Deppen diese arme Person wohl schon genervt haben mögen.

Genauso sollten wir Großeltern uns in Auseinandersetzungen mit der Enkelfamilie verhalten. Vielleicht hat der Schwiegersohn gerade Ärger in der Firma, das Enkelkind schafft es nicht aufs Gymnasium, die Mutter muss ins Krankenhaus. In solchen Situationen können schon mal harte Worte fallen. Uns werden Gemeinheiten an den Kopf geknallt oder es wird »abgerechnet«. »Du hast mich noch nie verstanden!«, »Ich war dir schon immer egal!«, »Ich wollte nie Geige lernen, aber ihr habt mich gezwungen!«.

Gelassene Großeltern wissen, in solchem Fall haben sie die Verantwortung dafür wie die Situation jetzt ausgeht. Sie können solche Anschuldigungen als Steilvorlage nehmen und eine Generalabrechnung vornehmen, um anschließend theatralisch die Bühne zu verlassen und dann daheim darauf warten, dass die Kinder zu Kreuze kriechen und sich tränen- und wortreich entschuldigen. Sie können aber auch wie man so schön sagt, auf Durchgang schalten, das wütende Kind in den Arm nehmen und fragen, wie sie helfen können. Die ausgesprochenen Verletzungen zu ignorieren wäre in solchem Fall das Beste.

Vielleicht machen Sie Ihren Kindern mal bewusst, dass auch sie als Vater oder Mutter nicht perfekt sein werden. Das gehört zum Leben. Niemand muss sich für seine Fehler und Schwächen schämen, höchstens dafür, dass er sie verkennt oder negiert. Natürlich, gesagt ist gesagt und je älter die Großeltern, desto schwerer wiegen Vorwürfe und Verletzungen, auch wenn sie nicht so gemeint waren.

Bewegung hilft, Stress, Wut und Ärger abzubauen. Bemühen Sie sich deshalb stets um regelmäßige körperliche Bewegung. Sie sollten altersgemäßen Sport treiben. Dabei produziert ihr Körper eine Menge

Glückshormone, die Ihnen zu einem zufriedenen, gelassenen Auftreten verhelfen.

Ein Lächeln entschärft

Sollte der Ärger über Unverschämtheiten Ihrer Kinder überhandnehmen, so Besitz von Ihnen ergreifen, dass er Ihnen den Tag verdirbt, so üben Sie doch einfach mal zu lächeln. Lächeln Sie gegen Ihre aktuelle Befindlichkeit. Ziehen Sie die Mundwinkel nach oben, auch wenn es Ihnen albern vorkommt. Dabei passieren nämlich erstaunliche Dinge. Ihre Gedanken wenden sich allmählich vom Negativen zum Positiven. Die Welt wird zwar nicht automatisch rosarot, aber Ihnen wird es besser gehen. Sie gewinnen Abstand und können angemessener reagieren. Machen wir uns bewusst: Ärger nimmt uns Lebensqualität. Wer möchte schon freiwillig Lebensqualität einbüßen?

Schlucken hat auch einen positiven Aspekt. Stellen Sie sich ein Stück Torte vor: Obsttorte mit Sahne wartet auf den Genießer. Schon der Anblick lässt uns das Wasser im Mund zusammenlaufen. Aber das wäre nur ein Bruchteil des eigentlichen Genusses. Auch wenn wie man so schön sagt, das Auge mitisst, die totale Gaumenfreude entfaltet sich erst dann, wenn die Torte mit Sahne über die Zunge wandert und geschluckt wird. Ohne dieses Schlucken hätten wir nicht das volle Erlebnis, nicht das echte Vergnügen. So gesehen hat Schlucken durchaus eine positive, nützliche, ja wichtige Seite. Diese wichtige Seite müssen wir auch dann bedenken, wenn es sich beim Schlucken nicht um unser Leibgericht, sondern bittere Pillen handelt. Manche Arznei schluckt sich nicht so leicht und trotzdem unterziehen wir uns dieser Tortur, manchmal mehrmals täglich, weil sie dem Heilungsprozess und damit unserer Gesundheit dient.

Risikointelligenz

Lernen wir, manches mit Humor zu nehmen, manche unglückliche Bemerkung auf solche Weise zu parieren. Das Konfliktpotential einer Familie ist unabhängig von ihrer zahlenmäßigen Größe. Familien ohne Konflikte gibt es nicht. Die totale Harmonie ist Fiktion. Wir Großeltern können lernen, uns zu entscheiden, ob wir aus der Mücke einen Elefanten machen. Es liegt an uns, wie wir das Leben unserer Familienmitglieder beobachten: argwöhnisch oder mit Wohlwollen. Wie wir reagieren, wenn man uns widerspricht oder ob wir gar nicht zuhören.

Risikointelligenz heißt das, worin heute besonders Manager und andere Arbeitnehmer in führenden Positionen geschult werden. Wollen wir Großeltern rechte Familienoberhäupter sein, wäre es an der Zeit, ebenfalls risikointelligent zu werden. Risikointelligenz bedeutet, in einem risikoreichen Leben – und Mehrgenerationenfamilie ist eines – gute und richtige Entscheidungen zum Wohle aller zu treffen. Risikointelligente Menschen sind in der Lage, vernünftig und besonnen in verschiedenen Situationen abzuwägen. Sie können lernen, Wahrscheinlichkeiten besser einzuschätzen. Solche Großeltern sind auch in der Lage, das eigene Erinnerungsvermögen kritisch zu bewerten. War ich wirklich die perfekte Mutter? War der Großvater wirklich ein patenter Vater? Hätten Sie im Alter Ihrer Kinder wirklich klüger gehandelt?

Risikointelligente Großeltern lernen, Ungewissheiten, Unsicherheiten und Unwägbarkeiten auszuhalten. Sie stülpen den andern ihre eigenen Denkansätze nicht über. »Schulden machen wir nicht!« oder »Der Flur ist die Visitenkarte der Wohnung!« Risikointelligente Großeltern denken positiv und bleiben auch im Fall einer Katastrophe optimistisch. Bei Autopannen gibt es den Pannendienst. Im Krankheitsfall kann ich zum Arzt gehen oder ins Krankenhaus. Nicht jedes Kind muss aufs Gymnasium. Das Leben geht weiter, Morgen ist ein neuer Tag. Risikointelligente Großeltern verbreiten solcherart Philosophie, nicht als platte Antwort, sondern als gelebte Weisheit.

Schweigen ist mehr als nur »nichts sagen«

Ich war als Kind eine rechte Plaudertasche und trug mein Herz wie man so schön sagt, »auf der Zunge«. Meine Mutter erzählte oft, wie ich eines Tages vom Zahnarzt gekommen sei mit dem Hinweis, ich solle zwei Stunden nichts essen. Das war weniger schlimm für mich, als hätte er gesagt, zwei Stunden nicht reden.

Meine Großmutter konnte stundenlang wortlos auf der Bank sitzen. Allenfalls summte sie ein Liedchen dabei. Wir können das heutzutage kaum noch. Denn allein zu schweigen bedeutet, mit sich allein sein zu können. Sich selbst aushalten, Schweigen als Rückzug auf sich selbst. Schweigend mit sich allein zu sein ist eine Form der inneren Einkehr. Aushalten, was da an Erinnerungen hochkommt, an Gefühlen. Eine Zeitlang zu schweigen, um sich Klarheit über bestimmte Dinge zu verschaffen, wirkt Wunder. Danach weiß der eine, dass er diesen ungeliebten Job definitiv aufgeben wird, und der andere beschließt, der Beziehung eine zweite Chance zu geben.

Schweigen wird als sogenannte »nonverbale Kommunikation« bezeichnet, als ein »wortloses Gespräch« also. Hier kommt der Satz von Paul Watzlawick, »man kann nicht nicht kommunizieren«, ins Spiel. Denn Schweigen ist viel mehr, als nur nichts sagen.

Wir können weise schweigen oder beleidigt.

Wir können auf vielerlei Art schweigen. Manchmal schweigen wir, indem wir uns eines Kommentars enthalten oder die Arme verschränken, uns in Pose werfen und die Lippen zusammenkneifen.

Schweigeminute wird jener Augenblick genannt, wo öffentlich miteinander eines traurigen Ereignisses gedacht wird. Gemeinsam trauernd zu schweigen ist dort angebracht, wo Worte den Schmerz nur noch vergrößern würden.

Es gibt die sogenannte *Schweigepflicht* der Ärzteschaft und anderer Berufsgruppen. Ärzte dürfen nur in Ausnahmefällen und wenn der Patient zustimmt, über den gesundheitlichen Zustand Auskunft geben.

Manchmal wird bei prozessierenden Parteien über ausgehandelte Kompromisse oder Vergleiche *Stillschweigen* vereinbart.

Die hohe Kunst des Schweigens wird in Klöstern praktiziert. Wer sich zu einem Klosterleben auf Zeit anmeldet, fürchtet meist nicht das einfache Leben, sondern das Schweigen in einem zeitlich begrenzten Rahmen ohne die heute üblichen Kommunikationsmittel wie Handy, Computer, Internet oder Fernseher.

Bewusstes Schweigen sensibilisiert die Sinne

Läuft bei Ihnen ständig das Radio? Schalten Sie häufig tagsüber den Fernseher ein und lassen ihn nebenbei laufen? Warum eigentlich?

Haben Sie sich das schon mal gefragt? Damit Sie sich nicht so einsam fühlen? Versuchen Sie doch, in Ihren Wochenablauf ein paar Augenblicke absoluten Schweigens einzubauen. Handarbeiten, ohne dass die Nachmittagssendung im Fernsehen nebenher über die Mattscheibe flimmert, Heimwerkern ohne Radiobegleitung. Nehmen Sie mal wieder bewusst Ihre Umgebung wahr: den Garten, das Zimmer, die Küche. Lassen Sie Ihre Hände arbeiten, während Sie schweigen und vielleicht die eigenen Gedanken wahrnehmen. Lernen Sie in solchen Zeiten einmal ganz bei sich selbst zu bleiben. Gerade wenn Sie allein leben, sollten Sie sich bewusst Zeiten des Schweigens, des »mit sich seins« gönnen. Wer auf diese Weise mit sich zurechtkommt, wird ein umgänglicher Mensch.

Arten des Schweigens

Weises Schweigen

Manchmal ist es besser, sich verbal zurückzuhalten und die andern einfach machen zu lassen. Sich nicht zu jedem Thema äußern zu müssen zeugt von viel innerer Substanz und Vertrauen in sein Umfeld. Wir sind nicht mehr für die Handlungen unserer Kinder und deren Folgen verantwortlich, also können wir ruhig üben, den Mund zu halten und abzuwarten. Aus Schaden werden viele klug. Und wenn, trotz unserer Bedenken, gar kein Schaden entstanden ist, war es umso klüger und weiser, sich nicht verbal einzumischen. Ansonsten stünden wir als die Blamierten, Missgünstigen oder Besserwisser da. Wer weise schweigen lernt, lernt ein Stück Gelassenheit und nimmt der familiären Kommunikation die unheilvolle Spannung. Kinder und Enkel die Großeltern haben, die weise zu schweigen verstehen, werden von selbst um Rat und unser Urteil bitten, ohne dass wir uns vorlaut einmischen mussten.

Mitfühlendes, teilnahmsvolles Schweigen

Mancher hat aufgrund der Coronapandemie vielleicht liebe Menschen verloren oder kennt Leute, die menschliche Verluste zu beklagen haben. Vielleicht waren diese Personen nicht geimpft oder sind trotz Impfung gestorben.

Kleine Kinder, die plötzlich tot im Bett liegen, Ehen, die dramatisch zerbrechen, Unglücke, die jemanden unversehens heimsuchen: Es gibt

Situationen im Leben, da versagen alle Worte, wird jeder noch so wohl-
meinende Satz zur Phrase, klingt jedes aufmunternde Wort platt und
unangemessen. Menschen, die trauern, auf dem Krankenbett liegen, in
Trennung leben oder ihre Enkel nicht sehen dürfen, weil es deren
Eltern nicht erlauben. Hier sind Worte meistens überflüssig. Miteinander schweigen, trauern, tragen, ertragen – all das hilft mehr als tausend
Worte. »Das wird schon wieder«, »nur die Hoffnung nicht aufgeben«
oder »Kopf hoch« sind Plattitüden, die unsere vielleicht gut gemeinten
Absichten ins genaue Gegenteil verkehren. Betroffene werden sich
angewidert abwenden. Ein selbst gebackener Kuchen oder ein
schmackhaft angerichteter Salat zeigen viel mehr Mitgefühl als es noch
so wohl formulierte Worte vermögen.

Andächtiges Schweigen

Warum dämpfen wir automatisch die Stimme, wenn wir eine Kirche
oder Trauerhalle betreten? Weil hier andächtiges Schweigen geboten ist.

Gott ist gegenwärtig.
Lasset uns anbeten
und in Ehrfurcht vor ihn treten.
Gott ist in der Mitte.
Alles in uns schweige
und sich innigst vor ihm beuge.
Wer ihn kennt, wer ihn nennt,
schlag die Augen nieder;
kommt, ergebt euch wieder.

So dichtete Gerhard Tersteegen, der bedeutende Liederdichter vom
Niederrhein im 18. Jahrhundert. Sich der Anwesenheit von jemandem
bewusst zu werden, den man nicht sieht, ist kein einfaches Unterfangen
und wird deshalb Glauben genannt. Das klösterliche Schweigen fußt
aber genau darauf: durch Schweigen und in sich gehen, um sich der
Gegenwart Gottes bewusst zu werden. Inzwischen bieten Klöster
Schweigewochenenden auch für Normalos, die eigentlich nur mal der
alltäglichen Hektik und Hetze entfliehen wollen. Ich liebe andächtiges
Schweigen und sitze manchmal in Kirchen, die andere aus touristischen

Gründen betreten, um solche Orte auf ihren Reiserouten abhaken zu können, in mich gekehrt in der Kirchenbank. Ich nehme mir eine kurze Auszeit, eine Verschnaufpause, denke an meine Kinder, Enkel, meinen Mann. Freue mich über die schönen Dinge meines Lebens.

Bedeutungsvolles Schweigen

Ich kenne Menschen, die inmitten von hochfliegenden Debatten ruhig bleiben und erst das Wort ergreifen, wenn sich die Wellen geglättet haben und im Sande zu verlaufen scheinen. Solche Menschen haben stets passende Worte parat, ihr Urteil beeinflusst den Rest der Auseinandersetzung in die richtige Richtung, denn sie können bedeutungsvoll schweigen. Ihr Wort hat Gewicht, ihre Argumente sind stichhaltig und zutreffend, weil sie sich nicht unter die aufgeregten und hysterischen Meinungsbekunder mischten. Sie hatten die innere Kraft, erstmal zuzuhören und dann zum rechten Zeitpunkt ordnend in die Diskussion einzugreifen. Ich kannte auch solche Menschen, die schweigend dabei saßen und erst, wenn sie um ihre Meinung gefragt wurden, etwas sagten. Dabei war ihr Schweigen weder beleidigt noch hochnäsig, sondern einfach bedeutungsvoll weise. Sie konnten abwarten und auch mal Meinungen aushalten, die ihnen eigentlich gegen den Strich gingen.

Beredtes Schweigen

Wer das »beredte« Schweigen beherrscht, hat eine »Waffe« bzw. ein sogenanntes Totschlagargument. Wer so schweigt, zwingt sein Gegenüber, zwischen den Zeilen zu lesen. Unsere Kinder oder Enkel, müssen raten, was uns missfällt. Wer so handelt, demütigt seine Angehörigen, verunsichert sie und macht sich unbeliebt. »Ich sag nichts dazu« ist nicht gleichbedeutend mit: ich vertraue euch, ihr werdet es schon richtig machen, sondern bedeutet genau das Gegenteil: ich vertraue euch nicht und alles, was ihr anfasst, geht in die Binsen.

Eisiges Schweigen

Meine Großmutter beherrschte auch das »eisige« Schweigen perfekt. Kam uns jemand besuchen der ihr nicht passte, saß sie schweigend in ihrem Sessel und warf dem Besucher entsprechende Blicke zu. Sowie ihr irgendetwas zuwiderlief, hüllte sie sich in eisiges Schweigen, sprach mit niemandem ein Wort und zeigte allen die kalte Schulter. Für meine

Mutter als junge Ehefrau war das kaum zu ertragen, sie fühlte sich hin und hergerissen zwischen Ehemann, Kindern und der eigenen Mutter. Zugegeben, manchmal gibt es Situationen, wo wir so tief verletzt, so erschrocken oder brüskiert sind, dass wir am liebsten auf den Funkstillemodus umschalten würden. (Damit sind wir wieder beim Schlucken.) Aber mal ganz ehrlich, wem würde das etwas nützen? Kontaktabbruch und Kommunikationsaus schlagen doch nur auf uns zurück, stellen uns bloß und machen uns keinesfalls beliebter.

Wählen Sie anstelle von eisigem Schweigen offene Worte. Bringen Sie zum Ausdruck, dass das soeben vorgefallene Sie tief getroffen und verletzt hat (sprechen Sie von sich und Ihrem Empfinden) und dass Sie erstmal ein Zeitfenster benötigen, um das Ganze zu verarbeiten und sacken zu lassen. Vielleicht sind Sie im Schlucken ja geübt und in der Lage, alles ganz schnell zu vergessen, dann werfen Sie bitte solche Vorfälle weit hinter sich und holen dies oder jenes nicht bei jeder passenden und unpassenden Gelegenheit wieder vor. Dass Sie nicht alles mit sich machen lassen müssen, erklären wir Ihnen ja in diesem und unsern anderen Büchern. Dennoch steht es uns Älteren manchmal gut zu Gesicht und spricht für Altersweisheit, wenn wir nicht alles auf die Goldwaage legen bzw. über manches auch hinwegzusehen bereit sind, anstatt uns in eisiges Schweigen zu hüllen.

Peinliches Schweigen

Sie kennen das Märchen »Des Kaisers neue Kleider«. Versetzen Sie sich mal in den Moment, als der kleine Junge plötzlich sagt: »Aber er hat ja gar nichts an!« Entsetzen, Stille, peinliches Schweigen.

Da kommt der Chef eilig zur Teambesprechung und der Reißverschluss seiner Hose ist noch offen. Peinlich. Jetzt können Sie entscheiden: entweder, Sie verweisen alle neben Ihnen sitzenden darauf und haben etwas zu kichern, womit Sie Ihren Chef verunsichern würden, man nennt das auch Schadenfreude, oder Sie stehen auf, als ob Sie etwas vergessen hätten und raunen dem Betreffenden beim Vorbeigehen zu, dass ihm gerade etwas Peinliches passiert ist. Und: das ist ganz wichtig, Sie gebrauchen diesen Fauxpas auch nicht hinterher, im lockeren Pausengespräch beispielsweise, um sich hervorzutun.

Es gibt genug Gelegenheiten im Leben, wo man am liebsten vor Scham im Erdboden versinken würde, sich weit weg wünschte. Mir passierte als junger Pastorsfrau, dass ich während eines Festgottesdienstes einen Chor leitete und plötzlich feststellen musste, dass der Rock, den ich zur weißen Bluse trug, nur geheftet, nicht fertig genäht war. Glücklicherweise war der Heftfaden farblich passend, dennoch wollte ich in dem Moment, als ich das Dilemma feststellte, nur noch unsichtbar sein. Heute lachen wir darüber. Wie viele Momente gab und gibt es in unserm Leben, wo es plötzlich peinlich wird. Dabei ist die Schamgrenze ja höchst individuell. Peinliches Schweigen könnten Sie auch praktizieren, wenn die Enkel plötzlich beginnen, verschiedene Haarfarben auszuprobieren, sich tätowieren lassen o. ä. Stehen Sie dann auch noch zu ihnen oder schweigen Sie peinlich berührt, weil Sie sich schämen? Es wäre eine gute Charakterschule für Großeltern, diese Art der Scham abzulegen und zum Nachwuchs zu stehen, ohne Wenn und Aber. Und sich vielleicht auch gehässige Bemerkungen anderer zu verbitten, schließlich lassen wir unsere Enkel nicht beleidigen!

Ängstliches Schweigen

In den 50er und teilweise 60er Jahren Geborene kennen das ängstliche Schweigen. Unsere Elterngeneration war hart, manchmal ungerecht und praktizierte körperliche Strafen. Ein Fleck im Rock, mindestens eine Ohrfeige. Zerrissene Hosen, eine ordentliche Tracht Prügel. Also war es besser, den Mund zu halten und sich möglichst unsichtbar zu machen. Daheim nicht aufzufallen, um ja keinen Anlass für derartige Übergriffe zu bieten. Ängstliches Schweigen praktizieren heute auch manche Großeltern, um ja den Kindern keinen Anlass zur Auseinandersetzung zu bieten. Aber auch umgekehrt kann es sein: unsere Kinder schweigen ängstlich, um uns nicht zu verärgern oder vor den Kopf zu stoßen. Sie trauen sich nicht, uns mitzuteilen, dass es in diesem Urlaub ohne uns in den fernen Süden geht aus Angst, wir könnten in eisiges Schweigen verfallen, uns krank stellen oder aufregen. Soweit es an uns liegt, sollten wir ein solches Vertrauensverhältnis zu unsern Kindern aufbauen, dass es keine Seite nötig hat, in Angst schweigend zu verharren. Wir sollten vermeiden, dass es sogenannte »heiße« Eisen gibt, woran sich ein Familienkonflikt entflammen könnte.

Achtsames Schweigen

bedeutet, aufmerksam zuhören, um sein Gegenüber und die eigenen Gedanken wahrnehmen zu können. Freiwerdende Emotionen werden gleichermaßen von beiden Gesprächspartnern erspürt. Wir sind wie ein »Resonanzkörper« für unser Gegenüber, denn manchmal reicht es, einfach mal über das Problem gesprochen zu haben ohne eine Lösung zu erwarten. Selbst wenn für Sie die Lösung bereits auf der Hand liegt, dürfen Sie sich zurückhalten und Ihrem Gegenüber Zeit lassen, selbst darauf zu kommen. Sie haben dann dazu beigetragen, Ihrem Gegenüber ein Stück Selbstbewusstsein zurückzugeben. Nichts ist schlimmer, als Gesprächspartner, die einem nach jedem zweiten Wort dazwischenfahren mit Floskeln wie: »Kenne ich«, »brauchst mir gar nichts zu erzählen«, oder: »ich hätte, würde...« »Du müsstest...«

Machtvolles Schweigen

»Opa hätte ja genug Geld auf dem Konto ...« Andeutungen, Vorwürfe, sogar Anfeindungen – all das kennen wir Großeltern. Wird so etwas beispielsweise bei Familientreffen laut, dürfen Sie das machtvolle Schweigen praktizieren. Alle erwarten empören Widerspruch, aber wir haben diese Bemerkung sozusagen »überhört«. In solchem Fall kann Schwerhörigkeit ein wirklicher Segen sein, denn damit zeigen wir eine gewisse Macht über die Situation.

Souveränes Schweigen

Ihre Enkelin hat Ihnen etwas anvertraut, das die Eltern keinesfalls wissen dürfen. Nun dreht sich aber das Gespräch in Mutmaßungen genau um dieses Thema. Widerstehen Sie dem Bedürfnis, durch Ihr Wissen die Tatsachen mit wenigen Worten zurechtrücken zu können. Widerstehen Sie auch dem Bedürfnis, sich auf diese Weise zum Mittelpunkt machen zu können. Lassen Sie die entstandene Pause, weil niemand so recht eine Ahnung von den eigentlichen Fakten hat, zu. Behalten Sie Ihr Wissen für sich und: schweigen Sie.

Neugieriges Schweigen

Neugier und schweigen – schließt sich das nicht aus? Nicht, wenn Sie gelernt haben, richtig zuzuhören. Zuzuhören, ohne Ihr Gegenüber dauernd zu unterbrechen, sondern einfach hören und nur aus Verständnisgründen fragen: »Habe ich recht verstanden, du meinst also …« Dieses Schweigen bedeutet Respekt und die Absicht, das Gegenüber richtig zu verstehen. Meistens wird Neugier ja negativ bewertet und hat deshalb ein entsprechendes »Geschmäckle«. Positive Neugier ist genau das Gegenteil. Es geht um Information und Lerngewinn, aber nicht um Halbwissen und seine Verbreitung.

Sammelndes Schweigen

Da kriegen Sie ein paar (meistens unbedachte) Worte einfach so vor den Bug geschossen. Widerstehen Sie dem Drang, sofort entsprechend zurückzufeuern, sondern lernen Sie, sich zu sammeln, bevor ein Streit entsteht: Trinken Sie etwas, stehen Sie auf und öffnen das Fenster, räumen Sie den Tisch ab, gehen Sie aufs Klo – ohne ein weiteres Wort. Danach können Sie entweder antworten, entgegnen, das Argument entkräften oder – und das zeugt keinesfalls von Schwäche – vertagen. »Lass uns ein andermal darüber sprechen, bevor es zum Streit kommt« bzw. »ich muss über das, was du gerade gesagt hast, erstmal nachdenken, deshalb lass uns dieses Thema heute nicht mehr weiter verfolgen.« So erreichen Sie, dass sich Streitthemen nicht hochschaukeln oder hitzig werden, ein Wort das andere gibt und wir im Unfrieden miteinander leben. Wer Besonnenheit demonstriert, demonstriert Stärke.

Besänftigendes Schweigen

Manchmal müssen Großeltern auch »Blitzableiter« sein. Dazu gehört, sein Gegenüber reden zu lassen, um alle Wut, allen Ärger, allen Frust abzulassen. Z. B., wenn Kinder oder Schwiegerkinder Ihnen Einblick in die eigene Ehe gewähren. Hören Sie zu, ohne partaiisch zu werden, aber schweigen Sie. Halten Sie sich auch später ans »Schweigegebot«, was Derartiges angeht. Weil Sie sowieso nicht viel ausrichten können und sich erfahrungsgemäß die in Zwist geratenen Eheleute eher wieder einig sind, als Sie Gelegenheit hätten, die Sache auszubreiten. Dann wären Ihre Informationen Schnee von gestern und würden Ihnen schaden. Manchmal braucht der Mensch jemanden, bei dem er sich »auskotzen« kann, ohne einen Ratschlag oder eine Lösung zu erwarten.

Schon das Aussprechen tut gut, beruhigt und entspannt. Aber Vorsicht, falls es um Sie geht und Ihr Verhalten gegenüber einem Ihrer Kinder, einem bestimmten Ereignis in der Vergangenheit, lassen Sie Ihr Gegenüber nicht »abblitzen«. Praktizieren Sie »sammelndes Schweigen«, bevor ein Streit losbricht.

Verschweigen

Verschweigen bedeutet, etwas zu verheimlichen. In unserm Kreisseniorenrat geben wir jedes Jahr sogenannte »Vorsorgemappen« heraus. Darin befinden sich Informationen, was bei einem medizinischen Notfall zu tun ist und auch Formulare, worin u. a. eine Betreuungsperson im Fall einer Notlage benannt werden kann. Wird keine Person benannt, bestellt der Staat jemanden. Wir waren sehr erstaunt, dass nicht automatisch die Ehepartner als Betreuungspersonen auftreten können. Auf meine Frage nach der Begründung, erhielt ich die Auskunft, es käme vor, dass neben der Ehefrau auch die Geliebte, Zweitfrau o. ä. im Krankenhaus auftauche und entsprechende Rechte für sich beanspruche.

Wenn Künstler unter Pseudonym arbeiten, verheimlichen sie ihren Namen ebenfalls, um ihre Identität zu verbergen. Was aber legitim ist.

Totschweigen

Mancher Fakt, manches Kind o. a. ist in der Familienhistorie nicht erwünscht und fällt darum unter Totschweigen.

Überlebende des Holocaust verhindern durch ihre Berichte, dass diese schrecklichen Verbrechen totgeschwiegen werden. Wir sollten uns nicht der Gruppe derer anschließen, die der Meinung sind, »jetzt müsse auch mal gut sein« oder »wir haben es ja nicht getan«. Totschweigen bedeutet, wegschieben, unter den Teppich kehren, es nicht be- oder verarbeiten, sondern verdrängen. Wer verdrängt erweist sich selbst einen Bärendienst. Denn Verdrängung verdrängt auch den Familienfrieden und wirkt noch Generationen später nach.

Ein sehr anschauliches Beispiel dafür ist Jennifer Teege. Frau Teege, deren Vater aus Nigeria stammt, stieß eines Tages per Zufall auf ihre wahre Familiengeschichte. Diese Entdeckung war für sie insofern schockierend, da sie bei Adoptiveltern aufgewachsen war und zu ihrer leiblichen Mutter nur wenig Kontakt hatte. Dass ihr leiblicher Großvater Amon Göth, der »Schlächter von Płaszów« gewesen und nach dem Krieg als Kriegsverbrecher hingerichtet worden war, hatte ihr bis dahin niemand erzählt, auch nicht ihre über alles geliebte, leibliche Großmutter, Göths Lebensgefährtin, zu der sie vermeintlich ein gutes Verhältnis hatte. Jennifer Teege hat ihre Suche nach der Wahrheit in einem sehr eindrucksvollen Buch beschrieben.

Kann man Schweigen lernen?

Ja, man kann auch im Alter noch bewusst zu schweigen lernen. Eisiges oder beleidigtes Schweigen praktiziert mancher, ohne je eine Lehrstunde dafür erhalten zu haben. Aber weises Schweigen, mitfühlendes oder achtsames, das können auch Großeltern noch lernen.

Bauen Sie bewusst stille Momente in ihren Tagesablauf ein

Ein Moment der Ruhe und Besinnung, zu Tagesbeginn oder zum Abend wird Ihre Lebensqualität und Zufriedenheit deutlich erhöhen. Lesen Sie etwas Erhebendes, Betrachten Sie ein Foto, hören Sie entsprechende Musik. Danach werden Sie, innerlich gestärkt, mit mehr Freude und Elan zu Ihrem Tagwerk zurückkehren.

Mediale Stille

Kennen Sie den? Der Enkel kommt von den Großeltern und sagt daheim: Zu Oma und Opa gehe ich nie wieder. Die sitzen den ganzen Tag auf der Couch und haben nichts an! Erschrocken fragt die Mutter zurück: Die haben nichts an??? Nein, sagt der Enkel, die haben nichts an, kein Radio, keinen Fernseher, keinen Computer!

Während unsere Kinder und Enkel durchweg in der medialen Berrieselung leben, können wir uns gerne ein Zeitfenster gönnen, in dem wir »nichts anhaben«. Es ist heutzutage ein Luxus und wird von Kennern sehr geschätzt, für einige Zeit aus dem medialen Netz herauszukommen: kein ständiges Checken der Mails, kein unentwegter Blick aufs Smartphone oder Tablet. Wir haben uns zu sehr an die Überreizung durch die Medien gewöhnt, den ständig laufenden Fernseher, auch wenn er lautlos gestellt ist, oder die Berieselung durch

Radioprogramme. Dadurch werden wir gereizt und reizbar, Stille wirkt im ersten Moment laut und dröhnend. Deshalb: Schalten Sie ab und zu bewusst alles ab und genießen Sie die Stille. Vielleicht hören Sie dann im Garten die Vögel zwitschern oder der Verkehrslärm von der Straße dringt auf einmal viel stärker herein.

Schreiben Sie Tagebuch

oder einen Brief. Notieren Sie, was Sie freut oder stört, in einem Tagebuch bzw. formulieren Sie es in einer Art Brief, den Sie hinterher eventuell vernichten sollten. Angelegenheiten, Vorfälle, Gespräche – alles was uns in dieser Hinsicht belastet, können wir schriftlich verarbeiten. Schreiben Sie bewusst mit der Hand, denn die Leitung Gehirn-Hand-Papier macht etwas mit uns und dem, was wir aufschreiben. Oft reicht die Niederschrift an sich schon aus, um gewisse Dinge für sich zu verarbeiten. Danach können wir das Ganze als erledigt betrachten und zur Tagesordnung übergehen. Ohne beleidigtes Schweigen oder Kontaktabbruch. Falls Sie Tagebuch schreiben wäre es fatal, wenn Sie Ihre Niederschriften als Druckmittel gegen ihre Kinder oder Enkel nutzen würden: An dem und dem Tag hast du, habt ihr ... Benutzen Sie solche Notizen lediglich als Beweis dessen, was Sie zu ertragen imstande sind und woran Sie merken, dass Sie auch im Alter noch innerlich ein Stück gewachsen sind.

Setzen Sie sich auf den Balkon, in den Garten, den Park und genießen Sie bewusst die Natur

Das ist mediale Stille in der Natur. Einfach mal abschalten und die Umgebung auf sich wirken lassen. Beobachten Sie das Gewusel eines Ameisenhaufens oder die Enten auf dem Teich, erschnuppern Sie den Duft der Blumen, erfreuen Sie sich in allen vier Jahreszeiten an der Natur. Das lenkt nicht nur ab, das führt uns zu uns selbst. Wir bekommen den Kopf frei, vielleicht entsteht eine neue Idee, ein Gedanke, etwas, womit wir vorher nie gerechnet hätten. Natur machts möglich.

Bemühen Sie sich um gute Gedanken für sich selbst und Ihr Umfeld

Natürlich gibt es Ärgernisse, Vorkommnisse, die uns sehr verärgern, das Leben erschweren oder uns fassungslos zurücklassen. Jeder kennt aus seinem persönlichen Umfeld Menschen, deren alleinige Anwesenheit schon ausreicht, dass uns der berühmte »Hut« hochgeht. Die müssen noch gar nichts gesagt oder getan haben, aber wir sind schon bedient, wenn wir ihrer ansichtig werden. Mitmenschen, Familienangehörige, über die wir uns pausenlos aufregen, ereifern, wüten könnten, ohne dass uns der Gesprächsstoff jemals ausginge. Genau hier setzt unsere Empfehlung an: Bemühen Sie sich um gute Gedanken für solche Menschen und gestehen Sie sich ein: Nobody is perfect, auch Sie selbst nicht. Gerade was den engen Verwandtschafts oder Bekanntenkreis betrifft, wäre das für SIE selbst ein empfehlenswertes Gedankentraining.

Bleiben Sie bemüht, an Ihren Mitmenschen auch das Gute zu entdecken. Vielleicht schimpft die eine Bekannte dauernd über alles und jeden, aber in Sachen Haushaltsführung macht ihr so schnell keiner was vor. Oder ärgert Sie, wenn der Schwiegersohn ständig vergisst, sich die Schuhe gründlich abzutreten, bevor er Ihnen die Getränkekisten ins Haus schleppt. Aber er ist sehr hilfsbereit. Die Nachbarin, die immer so aufgedonnert daherkommt, Ihnen jedoch letzte Woche freundlicherweise das Rezept in der Apotheke eingelöst hat. Wenn deren Aufmachung auch für Sie die Grenze des Schicklichen weit überschreitet, aber behilflich ist sie. Auf diese Weise können Sie einen nach dem andern aus Ihrem Umfeld durchgehen und anstatt wie vielleicht bisher, nur Negativpunkte zusammenzusuchen, es genau umgekehrt machen: Pluspunkte sammeln. Dann wird es Ihnen besser gehen, Sie haben es nicht nötig, mit Frau A und B über Frau C zu tratschen oder mit Frau D über die jungen Leute herzuziehen.

Sie können getrost schweigen, weise schweigen, souverän bleiben. Und vielleicht mal ein paar kluge Worte in die Gesprächsrunde werfen: Die, über die Ihr Euch gerade so ereifert, hat mir letzte Woche freundlicherweise meine Medikamente aus der Apotheke geholt, obwohl sie dafür nochmal extra fahren musste. Wie sie sich zurechtmacht, ist doch ihre persönliche Sache, oder? Erstaunliches könnte geschehen: man wird Ihnen eventuell zustimmen und das Gespräch bekommt eine ganz neue Wendung. Falls das Gegenteil geschieht, haben Sie zwar die Sympathie einiger Mitmenschen verloren, aber wissen, dass Sie weise gehandelt haben.

Bewegung ist wichtig

Nichts gegen ein Kaffeekränzchen, einen gemütlichen Skatabend, ein Treffen zum gemeinsamen Essen. Alles hat seine Berechtigung und ist wichtig, gerade für Großeltern. Wollen Sie aber schweigen lernen, so beginnen Sie gezielt mit Bewegung. Gehen Sie spazieren, joggen Sie, machen Sie Nordic Walking. Aber ohne Walkman. Laufen Sie sich frei, lassen Sie beim Laufen Ihre Gedanken spazierengehen. Sport befreit von Düsternis und hilft bei depressiven Gedanken. Bewegung ist eine erstklassige Medizin, wenn Sie Ordnung ins Gedankenchaos bekommen möchten, um wieder klar denken zu können. Nehmen Sie z. B. beim Laufen im Wald die Eindrücke der Natur bewusst auf. Nicht umsonst melden sich Menschen zum sogenannten »Waldbaden« an. Um mit allen Sinnen die Natur aufzunehmen und sich dabei inspirieren zu lassen.

Verschaffen Sie sich neue Eindrücke – auch in einem Ehrenamt

Wer bringt der neunzigjährigen Rentnerin im Parterre die Frühstücksbrötchen? Wer geht in die Schule, um Kindern etwas vorzulesen? Wer besucht fremde bedürftige Menschen im Krankenhaus? Das alles und noch viel mehr wird von Ehrenamtlichen geleistet. Ob im Tafelladen, bei der Betreibung von Bürgerbussen, im Sportverein – ohne die Ehrenamtlichen wäre unsere Gesellschaft sehr aufgeschmissen. Reihen Sie sich doch mit ein! Sie lernen praktisch andere, neue Welten kennen, kommen mit Menschen in Kontakt, die Sie sonst nie kennengelernt hätten. Treten Sie einem Verein bei, suchen Sie sich ein Hobby oder Gleichgesinnte, die Ihre Hobbyleidenschaft teilen. Oder: lesen Sie und tauchen Sie dabei in andere Welten ein. Werden Sie Mitglied in der Bücherei, dort können Sie lesen so viel und so oft Sie wollen. Wer sich vernünftig und klug zu beschäftigen weiß, wird keine Zeit haben, über andere herzuziehen oder Gerüchte in die Welt zu setzen, weil er gelernt hat, zu schweigen. Denn »Schweigen ist die Muttersprache der Weisen«, wie schon Laotse gesagt haben soll

20 RECHTE FÜR GROßELTERN

1. Großeltern dürfen ihre Enkel lieben.

2. Großeltern dürfen Zeit haben für die Enkel.

3. Großeltern dürfen erzählen.

4. Großeltern dürfen ihren Enkeln vorlesen.

5. Großeltern dürfen mit ihren Enkeln spielen.

6. Großeltern dürfen wegen ihrer Enkel gelassen sein.

7. Großeltern dürfen von ihren Enkeln Respekt einfordern.

8. Großeltern dürfen darauf bestehen, dass in ihren vier Wänden Ordnung herrscht.

9. Großeltern dürfen auf Traditionen und Rituale Wert legen.

10. Großeltern dürfen dankbar sein.

11. Großeltern dürfen für ihre Enkel Ort der Geborgenheit sein.

12. Großeltern dürfen echtes Interesse an den Enkeln haben.

13. Großeltern dürfen jedes Enkelkind vorbehaltlos bejahen.

14. Großeltern dürfen das Nörgeln sein lassen.

15. Großeltern dürfen Orientierung geben.

16. Großeltern dürfen trösten.

17. Großeltern dürfen ruhig ein bisschen spießig sein.

18. Großeltern dürfen Vermächtnisse aussprechen.

19. Großeltern dürfen der Familie Wurzeln geben.

20. Großeltern dürfen unheilvolle Kreisläufe durchbrechen.

1. Großeltern dürfen ihre Enkel lieben

Liebe verändert

Nicht nur den, der geliebt wird, auch den, der liebt. Liebe ist echtes Geben und Nehmen. Die meisten Großeltern lieben ihre Enkel und werden von ihnen ebenso wiedergeliebt. Anders als die Eltern, deren Liebesverhältnis zu Oma und Opa nicht immer unverkrampft ist. Schließlich sind es für sie nicht ihre Großeltern, sondern immer noch Mama und Papa. Denn es ist noch gar nicht lange her, als sie den Enkeleltern die Richtung vorgaben.

Liebe verändert. Vielleicht können angehende Großeltern ihre zwiespältigen Gefühle nicht verbergen bei der Nachricht, dass ein Enkelkind unterwegs ist. Sie fühlen sich doch noch gar nicht wie Oma und Opa. Überhaupt, machen Enkel nicht alt? Was werden die Kollegen sagen, Freunde und Verwandte? Alles überflüssige Bedenken, denn sobald das Baby auf der Welt ist, verflüchtigen sich derartige Überlegungen wie Nebel an der Sonne. Oma und Opa platzen fast vor Stolz und können gar nicht genug bekommen von dem kleinen Wonneproppen.

Das nennt man Liebe.

Alle Für und Wider beiseiteschiebend sich dem kleinen Menschen zu widmen, mit aller Kraft und allen Möglichkeiten. Opas ganzem Stolz soll es an nichts fehlen, Omas Prinzesschen darf alles. Spätestens in der Enkelpubertät finden sich solche Großeltern (manchmal unsanft) auf dem Boden der Realität wieder. Wenn Opas Stolz sich allmählich in Opas größtes Desaster verwandelt: die Haare, die Klamotten, das Benehmen und Omas Prinzesschen mit jedem dahergelaufenen Typen abschiebt. Dabei haben Oma und Opa doch alles getan, damit es den Enkeln gut geht. Außer ganz viel Spielzeug haben sie ihnen noch ihre ganze Liebe geschenkt und das ist nun der Dank dafür?

Haben sie wirklich Liebe geschenkt?

Waren ihre Geschenke wahrhaftig Ausdruck echter Zuneigung oder investierten sie eigentlich in ihr eigenes Selbstwertgefühl? Wollten sie Kindern bzw. Enkeln was Gutes tun oder vor andern glänzen, aus allen

Vergleichen als Sieger hervorgehen? Das wäre dann keine Liebe, sondern krasser Egoismus. Großeltern, die ihre Enkel wirklich lieben, haben es nicht nötig, sich hervorzutun, auch nicht durch Geschenke.

Wahre Liebe setzt Grenzen

Verwöhnen ist das Privileg der Großeltern, wenn es nicht unbegrenzt geschieht. Dabei geht es nicht ums zweite Eis. In Sachen Grenzen ist es klug, mit den Eltern an einem Strang zu ziehen. Grenzen, von allen Erwachsenen gemeinsam definiert, stecken den Spielraum ab. Sollten die Eltern einen Spielraum gesteckt haben, dessen Grenzen Sie gerne enger ziehen würden, müssen Sie sich einigen.

Sicherheit durch Grenzen

Denn gesteckte Grenzen, auch in Erziehungsfragen, sollen schützen, Halt und Sicherheit geben. Solche Grenzen sind von Enkel zu Enkel unterschiedlich. Was dem Einen recht, kann dem Andern nicht billig sein.

Während Sie das Enkelkind, das bereits schwimmen kann, bedenkenlos zum Baden schicken können, müssen Sie es dem andern, weil Nichtschwimmer, leider verbieten. Zu dessen eigenem Schutz. Während Sie ein Enkelkind zum Essen ermuntern, braucht ein anderes eine Bremse, weil Übergewicht droht. Umzäunen Sie deshalb das »Land« nachvollziehbar. Manche Regel oder Grenze ist Auslegungs oder Ansichtssache und wird nicht von allen Erwachsenen gleich unterstützt. Setzen Sie sich trotzdem niemals über die Eltern hinweg. Auch dann nicht, wenn die vielleicht ängstlicher sind als Sie. Sie büßen Vertrauen ein, Ihre »Großzügigkeit« wird Ihnen auf die Füße fallen, indem man Ihnen die Enkel entzieht. Nehmen Sie in solchem Fall nicht nur Rücksicht auf die Enkel, sondern auch auf die Eltern. Versuchen Sie, die Enkelfamilie davon zu überzeugen, dass zwar überall Gefahren lauern, es aber besser ist, damit leben zu lernen, als ihnen permanent aus dem Weg gehen zu wollen.

Altersgerechte Grenzen setzen

Setzen Sie altersgerechte Grenzen. Säuglingen im Krabbelalter setzen wir andere Grenzen als Teenagern. Auch hier gilt: alles im Einklang mit den Eltern. Wenn die der sechzehnjährigen Tochter den Besuch einer Party untersagen, dürfen Sie die Elternautorität nicht untergraben, indem Sie das Kind heimlich dort hinfahren.

Grenzziehungen überdenken

Vor allem, seien Sie lernwillig. Seien Sie überzeugungsbereit, wenn es darum geht, eine Grenzziehung zu überdenken, auch wenn Sie anders gehandelt hätten. Sie müssen sich in Toleranz üben, ohne diesen schmerzlichen, sorgenvollen Blick. Die Verantwortung für die Enkel tragen die Eltern. Wenn die der Meinung sind, daheim dürfen Sechzehnjährige nachts auf Partys, sind Sie natürlich machtlos. Sie hätten lediglich die Option, sich völlig von der Familie abzuwenden, was natürlich falsch wäre und Ihnen schaden würde. Statt über diese Unvernunft zu keifen, meckern oder motzen, versuchen Sie, Ihrer Enkelin, dem Enkel, wenn sie bei Ihnen zu Besuch ist, andere, altersgerechte Perspektiven zu bieten.

Liebe mit Verantwortung

Wer seine Enkel wirklich liebt, übernimmt Verantwortung. Solche Großeltern sind zur Stelle, wenn es »brennt« und Enkel echt schwierig sind. Wenn sich Katastrophen anbahnen oder bereits hereingebrochen sind. Dann sind liebende Großeltern von großem Wert. Großeltern, die ohne Vorwürfe und lange Zeigefinger daherkommen. Die sich verkneifen zu sagen: »Das musste ja so kommen!« oder »der wird genau wie sein Vater.«

Liebende Großeltern überschreiten die Grenze zur Bevormundung nicht. Wer bevormundet, hält sich und seine Ansichten für die einzig existente Wahrheit und wird damit selber zum Problemfall anstatt, dass er anderer Probleme lösen hilft. Großelterliche Liebe darf auch nicht die sprichwörtliche großelterliche Nachgiebigkeit sein, die alles duldet und mit sich machen lässt. Großeltern, die nur kopfnickend in ihrem Sessel hocken, geben alle Verantwortung ab. Echte großelterliche Liebe zeigt sich interessiert, aufmerksam und anteilnehmend. Solche Liebe ist aktiv.

Wer Enkel nach seinem Gutdünken formen will, handelt unklug

Großelterliche Liebe ist nicht darauf bedacht, die Enkel nach den eigenen Wünschen und Vorstellungen zu formen. »Schon mein Großvater war einer der angesehensten Ärzte unserer Stadt.« »Schon meine Großmutter hat sich aktiv im Förderkreis der Oper engagiert.«

Befreien Sie sich und damit auch Ihre Kinder und Enkel aus den Fängen der Ahnen. Respektieren Sie, wenn gelebte Tradition an ihre Grenzen gekommen ist und stemmen Sie sich nicht mit allen (meistens unfairen) Mitteln dagegen. Selbstverständlich dürfen Sie Ihre Kinder und Enkel von klein auf an familiäre Traditionen, die sich auch auf Besitz und Berufung beziehen, gewöhnen. Dennoch sollten Sie ihnen keine Steine in den Weg legen, wenn sie sich als Erwachsene anders entscheiden: der Sohn wird kein Arzt, sondern einfacher Arbeiter, die Tochter übernimmt nicht die Firma, weil Sie ein Leben als Künstlerin führen will. Natürlich kann sich niemand etwas Besseres wünschen, als wenn die eigenen Kinder in die großelterlichen Fußstapfen treten, die Firma oder Praxis übernehmen und fortsetzen, was vor Generationen begonnen wurde.

Wer die nachfolgende Generation wirklich liebt, wird keinen Zwang ausüben. Echte Liebe bedeutet, Kindern und Enkeln Entscheidungsfreiheit zu lassen. Darum lernen Sie beizeiten, mit diesbezüglichen Enttäuschungen umzugehen und fühlen Sie sich nicht als Versager, weil ausgerechnet Ihre Familie mit dieser oder jener Tradition bricht. Wenn Sie nicht als lebender Vorwurf herumlaufen, beweisen Sie am wirksamsten Ihre Liebe zu Kindern und Enkeln.

Nicht über die Enkel eigene Defizite ausgleichen wollen

Wer wirklich liebt, versucht nicht, am Enkelkind das gutzumachen, was mit den eigenen Kindern nicht gelang. Wer durch das Enkelkind Erfolg, Schönheit oder Anerkennung erlangen will, liebt es nicht wirklich, sondern ist – ein Egoist.

Wirkliche Liebe ist darum eine bewusst getroffene Entscheidung und erst in zweiter Linie Emotion. Wirkliche Liebe lebt nicht nur Toleranz, sondern auch Konsequenz. Wer echt liebt, kann konsequent sein. Nein, es gibt kein Geld für Suchtmittel, nein, wir finanzieren nicht die Wohnung, damit der Sohn oder Enkel auf der faulen Haut liegen kann. Solche Hilfe öffnet falschem Verhalten Tür und Tor. Aber wir sind gerne behilflich, wenn ein Familienmitglied aktiv versucht, ein Problem zu lösen. Oma und Opa sind nicht lieb und hilflos, im Gegenteil. Sie sind Menschen, die sich nicht ausnutzen lassen. Nichts scheint zunächst leichter, als nachgiebig zu sein. Wir haben unsere Ruhe und halten das Problem für erledigt. Dass wir es auf diese Weise nur verschieben, wird uns schmerzlich bewusst, wenn es uns erneut einholt. Echte Liebe übersieht nicht die Fehler der andern, kann aber damit leben. Wer seine Familie wirklich liebt, sucht nicht vorrangig nach ihren Fehlern, sondern richtet seinen Fokus auf Gutes und Wertvolles.

Echte Liebe ganz praktisch

Sparen Sie nicht mit Anerkennung und Lob für Eltern und Enkel. Loben Sie sie auch für alltägliche Dinge. »Danke, dass Du kurz bei uns vorbeigeschaut hast.« Loben Sie konkret mit einer Du-Botschaft. Verkneifen Sie sich auch ein: »Warum nicht gleich so?« Lob motiviert Eltern wie Enkel, den eingeschlagenen Weg weiter zu beschreiten. Wenn Sie loben, fokussieren Sie Ihr Gegenüber auf sein Können und seine Stärken. Damit fördern Sie Stärken und Selbstbewusstsein.

Verbringen Sie Zeit mit Ihren Enkeln. Bieten Sie Chauffeurdienste an oder Ihre Begleitung, wenn das Kind sich mit öffentlichen Verkehrsmitteln durch die Großstadt bewegen muss. Widmen Sie sich den Enkeln mal sonntags und gönnen Sie so den Eltern eine Verschnaufpause. Laden Sie Enkel, die entfernt von Ihnen wohnen, zu sich ein. Setzen Sie alles daran, Zeit mit ihnen zu verbringen.

Auch Körperkontakt ist ein Zeichen von Liebe

Kuscheln, Schmusen, all das. Doch zwingen Sie Ihre Enkel nicht. Wenn das Kind sich weigert, Sie zu umarmen, genügt ein Handschlag.

Besonders Schulkinder finden es uncool, Oma oder Opa küssen zu müssen. Also nehmen Sie Rücksicht auf diese Befindlichkeit. Klopfen Sie stattdessen dem Enkelsohn anerkennend auf die Schulter oder streichen Sie ihm übers Haar. Überhaupt, reagieren Sie in Sachen Körperkontakt. Wenn das Enkelkind zu Ihnen auf den Schoß klettert und sich ganz eng an Sie schmiegt, genießen Sie die Kuschelzeit. Doch wenn es solche Gesten verweigert, zwingen Sie es nicht. Sollten Sie, was Zärtlichkeiten anbelangt, ein persönliches Defizit haben, hüten Sie sich, es über die Enkelkinder ausgleichen zu wollen!

Hören Sie zu

Daheim stehen vielleicht alle unter Stress und die Eltern haben überhaupt keinen Nerv für die Banalitäten des Sohnes. Wie gut, dass Sie da sind. Hören Sie zu und vor allem: Nehmen Sie das Kind ernst. Es ist kummervoll, wenn der große Andi aus der Oberstufe den kleinen Enkel auslacht, weil der eine Brille trägt. Es ist bitter für die Enkeltochter, wenn ihr Schwarm mit der blöden Ziege von nebenan loszieht. Winken Sie nicht ab, sondern packen Sie die Gelegenheit beim Schopf, um in einem Gespräch diese und jene Lebensweisheit loszuwerden. Erklären Sie den Enkeln das Leben und wie es funktioniert. Ein guter Moment, ihnen zu zeigen, wie man mit Enttäuschungen umgehen kann.

Und ganz wichtig: Liebe macht stark, und zwar beide Seiten. Was Sie den Enkeln durch Ihre Liebe geben, kommt mit Sicherheit auch für Sie zurück.

Liebe erhält gesund

Beide Seiten. Das ist ein wissenschaftlich erwiesener Fakt. Wenn der Enkel durch Opa gestärkt wurde, bekommt er keine Bauchschmerzen, bloß weil dieser Andi ihm wieder über den Weg läuft. Denn Opa hat ihm gezeigt, wie man solche dummen Sprüche pariert.

Opa und Oma wiederum haben weder Zeit noch Lust, jedes aufkommende Zipperlein ernst zu nehmen, denn die Enkel brauchen sie. Zipperlein, die nicht ernst genommen werden, verschwinden meistens.

2. Großeltern dürfen Zeit haben für ihre Enkel

Enkel haben niemals Zeit

Zeit ist immer ein hohes Gut. »Zeit ist Geld«, diesen Satz kennt jeder, das Leben nach der Uhr die meisten, sogar die Enkel. Pünktlich in der Schule sein, danach diverse Freizeitaktivitäten. Während Vater arbeitet, ist Mutter beschäftigt, die Tochter von der Ballettstunde zum Reiten zu fahren, anschließend den Zahnarzttermin wahrzunehmen, und schließlich den Sohn noch auf den Fußballplatz zu bringen. Ein Leben nach dem Terminkalender. Einerseits vernünftig, andererseits manchmal ein bisschen verrückt. Verrückt, wenn es um die Enkelgeneration geht. Warum müssen Vierjährige oder noch jüngere Kinder schon zum Sprachkurs oder in die Oper? Viele solcher Termine verursachen Familienstress.

Das Wichtigste zuerst lautet ein Grundsatz des Zeitmanagements. Kinder sollten ihren Tag nicht wie Erwachsene verbringen. Kinder brauchen Freiräume, die sie sich aber nur in freier Zeit, also einem Zeitfenster, das nur ihnen gehört, schaffen können. Wo sie tun und lassen dürfen, was ihnen gefällt.

Zeit haben als Großelternprivileg

Wir werden gelebt, sagen wir, weil wir uns fast das ganze Leben in Zeitstrukturen, die uns vorgegeben sind, bewegen müssen: Arbeitszeit, Schichtarbeit, Pausenzeit, Urlaubszeit, Freizeit. Wer als Rentner oder Arbeitsloser aus diesem Zeitfluss herauskatapultiert wird, hat manchmal Schwierigkeiten sich selber Strukturen zu schaffen. Viele derer, die wir kennen, machen es sich ganz leicht und handeln nach dem Motto: »Rentner haben niemals Zeit«. Als sei jemand mit der Peitsche hinter ihnen her, führen sie einen Terminkalender, wo jeder Wochentag ausgebucht ist: Gymnastik, Schwimmen, Kegeln, Wandern, Kreuzfahrt, Spazierfahrt, Kaffeefahrt, Kaffeekränzchen, Stammtisch, und, und, und. Die meisten sind auch noch stolz darauf, dass sie ihre freie Zeit so gut gefüllt haben, ohne an die Enkel zu denken. Ohne Frage ist es Rentnern zu gönnen, dass sie sich was gönnen. Kinder und Enkel werden derselben Meinung sein und mit uns einstimmen, dass es die

Großeltern verdient haben, auf Kreuzfahrt zu gehen oder sich eine Jahreskarte fürs Schwimmbad zu leisten.

Ein Spagat

Großeltern dürfen mit ihrer Zeit nach Belieben umgehen. Ein Recht, dass ihnen niemand streitig macht. Wer aber nicht nur Rentner, sondern auch Großvater oder Großmutter ist, hat noch eine andere Verantwortung, nämlich für die Enkel. Dafür Zeit zu haben ist ein unbedingtes Muss, weil es für Oma und Opa sehr bereichernd ist, die Lebenszeit mit der jungen Generation zu teilen. Wessen Leben sich ausschließlich zwischen Kaffee- und Kreuzfahrt bewegt, sieht zwar viel von der äußeren Welt, seine innere aber könnte unter Umständen etwas verarmen. Das hat nicht gelebte Verantwortung so an sich, sie entpuppt sich als Räuber von Lebenssinn und Lebensziel. Wir könnten verloren dastehen, wenn wir in unserer Freizeitgestaltung unsere Liebsten vergessen. Egoisten empfinden zwar Genugtuung, aber keine Erfüllung.

Die andere Armut

Wir kannten Großeltern, die stolz bekundeten, ihre Zeit nur für sich zu haben. Sie wollten nicht als Babysitter »missbraucht« werden, wie sie betonten. Wenn sie damals gewusst hätten, wie wenig Lebenszeit ihnen noch vergönnt war, hätten sie vermutlich anders gehandelt.

»Die modernste Form menschlicher Armut ist das Keine-Zeit-Haben«, so ein Ausspruch von Ernst Ferstl. Manche Rentner tragen dieses Keine-Zeit-Haben stolz vor sich her: Schaut, ich langweile mich nicht, soll das heißen. Wenn Sie als Großeltern zu dieser Spezies gehören, sollten Sie dringend Ihre Prioritäten hinterfragen.

Vorsicht vor Langeweile

Mehr Zeit zu haben mit vorgerücktem Alter ist ein wirkliches Privileg, ein kostbares Lebensgeschenk. Wer diese Zeit in Gesundheit verbringt, kann dankbar sein. Mancher Großvater, manche Großmutter hat zu viel Zeit, fühlt sich überflüssig, langweilt sich, geht andern auf die Nerven. Das sind keine guten Voraussetzungen für eine funktionierende Enkelbeziehung. Wer nie gelernt hat, persönliche freie Zeit aktiv für sich zu gestalten, wird auch später erwarten, dass andere sie für ihn oder sie gestalten und damit zu einem lästigen Anhängsel der Familie.

Leben in Eigenverantwortung

Ideale Großeltern nehmen ihre Zeit selbst in die Hand, managen sich noch allein. Sie gehen ebenso gerne auf Kreuzfahrt wie andere Großeltern auch, und sie verbringen vielleicht den Winter unter südlicher Sonne. Alles kein Problem, solange im Jahreskalender auch Zeit für die Enkelkinder reserviert ist. Oft leben Kinder und Enkel weit entfernt von den Großeltern. Also sind Besuchsreisen angesagt. Leben die Kinder im Ausland, sollten sich die Großeltern daheim um einen Sprachkurs bemühen. Es kann sehr lustig und bereichernd sein, wenn Großeltern die Kinder in China besuchen und sich in Mandarin versuchen. Respekt ist solchen Großeltern allemal sicher. Solches Gehirnjogging bewahrt, nebenbei gesagt, vor manchen Alterswehwehchen.

Leben, aber nicht gelebt werden

Es geht aber auch anders herum. Wenn die Enkelkinder Sie vollkommen in Beschlag nehmen und eigenmächtig über Ihre Zeit verfügen, besteht die Gefahr, dass Sie gelebt werden und nicht selbst bestimmen. Vielleicht dulden Sie es in der Hoffnung, Kinder und Enkel werden eines Tages auch für Sie da sein, Sie pflegen und betreuen. Vielleicht erfüllt sich diese Hoffnung sogar. Man ist für Sie da, weil man sich verpflichtet fühlt. Durchbrechen Sie ein solches System gegenseitiger Manipulation und holen Sie sich die Hoheit über Ihren Zeitplan zurück. Natürlich ist es ideal, wenn Sie in Ausnahmefällen, bei Krankheit, Wetterkatastrophen oder anderen außergewöhnlichen Umständen, einspringen können.

Jedoch müssen Sie nicht ständig parat stehen, denn es gibt Kindergärten und Schulkindbetreuung. Daneben haben Ihre Kinder mit Sicherheit ein eigenes soziales Umfeld mit Freunden, Bekannten und Kollegen, das sie ab und zu in Anspruch nehmen können. Sie müssen nicht das Bild der ständig abrufbaren Großeltern aufrechterhalten. Wer ständig verfügbar ist, könnte auch mit Respektlosigkeit gestraft werden. Es ist gut, wenn Sie zeitlich in der Lage sind, Rücksicht zu nehmen auf die Bedürfnisse der Kinder und Enkel. Aber umgekehrt dürfen Sie es auch fordern. Sie müssen nicht auf Ihren geliebten Kaffeeklatsch mit den langjährigen Freundinnen verzichten, damit die Tochter zum Friseur gehen kann.

Wer seine Zeit opfert, verändert zwei Leben!

Wer nur für sich selbst lebt, kann niemals über sich hinauswachsen. Wer nur um sich selbst kreist, wird von seinem Umfeld gemieden und vereinsamt.

Wer seinen Enkeln oder Kindern hilft, wird mit einem Gefühl der Zufriedenheit belohnt. Menschen, die auch noch im Alter über den eigenen Tellerrand blicken, sind in der Gesellschaft akzeptiert. Ihre Ratschläge werden geachtet.

Der Entwicklungspsychologe Erik Erickson nennt es eine Lebensaufgabe der Generativität, etwas an andere weiterzugeben. Wir Menschen haben das tiefe Bedürfnis, etwas weitergeben zu wollen. Das gibt uns Sinn und Erfüllung. Wir wollen gebraucht werden. Wer glaubt, nicht mehr gebraucht zu werden, hat eigentlich seinen Lebenssinn verloren. Wer also für die Enkel da ist, tut damit etwas für sich. Dadurch, dass wir ihnen helfen, helfen wir eigentlich uns selbst. Unsere Tage haben einen Inhalt, unser Großelterndasein ein Ziel.

Zeit reservieren

Es ist so wichtig, dass wir Zeit reservieren für die Enkelkinder. Zeit, in der wir mit ihnen basteln, spielen, reden, reisen, wandern, spazieren gehen oder anderes tun, was verbindet. Großeltern, die berufsbedingt noch viele Termine wahrnehmen und einen harten Arbeitstag bewältigen müssen, sollten dennoch ihre Zeit dahingehend planen, dass die Enkelkinder nicht zu kurz kommen. Später, im Rentenalter, lässt sich das nämlich nicht nachholen. Denn jedes Lebensalter der Enkel ist einmalig. Berufstätige Omas können sich nach Feierabend mit Mutter und Enkelkind in der Stadt auf einen Kaffee treffen. Großeltern sollten sich ab und zu am Wochenende einen Tag für die Enkel reservieren.

Versuchen Sie, gemeinsam ein paar Urlaubstage als Großfamilie zu verbringen. Nehmen Sie Ihre berufliche Tätigkeit keinesfalls als Ausrede für Zeitknappheit. Enkelkinder haben ein Recht auf großelterliche Zeit.

Sie dürfen auch mal nein sagen

Trauen Sie sich, nein zu sagen, wenn man Ihnen das Enkelkind unabgesprochen aufdrücken will? Vielleicht arbeiten Sie ja noch und sind nach Feierabend mit Ihren Kollegen am Stammtisch verabredet. Kaum haben Sie Ihre Bestellung abgegeben, bekommen Sie eine Whatsapp. Ihre Kinder brauchen Sie heute Abend zum Babysitten. Also packen Sie seufzend oder schimpfend Ihre Sachen und rauschen ab in Richtung Enkelfamilie. Oder doch nicht?

Wenn Sie nein sagen können, dann herzlichen Glückwunsch!, weil Sie die Hoheit über Ihre Zeit nicht abgegeben haben. Andernfalls müssen Sie was ändern. Vielleicht können Sie nicht nein sagen, weil für Sie gebraucht zu werden ein gutes Gefühl ist? Weil Sie überzeugt sind, helfen zu müssen und sich sonst schlecht fühlen würden? Weil Sie befürchten, die Kinder würden sich von Ihnen abwenden? Weil Sie neugierig sind? Unter dem Deckmantel der Hilfe sind Sie immer mittendrin im Geschehen. Das verschafft Ihnen eine gewisse Position. Weil Sie sich in ungesunder Weise noch immer für Ihre Kinder verantwortlich fühlen? Weil Sie sich vergleichen und fürchten, bei Verweigerung gegenüber der anderen Oma schlechter dazustehen? Weil Sie glauben, es gehöre sich für eine Oma, einen Opa nicht, nein zu sagen? Weil Sie selbst auch kein Nein akzeptieren? Weil Sie sich sonst unwichtig fühlen? Weil Sie keinen Ärger, kein Beleidigtsein und keine Diskussion mit Ihren Kindern riskieren wollen?

Großeltern müssen unabhängig sein dürfen

Enkel sind zwar eine hohe, aber nicht die einzige Priorität. Wenn doch, dann überarbeiten Sie Ihre Prioritätenliste, aber dringend! Machen Sie sich nicht abhängig vom Wohlwollen Ihrer Kinder. Irgendwann sind die Enkelkinder nämlich selbstständig und Ihre Anwesenheit als

Babysitter nicht mehr gefragt. Was dann? Machen Sie darum Ihren Selbstwert nicht von der Anerkennung durch Ihre Familie abhängig.

Haben Sie sich schon mal überlegt, dass Ihre Kinder vielleicht sogar erleichtert wären, wenn Sie ihnen nicht mehr Ihre komplette Zeit opferten? Eventuell hat man Sie nicht kränken wollen, hat geglaubt, Sie fühlten sich sonst aufs Abstellgleis geschoben und deswegen häufig nach Ihnen verlangt? Mit einem Nein könnte so ein Missverständnis ein für alle Mal aufgeklärt werden. Mit einem Nein geben Sie die Kinder aus einer gewissen Umklammerung frei. Mit einem Nein brechen Sie auch mit dem falschen Prinzip, nur wer etwas leistet, bekommt Anerkennung.

Vielleicht sind Sie so erzogen worden, haben es erzieherisch an Ihre Kinder weitergereicht und fühlen sich wiederum verpflichtet, eine »gute« Omi, ein »guter« Opi zu sein. Stetige Verfügbarkeit als besondere Leistung ist ein Trugschluss. Beenden Sie diese Falschheit. Sie dürfen Ihren Kindern gegenüber Schluss machen mit solchen Lügen. Die Kinder müssen nichts leisten, um von Ihnen geliebt zu werden, und Sie auch nicht. Das entkrampft und öffnet neue Horizonte. Ich darf nein sagen, ich darf ja sagen. Meine Zeit gehört mir.

Wer nein sagt, sollte über Alternativen verfügen

Haben Sie ein Hobby? Dann widmen Sie sich Ihrer Freizeitbeschäftigung noch intensiver. Ansonsten suchen Sie sich eine, die Ihren Interessen entspricht. Lernen Sie Menschen kennen, schließen Sie neue Bekanntschaften. Aber geben Sie Acht, dass auch noch Zeit für die Enkel bleibt.

Und noch eins: Lernen Sie auch selbst, um Unterstützung zu bitten. Eine Beziehung besteht aus Geben und Nehmen. Auf diese Weise fühlt sich keine Seite ausgenutzt. Sehen Sie bitte Ihre Zeit mit den Enkeln nicht als Opfer, sondern als Investition. Für sich, Ihre Kinder und Enkelkinder.

3. Großeltern dürfen erzählen

Warum erzählen?

Erzählen war früher ein beliebter Zeitvertreib, besonders bevor es Rundfunk und Fernsehen gab. Was für uns medienverwöhnte Menschen fast undenkbar wäre: Vor hundertfünfzig Jahren erzählte man sich Geschichten und saß nicht einträchtig vor der Glotze.

Wer kennt nicht die Lügengeschichten des Barons Münchhausen? Oder die Geschichten aus Tausendundeiner Nacht? Hier ist das Erzählen sogar lebensrettend, denn Scheherazade hört immer an der spannendsten Stelle auf und der König muss ihre Lebensspanne um einen weiteren Tag verlängern, um die Fortsetzung nicht zu verpassen. Die Weltliteratur ist voll von erzählten Geschichten.

Wer erzählt, lässt seine Zuhörer gewissermaßen in die Geschichte eintauchen. Erzählen zieht alle in den Bann, schafft Atmosphäre und ein Zusammengehörigkeitsgefühl unter den Zuhörern. Sie hängen förmlich an den Lippen des Erzählers und vergessen die Welt um sich herum.

Von sich oder anderen erzählen

Erzählen kann so spannend, fesselnd und interessant sein. Besonders, wenn Großvater oder Großmutter ehrlich und nicht beschönigend aus der eigenen Schulzeit erzählen oder davon, wie es mit der ersten Liebe war oder bei der Ausbildung. Dem Enkelkind abends am Bett eine erdachte Geschichte oder ein Märchen zu erzählen, kann zu einem einprägsamen Einschlafritual werden. Egal was Sie erzählen, ob Gelesenes, Erdachtes oder Erlebtes, die Hauptsache ist: Sie erzählen!

Richtig erzählen

Erzählen ist aber nur dann fesselnd und interessant, wenn es nicht im belehrenden, wehleidigen oder jammerigen Ton vorgetragen wird. Floskeln wie: »Früher hatten wir ja gar nichts.« »Ihr habt ja keine Ahnung, wie das ist, wenn man das Wasser erst schleppen muss, bevor man baden kann …«, beeindrucken die junge Generation nur in geringem Maße. Wer mit vorwurfsvoller Miene erzählt, um Betroffenheit zu erzielen, wird enttäuscht werden. Natürlich war vor fünfzig, sechzig Jahren die Welt noch eine andere, galten noch andere Regeln im Allgemeinen und in der Schule. Doch was können unsere Enkel dafür, dass es so war? Wir können sie nicht dafür verantwortlich machen, dass die Welt sich weiter gedreht hat, sie im Gegensatz zu uns, heute alle ein Handy haben und statt miteinander zu reden, Textnachrichten schreiben.

Wer ehrlich zu sich selbst ist, erinnert sich, dass auch unsere Großeltern uns Vorhaltungen machten, wie unverdient gut es uns doch ging. Wir kannten keine Bombennächte, mussten nicht hungern.

»Wenn er anfängt aus seinem Leben zu erzählen, funkeln seine Augen wie illuminierte Kronleuchter, nur, dass er nicht, wie die meisten alten Menschen, Gefangener der eigenen Vergangenheit ist; von früher erzählt er immer nur, um eine Brücke ins Heute und die Zukunft zu schlagen, und spätestens dann spricht er wie ein Kleinkind über Weihnachten.« Auf diese Weise hat der längst verstorbene Traumschiffproduzent Wolfgang Rademann den Schauspieler Christoph Maria Herbst beim Erzählen beeindruckt. (Ein Traum von einem Schiff, Seite 19, Scherz-Verlag, vierte Auflage 2011)

Erzählen Sie von früher

Jeder erzählt naturgegeben anders. Wir werden einem Vierjährigen anderes erzählen, als einem Vierzehnjährigen. Gleich ist aber bei beiden Altersgruppen, dass wir Ihnen keinen Vortrag halten oder dozieren sollten, sondern einfach nur erzählen. Mit dem Erzählen geben wir Wissen weiter, teilen Erfahrungen und vermitteln unsere Werte und Normen. Beim Erzählen wird das innere Auge angeregt und in den Köpfen der Zuhörer entfaltet sich eine Phantasiewelt. Wir lassen dabei vielleicht die Welt unserer Kindheit entstehen oder schaffen eine, in der sich erdachte Helden wacker schlagen.

Erzählen Sie so, dass die Enkel das Leben als spannendes Abenteuer begreifen und Lust darauf bekommen, ihre eigenen Entscheidungen zu treffen, ohne Angst vor Fehlern. Machen Sie den Enkeln beim Erzählen Lust auf eigene Erfahrungen.

Erleben die Enkel in Ihren Erzählungen familiäre Geschichte, von der sie ein Teil sind, wird es sie interessieren. Gab es ein Leben vor E-Mails und SMS, vor Wäschetrockner und Mikrowelle? Wie hat das funktioniert? Wie war es früher in der Schule? Wo aß man, als es noch keinen McDonalds gab? Wer kennt noch Dickmilch mit Zucker? Wenn Sie eindrucksvoll erzählen, werden die Kinder voll bei der Sache sein. Auf diese Weise fördern Sie die Hörfähigkeit Ihrer Enkel und helfen Ihnen, das auch in der Schule zu praktizieren. Wer richtig im Unterricht zuhört, muss weniger nachbüffeln und hat mehr Freizeit. Dank Oma oder Opa.

Wenn Sie erzählen, erweitern Sie den Wortschatz Ihrer Enkel und steigern auch deren Sprachvermögen.

Erzählen gibt Sicherheit

Erzählen stärkt das Grundvertrauen und damit die Beziehung zu Ihren Enkeln, indem Sie sie an Ihrem Erfahrungsschatz teilhaben lassen. Sie lernen, dass es sich lohnt, um seine Liebe zu kämpfen, Oma und Opa haben bald Goldene Hochzeit. Oder sie lernen, dass man mit Verlusten leben muss, die erste Liebe nicht immer gleich zum Traualtar führt und es trotzdem weiter geht.

Wenn Großeltern ehrlich und echt erzählen, bringt das den Enkeln einen riesigen Lehrgewinn. Warum soll Opa nicht erzählen wie es war, seine Arbeit zu verlieren oder den besten Freund. Oder mit welchem Triumphgefühl er beim Marathon die Teilnehmerurkunde in Empfang nahm.

Beim Erzählen vermitteln Sie automatisch Wertvorstellungen und Weltanschauungen und formen damit die Persönlichkeit Ihrer Enkel. Man hat herausgefunden, dass Geschichten mehr Gehirnregionen aktivieren als bloße Informationen. Geschichten fördern die emotionale Anteilnahme und stellen eine persönliche Verbindung her. Auf unterhaltsame Weise werden unsere Enkel motiviert, eine Lehre aus dem Gehörten zu ziehen oder sich genauso zu verhalten, wie der Held der Geschichte. Diese Geschichten werden auch weitererzählt, spätestens wenn unsere Enkel selber Kinder haben.

Biblische Geschichten sind das beste Beispiel für gelungenes Geschichtenerzählen

Man hat herausgefunden, dass besonders biblische Geschichten Information, Regeln und Erlebnis in einem vermitteln. Beim Hören oder Lesen solcher Geschichten entstehen Bilder in unsern Köpfen und regen sich Emotionen.

Das sogenannte Storytelling macht sich die Werbung zunutze. Das zu bewerbende Produkt wird in eine filmische Kurzgeschichte verpackt. Sind noch Tiere involviert, ist den Filmemachern die Aufmerksamkeit der Zuschauer gewiss; der Produktname wandert auf diese Weise in unser Gedächtnis. Sobald wir das Produkt im Geschäft oder der Apotheke sehen, kommt uns die filmische Geschichte wieder ins Bewusstsein. Geschichten bleiben schon nach dem ersten Hören in unserm Gedächtnis, Fakten und Paragraphen dagegen müssen zigmal wiederholt werden, bis der gleiche Effekt eintritt. Geschichten vermitteln Werte besser als jede moralische Wertung.

Selbsterlebtes statt Belehrung

Mit dem Erzählen einer Geschichte ersparen Sie sich manche Diskussion. Schon mal in winterlicher Kälte einen sogenannten »Kneifer« in den Fingern gehabt? Es schmerzt sehr, wenn die steifgeforenen Gliedmaßen allmählich wieder auzutauen beginnen.

Oder nicht genug acht gegeben auf die Geldbörse und schon war es geschehen …?

Keine Besserwisserei

Auch wenn Geschichten verbinden, sollten wir vorsichtig sein, zu betonen: »Ja, das kenne ich!« Es könnte uns als Besserwisserei ausgelegt werden. Auch wenn wir es tatsächlich (besser) wissen. Mitfühlend formuliert hilft dieser Satz vielleicht beim ersten Liebeskummer der Enkelin oder beim Versagen in der Prüfung.

»Das kenn' ich!«, kann jedoch zum Bumerang werden, wenn Sie jeden aus der Familie mit diesem Satz unterbrechen. Weil Sie vermutlich doch nicht alles kennen. Sie können sich vielleicht manches vorstellen, aber Kenntnis haben Sie nicht von allem.

»Das kenn' ich«, sagte ich jedoch, nachdem mein Enkel mir sein Zeugnis gezeigt hatte, und zog mein Zeugnisheft aus dem Schrank. Erstaunt las er, dass seine Oma eine ähnliche Beurteilung hatte. Trotzdem ist aus Oma etwas geworden. Also war noch nicht Land unter und auf jeden Fall noch Luft nach oben.

Erzählen von früher, was bringt es?

Immer, wenn meine Oma der »guten, alten Zeit« hinterher jammerte, erinnerten wir sie, manchmal auch unsanft, daran, dass es Kriegszeiten gewesen waren. Aber die waren für sie in diesem Zusammenhang nicht erwähnenswert, denn sie meinte etwas anderes: die Zeiten mit ihrem Mann, unserm Opa.

»So finster war das Mittelalter gar nicht«, sagte einmal eine Archivarin, »sie haben damals auch Feste gefeiert, geliebt und schöne Sommer gehabt.« Genau. Erinnerung ist sehr subjektiv.

Unsere familiäre Erinnerung geht vor allem zurück in die DDR-Zeit. War alles furchtbar? Aber nein! Zitat von eben: Wir haben Feste gefeiert und schöne Sommer gehabt. Allerdings mussten wir nach Getränken anstehen und für die Feste begann ein reger Tauschhandel, damit wir unsern Gästen etwas Gescheites vorsetzen konnten. Dass die Partei oder die Stasi rigoros durchgriffen, wenn sie staatsfeindliche Tätigkeit vermuteten, haben wir am eigenen Leibe erfahren. Auch deshalb setzen wir uns persönlich für Demokratie ein.

Je älter wir werden, desto stärker erinnern wir uns an früher. Das hängt damit zusammen, dass die hinter uns mehr Jahre liegen, als vor uns. Unsere Zukunftsaussichten vereinfachen und verschmälern sich. Über sechzig oder siebzig geworden, haben die wenigsten noch ein Studium vor sich oder eine Jobbewerbung anstehen. Die Wünsche werden bescheidener: Gesundheit vor allem. Bei Verstand bleiben. Kein Pflegefall werden. Die Lebenssicht kehrt sich nach innen und legt sich schablonenhaft auf unsern Ist-Zustand. Wenn die Gegenwart nicht dem entspricht, was wir gerne hätten, passen wir unsere Schablone eben an.

Meine Großeltern väterlicherseits waren in den letzten Kriegstagen aus Ostpreußen vor der Roten Armee geflohen. Daheim, bei uns am Tisch, hielt mein Vater die Erinnerungen an die kalte Heimat, wie sie im ostpreußischen Dialekt liebevoll genannt wird, stets lebendig. Außerhalb unserer vier Wände aber waren diese Erinnerungen tabu. Denn das Geschichtsverständnis unseres sozialistischen Staates war eindeutig: Die Sowjetarmee hat uns befreit (was ja stimmt). Gräueltaten in diesem Zusammenhang anzusprechen (was ja auch der Wahrheit entspricht) war tabu. Die Sowjetarmee als Wohltäter, das war die offizielle Version, mit der alle widersprechenden Erinnerungen gelöscht werden sollten.

Je älter mein Vater wurde, desto präsenter wurde die kalte Heimat wieder. Es ist ein kleines Nest, das durch die väterlichen Erinnerungen in meiner Kindheit zum Nabel der Welt mutierte. Erinnerungen sind wie eine Lupe. Sie vergrößern manches Schöne und verkleinern vieles Unschöne. Dennoch möchten wir Sie nicht verunsichern. Erzählen Sie das, woran Sie sich erinnern. Wenn Sie dabei das Schöne noch schöner werden lassen, das Strahlende noch blendender, das Schlimme nur noch ein ganz kleines bisschen schlimm und statt zum Versager, zum Helden werden, egal.

Erzählen Sie.

4. Großeltern dürfen ihren Enkeln vorlesen

Vorlesen – Reise in andere Welten

»Es war einmal« oder: »Vor langer, langer Zeit«, beginnen die meisten Märchen. Bevor Oma das Buch zuklappt, heißt es am Schluss: »Und wenn sie nicht gestorben sind, dann leben sie noch heute.« Beim Vorlesen reisen sowohl der Vorleser wie auch die Zuhörer durch einen phantastischen Kosmos.

Sei es mit Christine Nöstlingers Gurkenkönig in den Keller oder Pippi Langstrumpf in ihre Villa Kunterbunt. Gemeinsam wird um Rotkäppchen gebangt oder um die sieben Geißlein. Wir lösen mit den »Drei ???« manch kniffligen Fall oder lernen mit den Enkeln durch die

Lektüre der Conny-Bücher oder vertiefen uns miteinander in die Buchreihe »Was ist Was?«.

Vorlesen macht Spaß, zuhören gibt unsern Enkeln Geborgenheit.

Bücher helfen viel – seitig

Vorlesen vermittelt Wissen. Beiden, Großeltern und Enkeln, tut sich dabei eine ganz neue Welt auf, voller Themen und spannender Wörter. Bücher beflügeln die Phantasie. Vorlesen bereichert und erweitert nicht nur den Wortschatz der Enkel. Wer liest oder sich vorlesen lässt, kann eigene Gedanken eher in Worte fassen.

Wer Kinder zu Lesern erziehen will, muss ihnen beizeiten vorlesen. Mit großer Wahrscheinlichkeit werden solche Kinder später selber begeistert zum Buch greifen. Lesen ist der Schlüssel für Bildung und Wissen.

Nicht immer liegen Kinder, denen vorgelesen wird, im Bett, auf der Couch oder sitzen angekuschelt mit Oma oder Opa im Sessel. Unser Enkel baute, während wir vorlasen, hingebungsvoll mit Legosteinen. Dabei hörte er so gut zu, dass er uns noch Tage später die vorgelesene Geschichte detailliert wiedergeben konnte. Sich nebenbei zu beschäftigen war sein Mittel der Konzentration.

Kinder brauchen Geschichten, um soziale Kompetenz zu lernen. Sie sind dann besser in der Schule – nicht nur in Deutsch – zufriedener und fröhlicher. Alles in allem: Vorlesen bietet nur Vorteile für beide Seiten und ist deshalb ein Muss.

Vorlesen – eine besondere Zeit

Nehmen Sie sich Zeit, Ihren Enkeln vorzulesen. Das schafft Ruheinseln, sorgt für Entspannung und heilt manchen Kummer. Denn beim Vorlesen geht's meistens auch um körperliche Nähe. Wenn Oma/Opa und Enkel gemeinsam ins Buch schauen, fühlt sich das Enkelkind sicher, angenommen und angekommen. Aber seien Sie nicht enttäuscht, wenn das Enkelkind mal kein Interesse am Buch zeigt. Vielleicht ist der Zeitpunkt für eine Oma/Opa-Enkel-Vorlesestunde falsch gewählt, weil das Enkelkind jetzt spielen will oder einen Film schauen möchte, den alle seine Freunde sehen dürfen. Dann zwingen Sie es nicht.

Jedoch können Sie davon ausgehen, wenn Sie bei Ihrem Enkelkind erstmal Freude am Buch geweckt haben, dürfte die Vorlesezeit länger dauern, als Ihnen lieb ist. Seien Sie deshalb gewappnet und sehen Sie die Überziehung als Bestätigung. Kinder fühlen mit ihren Helden. Solche Empathie ist auch im richtigen Leben wichtig. Gute Kinderliteratur greift oft Alltagssituationen auf. Darum: Nehmen Sie Ihr Enkelkind an die Hand und entdecken Sie miteinander die Schätze in Ihrer örtlichen Bibliothek. Gemeinsam in Büchern zu stöbern bringt Spaß und Freude.

Machen Sie daheim das Vorlesen zu einem Ritual und schaffen Sie eine Atmosphäre dafür. Kuscheln Sie sich mit Ihrem Enkelkind auf die Couch oder in den Sessel. Verbannen Sie Störgeräusche. Schalten Sie den Fernseher ab, anstatt ihn auf lautlos zu stellen. Liegt das Kind im Bett, setzen Sie sich dazu, damit es die Bilder anschauen kann. Bemühen Sie sich um verständliches, gutes und abwechslungsreiches Vorlesen. Geben Sie jeder Rolle eine eigene Stimme. Vögel sprechen nicht mit tiefer Stimme, das tun Bären oder Löwen. Spielen Sie mit Ihrer Stimme: Flüstern Sie, schreien Sie, kichern Sie, lachen Sie, brummen Sie und noch viel mehr. Wenn die Biene spricht, klingt es anders, als wenn der Bär etwas sagt. Die Worte einer Hexe klingen anders als die eines ängstlichen kleinen Mädchens. Lassen Sie Geräusche hörbar werden wie z. B. husten, lachen, seufzen. Lesen Sie gestenreich vor und mit entsprechender Mimik. Das alles kann man üben. Variieren Sie beim Vorlesen das Lesetempo. Pausen erhöhen die Spannung. Machen Sie beim Vorlesen rhetorische Pausen. Wenn möglich, nehmen Sie beim Vorlesen öfter Blickkontakt zum Kind auf. Dabei merken Sie auch, ob das Kind beim Vorlesen aufmerksam ist oder die Geschichte eher langweilt.

Vorlesen lässt die Wartezeit auf Bus oder Bahn schneller vergehen. Rücken Sie im öffentlichen Verkehrsmittel, so eng es geht, zusammen oder nehmen Sie das Kind auf den Schoß und schauen gemeinsam ins

Buch. Laden Sie sich Kinderbücher auf Ihr Tablet oder Smartphone. Dann haben Sie immer Lesestoff dabei.

Was lesen?

Überlassen Sie Ihrem Enkelkind die Auswahl des Buches, dann ist Ihnen ein aufmerksamer Zuhörer sicher. Wer nicht vorlesen kann oder mag, sollte auf Hörbücher zurückgreifen. Gerade auf langen Autofahrten erweisen sich Hörbücher als goldwert, wenn alle miteinander der Stimme des Vorlesers lauschen. Raubt Ihnen solches Vorlesen aus dem Lautsprecher aber die Konzentration beim Fahren, dann besorgen Sie Ihrem Enkelkind ein entsprechendes Abspielgerät mit Kopfhörer und justieren Sie die Lautstärke sorgfältig, um Hörschäden zu vermeiden. Geben Sie dem Enkelkind noch Papier und Stift und es ist für eine Weile gut und sinnvoll beschäftigt.

Arne Ulbricht hat für sein Buch, Lesen ist cool, verschiedene Autoren und Buchhändler gefragt, was ihnen Vorlesen bedeutet. Von »lebenswichtig« über »magisch« bis »lebensentscheidend« lauteten die Antworten. Einhellig sind die Befragten der Meinung, dass Vorlesen eine enorme Entwicklungswirkung auf Kinder wie auf Erwachsene hat.

Altersgerechtes Lieblingsbuch

Achten Sie deshalb darauf, dass Sie altersgerechte Bücher vorlesen. Auch wenn Sie als Kind ein bestimmtes Lieblingsbuch bevorzugten; heute gibt es andere Bücher. Seien Sie darum nicht verschnupft, wenn Ihr Enkelkind aktuellere Bücher den Ihren vorzieht.

Bücher sind zum Anfassen

Bedenken Sie, dass Kinderbücher Gebrauchsgegenstände sind. Es wird geblättert, vor und zurück. Das Buch fällt runter, es wird darauf herumgetrampelt. Vielleicht wird daraus auch mal ein Stückchen Zaun auf der Lego-Baustelle oder, leicht aufgeklappt, ein Dach vom Klötzchenhaus. Oder Sie erwischen Ihre Enkelin, wie Sie hingebungsvoll die Buchstaben nachmalt – im Buch. Wenn es nicht gerade ein Leihexemplar aus der Bücherei ist, sollte das keine Katastrophe sein. Jedoch ein willkommener Anlass, Kindern den schonenden Umgang mit geliehenen und eigenen Büchern zu erklären. Ein Kinderbuch ist zum Benutzen da. Es darf Eselsohren haben und die Umschlagecken dürfen angestoßen sein. Denn gerade kleine Kinder erfassen Bücher mit beiden Händen. Freuen Sie sich, wenn das Bilderbuch benutzt aussieht. Von perfekt glänzenden Büchern, die unerreichbar im Regal stehen, hat niemand etwas. Sie sind nutzlos. Natürlich sollten Sie Bücher vor Willkür schützen.

Unterbrechung erwünscht

Machen Sie sich beim Vorlesen auf Unterbrechungen gefasst. Auf Warum-Fragen oder Widerspruch. Auf Reaktionen des Kindes. Das alles kann ein willkommener Anlass für mancherlei Gespräche sein. Dass Pippi Langstrumpfs Pferd Kleiner Onkel eigentlich in den Stall gehört. Wie es ist, wenn man keine Mama mehr hat. Wenn Sie darauf eingehen, wird die Vorlesezeit nicht nur das Abarbeiten eines Programms, sondern wertvolle Zeit, die Enkel und Großeltern einander näher bringt.

Geschmacksfragen

Ihr Enkel liebt die »Star Wars Geschichten«? Dann machen Sie ihm keine Freude, wenn Sie »Räuber Hotzenplotz« vorlesen. Auch wenn es nicht Ihrem persönlichen Geschmack entspricht, sollten Sie entsprechende Bücher anschleppen. Auf diese Weise machen Sie eine interessante Entdeckung und Ihren Enkel glücklich.

Beginnen Sie bei den Kleinen mit Bilderbüchern. Sie müssen nicht das ganze Buch durchackern, lassen Sie das Kind die Bilder aussuchen und sprechen Sie darüber. Kinder lernen durch Wiederholen. Darum wehren Sie nicht ab, wenn Sie die gleiche Geschichte immer und immer wieder vorlesen müssen.

Die phantastische Reise

Bei uns war es Gepflogenheit, die beim Vorlesen unterbrochenen Geschichten einfach weiterzuphantasieren. Was könnte jetzt passieren? Wie werden sich die Helden wohl verhalten? Wie kommen sie aus dieser brenzligen Situation heraus? Nahm die Geschichte eine ganz andere Wendung, fanden wir es interessant und spannend. Wenn wir richtig lagen, klopften wir uns gegenseitig auf die Schulter: gutes Gespür gehabt.

Kinderbücher als Informationsträger für Großeltern

Auch wenn es meistens nur Bilderbücher sind oder Lesestoff für Kindergartenkinder, vorlesen ist für Großeltern die perfekte Gelegenheit zu erfahren, womit sich Kinder von heute auseinandersetzen.

Welche Sorgen und Probleme sie haben, was ihnen auf dem Herzen liegt. Das Eintauchen in diese, uns doch unbekannte Welt anhand von Kinderbüchern, ist ein indirekter Ratgeber von großem Wert. Manches kennen wir zwar aus unserer eigenen Kindheit oder von unsern Kindern wie Die Raupe Nimmersatt, anderes aber können wir anhand solcher Kinderbücher dazu lernen. Da werden keine Daumen mehr abgeschnitten, wie beim Daumenlutscher im Struwwelpeter. Solche drastischen Strafen sind inzwischen zu Recht geächtet. Jetzt wird mit dem Kind das Gespräch gesucht. Manches, was früher als unerzogen galt, wird als liebenswerte Marotte abgetan. Bücher erzählen von Kindern mit zwei Vätern oder Müttern. Bücher erzählen von Kindern, die aus einem anderen Land kommen und Schlimmes erlebt haben. Bücher erzählen auch von einem Familienleben mit Oma und Opa. Bücher lassen Tiere im Jargon von heute sprechen. All das können Großeltern beim Vorlesen nebenbei mitbekommen.

Anstatt abzuwinken, sollten wir, wissbegierig wie unsere Enkel, uns bedanken für die Lektionen, die sich indirekt aus diesen Büchern für uns ergeben. Wir bleiben damit nämlich auch auf dem Laufenden. Vorlesen übt auch unsere Sprachfähigkeit und wir haben etwas sehr Gutes und Wichtiges gefunden, das uns mit unsern Enkelkindern auf einmalige Weise verbindet.

5. Großeltern dürfen mit ihren Enkeln spielen

Die Bedeutung des Spielens

Egal, ob Gesellschaftsspiele, Wettkampfspiele, Bewegungsspiele, Spiele, die gerade frei erfunden werden – Großeltern dürfen spielen. Endlich. Hatten Sie früher keine Zeit für solche »Kindereien«, heute sollten Sie es unbedingt tun. Wenn Sie nicht mehr gut zu Fuß sind, setzen Sie sich mit dem Enkel auf eine Parkbank und spielen Ich sehe was, was du nicht siehst. Sind Sie im Wald, spielen Sie entdecken. Haben Sie unbedingt ein Naturbuch dabei oder eine App auf Ihrem Handy, mit dem Sie Tiere und Pflanzen bestimmen können. Winden Sie Blumenkränze und bauen Sie Hütten aus Zweigen. Helfen Sie dem Enkel, am Strand eine Sandburg zu bauen und verteidigen Sie sie gegen feindliche Ritter. Haben Sie daheim stets ein Kartenspiel griffbereit oder Mensch-ärgere-dich-nicht.

Kinder lernen beim Spielen viel über die Welt und ihr Dasein. Mal der Stärkere, mal der Schwächere sein. Wer gewinnen will, braucht Strategien und Taktiken.

Das Spiel ist die Arbeit des Kindes

Spielen ist ein normales, kindliches Grundbedürfnis und wichtig für die gesunde Entwicklung. Es ist so wichtig wie Essen und Trinken. Durch das Spiel entwickeln sich die sozialen Kompetenzen. Kinder lernen Empathie und Gemeinschaftsgefühl, müssen Konflikte lösen, ihren Standpunkt verteidigen, Kompromisse finden, sich anpassen oder abgrenzen. Dabei werden Wahrnehmung und Geschicklichkeit geschult. Sie lernen, ihre Gefühle zu kontrollieren, sowohl als Sieger, wie auch als Verlierer.

Die Erwachsenen sind als Gegenüber wichtig. Sie geben Anregungen, loben, motivieren, feuern an oder sind Publikum. Als Mitspieler müssen sich Erwachsene an die kindlichen Regeln halten.

SpielRäume

Großelterliche Wohnungen sollten spielende Kinder aushalten und sicher sein. Wenn in unserm Wohnzimmer Regale mit Nippes stehen, wäre es unklug, den Kindern zu gestatten, hier Höhlen zu bauen.

Bedenken Sie aber, dass eine Wohnung, in der Kindern generell das Spielen untersagt wird, die Kreativität und Neugier der Kleinen ausbremst. Also muss Oma sich überlegen, wie sie dem Enkel dennoch einen Spielraum zur Verfügung stellen kann. Im Abschnitt Großeltern dürfen darauf bestehen, dass in ihren vier Wänden Ordnung herrscht, beschäftigen wir uns ausführlich damit.

Spiel-Räume gibt es auch im Freien. Direkt vor unserm Haus befindet sich ein örtlicher Spielplatz. Mit steigenden Temperaturen steigt der Lärmpegel. Geräusche, die uns noch nie gestört haben, denn Kinder können und müssen nun mal nicht leise spielen. Sie dürfen toben und entdecken. Oft fuhren wir mit den Enkeln ins unweit gelegene Lego-Land. Dort gibt es mehrere unterschiedliche Erlebnisspielplätze. Einer mit Wasserspielen, auf dem sich die Kinder stundenlang aufhalten. (Wir hatten immer Sachen zum Umziehen dabei.)

Zu den kindgerechten Spielräumen gehören auch die Zeit-Räume.

Ich war vielleicht vier Jahre, als meine Mutter mir beim Abendbrot verkündete, ich dürfe noch ein wenig draußen spielen gehen. Das kam mir vor wie ein Weihnachtsgeschenk, denn immer hörte ich die Kinder aus der Nachbarschaft über die Höfe toben, während ich bereits im Bett liegen musste. Glücklich sprang ich hinaus und schickte mich an, nun ebenfalls mit allen über die Höfe zu toben, als mich meine Mutter sogleich wieder einfing. Anstatt mich spielen zu lassen, musste ich meine Eltern zu einem Termin begleiten. Sie wollten die mir geschenkte Zeit sinnvoll für sich nutzen. Meine Enttäuschung war grenzenlos.

Spielen empfand die Generation unserer Eltern nicht als sinnstiftend für Kinder, es war eigentlich ein nutzloser Zeitvertreib, den man mit erwachsenem Sinn zu füllen hatte. Darum, schaffen Sie Zeit-Räume zum Spielen. Falls die Kirschenernte doch drängt, dann machen Sie einfach ein Spiel daraus. Auf diese Weise geht die Arbeit leichter von der Hand.

Überlassen Sie Kinder beim Spielen aber nicht sich selbst, sondern nehmen Sie Anteil. Wertschätzen Sie den Sandkuchen, loben Sie das umgeräumte Puppenhaus gebührend oder das Geschick auf dem Skateboard. Lassen Sie das Enkelkind teilhaben, wenn Sie das Auto reparieren oder das Fahrrad, Essen zubereiten oder einen Kuchen backen.

Machen Sie sich keine Sorgen über Spielzeug. Kinder haben Phantasie und sind in der Lage mit wenigem auszukommen. Sie spielen mit einer Plastikflasche oder einem Kochlöffel manchmal besser als mit einem ergonomisch ausgerichteten, teuren Spielzeug. Ihnen reichen Stifte und ein Blatt Papier zum sinnvollen Zeitvertreib.

Kinder sollten viel miteinander spielen. Sie als Großeltern müssen sich keine Gedanken um das Programm machen, Kinder brauchen keine Animateure. Sie haben allein genug Ideen und Phantasie.

Wenn Sie mit dem Kind spielen, lassen Sie es bestimmen und seien Sie ein williger Mitspieler im Rahmen Ihrer Möglichkeiten. Sie müssen nicht mehr unbedingt Seil hüpfen, aber Sie können das Seil festhalten. Auch werden Sie vermutlich nicht mehr durch einen Zelttunnel kriechen, jedoch das Kind von außen anfeuern und ihm signalisieren, dass Sie präsent sind. Sie können mit dem Enkel Stöcke schnitzen, auf Fahrradtour gehen oder beim Ausschneiden von Bildern helfen.

Computerspiele

Wie Brettspiele sind Computerspiele inzwischen ein ganz eigener Zweig der Spieleindustrie. Jährlich wird ein Brettspiel zum Spiel des Jahres gekürt, Computerspiele sind in unüberschaubarer Menge und Vielfalt auf dem Markt. Vielleicht hat dieses »Spielvirus« inzwischen auch auf den einen oder anderen von Ihnen übergegriffen und Sie sitzen abends gerne vor dem Bildschirm, um eine Stadt am Computer zu erschaffen? Über das Für und Wider von Ballerspielen wird gestritten und debattiert. Die einen sagen so, die andern anders, was die Wirkung auf die jungen Menschen angeht.

Trotzdem vernachlässigen sie anderes bei uns nicht. Wir verfügen über eine umfangreiche, eigene Bibliothek. Wir besitzen Brettspiele für jede Altersklasse und machen davon regen Gebrauch. Sobald es das Wetter zulässt, streifen wir mit den Enkeln durch Wald und Flur, machen Ausflüge oder beschäftigen uns im Garten.

Wer stolz darauf ist, dass seine Kinder, bzw. Enkel keinen Computer haben und Computerspiele nur vom Hörensagen kennen, ist nicht ganz auf der Höhe der Zeit. Klavierspielen, gute Bücher lesen, malen, in der Natur sein, das sind nämlich Bildungsattribute des 19. Jahrhunderts, die man zwar weiter pflegen sollte, aber warum sie nicht auf moderne Art ergänzen? Wussten Sie, dass man vor hundertfünfzig Jahren ernsthaft darüber diskutierte, ob man vom Lesen geschwächt und abhängig werden könnte? Wussten Sie, dass Goethe Schwierigkeiten bekam, als sein Buch Die Leiden des jungen Werthers erschien, weil sich plötzlich unverhältnismäßig viele junge Männer kleideten wie der Romanheld und manche sich auch so umbrachten? Es gibt Bücher, die ebenfalls Unheil stiftend sind und darum bislang zu Recht auf dem Index stehen. Niemand käme auf die Idee, den Buchdruck, Schriftsteller und Buchläden deswegen zu verteufeln.

Meine Familie gehörte damals in der DDR zu den ersten, die ein Fernsehgerät besaßen. Beeindruckt von den bewegten Bildern, hat uns meine Oma oft erzählt, wie kurz vor dem Ende des 19. Jahrhunderts das erste Mal in ihrer Dorfwirtschaft Kino stattfand. Im Film ging ein heftiger Gewitterschauer nieder, was den Großbauern veranlasste, erschrocken »mein Heu« zu brüllen und aus dem Saal zu stürmen. Draußen fand er sich im schönsten Hochsommer wieder. Was hat man damals über diese bewegten Bilder diskutiert und sich ernsthaft gefragt, ob Filme nicht Hirnschäden verursachen, weil die Augen Mühe hätten, der »Geschwindigkeit« zu folgen.

Meine Oma lernte in ihrer Dorfschule, die nur im Winter stattfand, weil der Lehrer in der übrigen Zeit mit seinem Ackerland beschäftigt war, folgenden »Lehrsatz«: Hexen gibt es nicht, Geschwindigkeit ist keine Hexerei. Als sie geboren wurde, war gerade das Fahrrad erfunden worden, sie starb gut zehn Jahre, nachdem mit Neil Armstrong das erste

Mal ein Mensch den Mond betreten hatte. In ihrer Schlichtheit bezeichnete sie diesen Erfolg der Raumfahrt als verrückt, was hatten Menschen auf dem Mond zu suchen? Heute beschäftigen wir uns hier unten auf der Erde mit autonomem Fahren. Werden wir das auch als »verrückt« abtun? Wenn Sie sich um einen angemessenen Umgang mit allem, was das digitale Zeitalter uns beschert, bemühen, werden Sie die Dinge mit Vernunft und Verantwortung handhaben. Achten Sie darauf, wie das Kind sich nach einem Computer-Spiel verhält. Ist es unruhig oder aggressiv, sollten Sie die Eltern darauf aufmerksam machen und in Ihren vier Wänden für andere Beschäftigungen sorgen. Und daran denken, es liegt nicht immer am Computerspiel, welche Charaktereigenschaft gerade zum Vorschein kommt. Unterbrechen Sie Kinder mitten beim Mensch-ärgere-dich-nicht-Spiel, wo doch Ihr Enkel fast alle Spielfiguren schon im Häuschen hat, kann es zu ähnlichen Ausbrüchen kommen. Aber nie käme Ihnen in den Sinn, Mensch-ärgere-dich-nicht schädlich zu finden. Für Schach oder Mühle-Dame Spiele gilt das Gleiche. Darum lassen Sie die Kirche im Dorf, halten Sie den Ball flach und halten Sie dagegen. Sie müssen kein Ego-Shooter-Spiel verschenken, wie wäre es stattdessen mit einer Jahreskarte für ein Spieleland oder ein Museum?

6. Großeltern dürfen wegen ihrer Enkel gelassen sein

Bleiben Sie gelassen!

Gelassenheit bedeutet, weitsichtig zu sein und den Ball flach zu halten. Großeltern dürfen der Vernunft vertrauen und müssen nicht sorgenvoll und aufgeregt darüber wachen, ob es in der Enkelfamilie ordentlich zugeht.

Es ist kein Drama, wenn die Enkelkinder in ungebügelten Jeans oder T-Shirts herumlaufen. Auch nicht, wenn die Damen vom Kaffeekränzchen entsprechende Bemerkungen machen. Ungebügelte Bekleidung ist kein Grund zur Aufregung und kein Fall fürs Jugendamt. Es gibt wahrlich Schlimmeres, auch wenn Oma früher, als ihre Kinder noch daheim waren, körbeweise Jeans und anderes gebügelt hat. In manchem, es muss sich dabei nicht unbedingt um Bügelwäsche handeln, sind Oma und Opa schon versucht sich einzumischen, aber Stopp! Fertigessen aus der Packung oder ungeputzte Schuhe sind weniger schlimm als Großeltern, die ständig mäkeln und verbessern. Wo wollen Sie anfangen, wann aufhören?

Natürlich wird es, bei näherer Betrachtung, vieles geben, das Sie gerne anders machen würden, das bei Ihrer Familie seinerzeit reibungsloser ablief, das anders organisiert werden könnte. Bitte, bleiben Sie gelassen! Auch wenn Sohn oder Tochter aus Ihrem »Stall« kommen, sind sie eigenständige Persönlichkeiten, die ihr Leben so gestalten, wie es ihnen gefällt. Großeltern machen oft den Fehler, die von den eigenen Normen abweichende Lebensgestaltung der Kinder als Anklage, Abrechnung oder Brüskierung zu sehen.

Nehmen Sie Unterschiede gelassen

Bei Ihnen herrscht penible Ordnung in jedem Zimmer? Im Gegensatz zur Enkelfamilie, wo Sie im Flur erstmal über eine stattliche Anzahl herumliegender Schuhe steigen müssen? Wenn Sie noch gut zu Fuß und sportlich drauf sind, mag es ja gehen. Was aber, wenn es Ihnen schwerfällt, auch kleine Hindernisse zu überwinden? Dann bleiben Sie trotzdem gelassen, sehen Sie es nicht als Anti-Haltung zu Ihren Prinzipien, sondern als eigenständige Lebensart. Herumliegende Schuhe sind noch lange kein Grund, einen Familienstreit vom Zaun zu brechen. Sie als Großeltern sind doch nicht mehr verantwortlich für das Chaos. Auch nicht, wenn angesichts einer Familienfeier andere Gäste anzügliche Bemerkungen machen. Es ist nicht Ihre Erziehung, die solches Chaos verursacht, sondern die Verantwortung Ihrer Kinder. Die gilt es zu respektieren.

Auch bei Ehekrisen – Gelassenheit

Bleiben Sie aber auch gelassen, wenn die Ehe oder Partnerschaft Ihrer Kinder kriselt. Kümmern Sie sich um die Enkel, ohne Partei für Mama oder Papa zu ergreifen, ohne sich in Krisengespräche einzumischen oder Punktrichter zu spielen. Trösten Sie die Enkel und machen Sie ihnen Mut, dass, auch wenn Papa vielleicht auszieht, die Kleinen nicht schuld daran sind.

Sobald Scham oder Angst sich unserer bemächtigen, ist es aus mit der Gelassenheit. Gerade noch haben Sie sich über den Nachbarn entrüstet, der dauernd fremd geht und müssen dann erfahren, dass er es mit Ihrer Tochter treibt. Das ist oberpeinlich und dabei gelassen zu bleiben, dürfte kaum möglich sein. Wir möchten im Boden versinken und fragen uns panisch, was jetzt wohl die Leute denken und was wir falsch gemacht haben.

Weniger aufgeregt wären wir, wenn wir gelernt hätten, uns nicht dem Erwartungsdruck unseres Umfeldes zu beugen. Wenn wir uns abgewöhnten, dem Bild, von dem wir glauben, dass es andere über uns haben, entsprechen zu müssen. Dazu müssten wir an unserm Selbstwert arbeiten und den vermeintlich sicheren Weg verlassen. Die Unwägbarkeiten des Lebens sollten Großeltern endlich einzukalkulieren lernen.

Was die Leute denken? Egal.

Sie haben alles getan, damit aus Ihren Kindern etwas wird und dann das: Der Sohn behält keinen Job länger als die vertraglich zugesicherte Probezeit. Das ist doch peinlich, wenn Bekannte und Verwandte fragen oder tuscheln. Und die Tochter geht fremd mit dem Nachbarn von Gegenüber. Während die junge Generation ziemlich unbekümmert damit umgeht, fühlen wir Großeltern uns von tausend Augen beobachtet und unter Druck. So setzen wir uns unter Zugzwang. Wir handeln dann unüberlegt, damit die Leute gut von uns denken, anstatt gelassen mit so einer Situation umzugehen.

Das Ende der Gelassenheit

Unsere oberste Priorität muss das Wohl der Enkelkinder sein. Beeinträchtigt die Liaison der Tochter das Wohlergehen der Kinder? Wenn nicht, ist der Rest deren Verantwortung. Sie ist alt genug, wir mischen uns nicht ein. Auch nicht, wenn der Nachbar verheiratet ist und die Frau uns vielleicht die Ohren vollheulen will. Es gibt Therapeuten und Ämter. Sie müssen sich in diesem Fall nicht aus dem Fenster lehnen.

Ob Sie diesem Menschen Ihre Tür öffnen, können Sie selbst entscheiden. Doch müssen Sie ihm keine Gardinenpredigt halten.

Auf diese Weise kommen Sie mehr oder weniger unbeschädigt durch solche Krisenzeiten. Es ist längst nicht mehr Ihre Aufgabe, erwachsenen Kindern die Kohlen aus dem Feuer zu holen.

Nicht egal

Gelassenheit ist nicht zu verwechseln mit einer Egal-Haltung. Wenn uns alles egal ist, werden wir natürlich passiv bleiben und haben resigniert. Egal, ob wir was sagen oder nicht, die Kinder machen doch, was sie wollen. Egal, ob wir helfend eingreifen oder nicht, hinterher sieht es sowieso wieder schlimm aus. Egal, ob wir ihnen finanziell unter die Arme greifen, sie werden es nie lernen, mit Geld umzugehen. Natürlich ist uns nicht egal, was die Tochter treibt, wie es uns nicht egal ist, wenn der Sohn schon wieder Arbeit sucht.

Gelassenheit aber bedeutet, weitsichtig zu sein. Zu wissen, hinterm Horizont geht's weiter. Kommt Zeit, kommt Rat. Weitsicht zu leben ist eine Tugend für Großeltern. Wer weitsichtig und gelassen lebt, unterstützt die Eltern der Enkelgeneration in großem Maße. Großeltern haben Erziehungsstile, Ernährungstheorien, Mode, Stars, Fernsehserien und andere Trends kommen und gehen sehen.

Großeltern wissen, nur Bewährtes setzt sich durch. Darum dürfen sie der Vernunft vertrauen und müssen nicht sorgenvoll und aufgeregt darüber wachen, dass es in der Enkelfamilie ordentlich zugeht. Vertrauen ist die Grundlage von allem. Vertrauen stiftet Frieden bei einem selbst und in der Enkelfamilie.

Gelassenheit

Gelassenheit heißt nichts anderes, als ausgeglichen auf bestimmte Dinge oder Umstände zu reagieren. Gelassen zu sein bedeutet auch, Zuversicht zu leben, tolerant zu sein und schwierige Situationen mit Humor zu meistern.

Was uns die Gelassenheit raubt

Ärger

Manches, was wir in der Enkelfamilie vorfinden, ärgert uns. Oft mit Recht. Enkel, die ihren Eltern freche Widerworte sagen, Mütter, die ihre Kinder überbehüten oder alles laufen lassen. Anlässe zum Ärgern gibt es viele. Wenn wir unsern Blick auf Ärger fokussieren, werden wir nur noch Ärgernisse finden.

Neid

Da haben wir lebenslang alles für unsern Sohn getan, und nun ist er so glücklich bei dieser Frau, dass wir nur noch Randfiguren geworden sind. Oder wir sind neidisch, weil die Schwiegertochter viel besser kocht als wir oder ihr die Organisation des Haushalts viel besser von der Hand geht. Wir sind neidisch, weil die Enkelkinder, entgegen unsern Befürchtungen, gut geraten sind. Neid ist, objektiv betrachtet, ein beschämender Gelassenheitsräuber.

Ungeduld

Wenn es nicht nach unserer Nase geht, werden wir leicht ungeduldig. Wenn die Kinder nicht wie verabredet pünktlich auf der Matte stehen, machen wir Stress. Wenn nicht alles wie am Schnürchen klappt, können wir sehr ungemütlich werden. Dieser Gelassenheitsräuber überfällt uns immer wieder.

Lärm und Hektik

Die Enkel toben und lärmen und wir müssen uns beeilen. Unser gesamtes Umfeld scheint in Hektik zu verfallen. Wir werden nervös und können gar nicht mehr gelassen sein.

Harmoniebedürfnis

Wir können es nicht ertragen, wenn sich die Eltern mit den Kindern oder die Ehepartner untereinander Wortgefechte liefern. Dann gehen wir dazwischen, weil wir in Harmonie, manchmal auch in falscher, leben möchten. Dieses zwanghafte Harmoniebedürfnis ist ein schlimmer Gelassenheitskiller.

Unsicherheit über unsere Aufgabe als Großeltern

Sollen wir alles dulden, müssen wir immer zahlen? Oder stets in Bereitschaft sein, wenn man uns braucht? Wenn wir öfter gegen unser eigenes Empfinden handeln müssen, können wir nicht gelassen sein.

Ehrgeiz

Wir tun alles dafür, dass die Enkelfamilie perfekt ist. Alle sollen sehen, was für tolle Kinder und Enkel wir haben. Doch dieser falsche Ehrgeiz raubt uns die Gelassenheit.

Eifersucht

Wir sind eifersüchtig auf das Glück unserer Kinder. Warum? Vielleicht weil unsere eigene Ehe oder Partnerschaft zu wünschen übrig lässt? Oder weil wir in unserer persönlichen Geschichte Defizite erlebt haben? Dann können wir natürlich nicht voller Freude und Gelassenheit den Kindern weiterhin alles Gute wünschen und gönnen.

Perfektionismus

Wir kontrollieren die Enkelfamilie bis in die letzte Intimität und finden wir immer wieder Fehler und Makel, die unbedingt beseitigt werden müssen und können darum nie gelassen sein.

Schuldgefühle

Wir haben vielleicht nicht alles richtig gemacht in unserm Leben und befürchten, unsere Kinder machen dieselben Fehler. Da können wir natürlich nicht gelassen an ihrer Seite sein.

Nicht zur Sorge verpflichtet

Sich Sorgen zu machen, gehört zur Paradedisziplin vieler Großeltern. Ihre Sorgen beginnen, wo die Verantwortung für das Leben der Kinder endet. Unser Einflussbereich auf die Enkelfamilie ist immer begrenzt. Diese Grenze ist der Beginn der Sorgen. Manchmal ist Sorge berechtigt, meistens aber nicht. Viele Großeltern verhalten sich, als hätten sie sich vertraglich zum Sorgenmachen verpflichtet. Sorgen darüber, ob die Tochter glücklich ist mit ihrem Partner, ob der Sohn gut versorgt wird von seiner Partnerin, ob die Schwiegertochter nicht zu ungeschickt ist in der Säuglingspflege, ob der Sohn sich mit dem Erwerb seines Hauses finanziell übernommen haben könnte, ob der Freundeskreis, in dem Sohn und Schwiegertochter verkehren, passend für sie ist... Die Reihe lässt sich endlos fortsetzen. Weint das Baby, meinen wir, es werde vernachlässigt. Ist dem Zwölfjährigen schlecht, verdammen wir gleich die gesamte Ernährungsphilosophie der Enkelfamilie und so weiter.

Dabei vergessen wir oft, wie subjektiv doch unsere Wahrnehmung ist. Weil unsere Schwiegertochter noch nie Salat gegessen hatte, als sie bei uns das erste Mal zum Essen erschien, trauen wir ihr keine gesunde Ernährung zu, obwohl unser Sohn und sie schon seit fünf Jahren verheiratet sind und zwei gesunde Kinder haben. Dennoch sind wir misstrauisch, sobald wir zu ihrer Tür hereinkommen. Kränkelt ein Enkelkind, haben wir sofort den Vorwurf zur Hand: ihr esst nicht genug Rohkost.

Aber auch umgekehrt könnte es sein. Wir finden Salat und Rohkost gehöre den Kaninchen und schwören auf Sauerbraten und Eisbein. Wir monieren, dass unsere Enkel nichts Rechtes auf die Rippen bekommen, als rohe Möhren, Kohlrabi und Salat. All das hängt mit unserer subjektiven Wahrnehmung zusammen. Wenn wir unsere Familienphilosophie für alleinseligmachend halten, könnte uns diese intolerante Haltung den

Kontakt zu den Enkeln kosten. Denn welche Familie hat schon gerne Großeltern, die zum lebendigen Vorwurf werden? Erpressen Sie Ihre Kinder nicht damit, dass Ihre Galle gleich überläuft, wenn sie sich nicht so verhalten, wie Sie es erwarten.

Sorgen machen krank

Sorgen sind Energiefresser, die sich vermehren, sobald wir ihnen ungebührlich viel Aufmerksamkeit schenken. Sorgen lähmen und machen passiv. Wir geraten in ein Hamsterrad und glauben, nur dann eine gute Oma oder ein guter Opa zu sein, wenn wir uns ausreichend sorgen und das auch noch kundtun. Sorgen machen uns glauben, wir hätten die Kontrolle. Wir meinen, je mehr wir uns sorgen, desto weniger wird das Ereignis eintreffen.

Wie mit Sorgen umgehen?

Fragen Sie sich ernsthaft und ehrlich: Ist diese oder jene Sorge wirklich begründet?

Wenn Sie Missbrauch oder Misshandlung vermuten, so benachrichtigen Sie die Polizei oder das Jugendamt. Diesen Apparat in Gang zu setzen wäre aber unnötig, weil ein Baby Blähungen hat. Halten Sie Realität und Vorstellung auseinander. Ihre Schwiegertochter ist kein schlechter Mensch, auch wenn ihre Lebensart nicht zu Ihren Vorstellungen passt, der Schwiegersohn kein Schläger, nur weil seine Arme tätowiert sind. Sie müssen sich nicht sorgen, weil Sohn oder Tochter nach Ihrem Dafürhalten die falschen Partner ausgewählt haben und nun alles ganz schrecklich wird. Hören Sie auf, auch Ihre Kinder durch falsche Sorgen zu lähmen. Suchen Sie stattdessen das Gespräch mit einer Freundin oder Bekannten und lassen Sie sich ein Feedback darüber geben, ob Ihre Sorgen berechtigt sind oder nicht. Sorgen Sie lieber für sich selbst. Für ausreichend Schlaf, Ernährung und Bewegung, seien Sie achtsam mit sich selbst. So werden Sorgen nicht zur Panik.

Unterscheiden Sie nach Sinn oder Sinnlosigkeit der Sorgen.

Wenn die Sorgen berechtigt sind

Natürlich gibt es berechtigte Sorgen. Wenn die Mutter offensichtlich krank ist und sich einer Behandlung verweigert. Oder wenn das Kindeswohl gefährdet ist. Wenn Sie mit ansehen müssen, wie die Familie in der Schuldenfalle untergeht und sich nicht helfen lässt.

So merkwürdig es klingt: Auch hier ist Gelassenheit gefragt. Sie helfen nicht mit Jammern und Vorwürfen oder indem Sie finanziell immer wieder einspringen. Wer nicht mit Geld umgehen kann, dem hilft eine Finanzspritze wenig. Aber Sie können sich um die Enkelkinder kümmern, sie zum Essen einladen, mit ihnen etwas unternehmen. Sie können die Eltern fragen, welche Hilfe sie gerne hätten. So münzen Sie Energieräuber in Energieträger um. Indem Sie handeln, nehmen Sie den Sorgen den Stachel. Auch wenn Sie selbst keinen Ausweg sehen, beginnen Sie mit einem ersten Schritt: Das Auto der Kinder ist kaputt und die Eltern müssen nun eine Stunde eher aus dem Haus? Dann bieten Sie an, die Kinder fertig zu machen für Schule und Kindergarten. Sagen Sie sich die alte Weisheit: Kommt Zeit, kommt Rat! Sie werden sehen, sobald Sie den ersten kleinen, manchmal unbedeutenden Schritt gewagt haben, führt der Weg weiter. Sorgen werden kleiner durch aktives Leben und gemeinsam bewältigen Sie manche Schwierigkeit.

Wie mit Ärger und Groll umgehen?

Statt über Ihre Kinder, ärgern Sie sich lieber über sich. Warum müssen Sie sich eigentlich dauernd ärgern? Kein Mensch verlangt das von Ihnen. Die Enkelfamilie verhält sich mit Sicherheit nicht so, damit Sie sich ärgern. Darum stellen Sie die Ursachen ab. Ärger kann aber auch zum Anlass für Veränderung werden. Sie gehen täglich zu den Enkelkindern und ärgern sich, weil die Sie kaum beachten? Dann nehmen Sie diesen Ärger zum Anlass, Ihre Gewohnheiten zu ändern. Treffen Sie sich mit Bekannten oder unternehmen Sie zu diesem Zeitpunkt einen Spaziergang. Das tut gut und Sie müssen sich nicht mehr über Enkel ärgern, die Sie ignorieren. Sie sollen nicht spazieren gehen, um die andern zu ärgern, sondern um Ihren Ärger abzustellen. Wenn Sie ein zufriedener Mensch werden, kann Sie nämlich nichts so schnell verärgern.

Zum Schluss geben wir Ihnen noch den Gelassenheitsspruch mit auf den Weg, der viele Selbsthilfegruppen begleitet.

Gott gebe mir die Gelassenheit, Dinge hinzunehmen, die ich nicht ändern kann. Den Mut, Dinge zu ändern, die ich ändern kann, und die Weisheit, das eine vom andern zu unterscheiden.

7. Großeltern dürfen von ihren Enkeln Respekt einfordern

Was ist Respekt?

Respekt ist ein Aspekt der Wertschätzung und hat etwas mit Zurückschauen zu tun. Großeltern blicken auf eine Reihe gelebter Jahre zurück, die angefüllt waren mit Arbeit und Kindererziehung und all dem anderen, was das Leben so ausmacht. Schon deswegen, so meint es das Wort Respekt, sind sie würdig, wertgeschätzt zu werden.

Als meine Großeltern noch Kinder waren, gab es in ihrem Dorf neben den anderen Erwachsenen drei besondere Respektspersonen: den Polizisten, den Lehrer und den Pastor. Aufgrund ihres Amtes mussten auch Erwachsene ihnen gebührenden Respekt zollen. Was den Respekt vor Lehrern und Polizisten angeht, lesen wir heutzutage ja sehr Beunruhigendes in den Zeitungen.

Das Wort Respekt wird in mehrfacher Hinsicht gebraucht

Wenn wir unsern Respekt aus Höflichkeit anerkennend ausdrücken, geschieht es meistens Menschen gegenüber, die außerhalb unseres vertrauten Kreises stehen. Familienmitglieder, Verwandte oder Bekannte würden wir loben, wenn sie beispielsweise eine Leistung vollbracht haben. Wenn uns ein Fremder an der Bushaltestelle von seinen besonderen Verdiensten erzählt, sagen wir: Respekt! Alles andere käme uns doch plump vertraulich vor. Aber wir würden niemals Enkel, die bei den Bundesjugendspielen einen ersten Platz im Sprint belegen, nur mit Respekt! abspeisen. Wir werden sie gebührend loben und feiern.

Wir respektieren Autoritäten. Wenn der Konzernchef durchs Gebäude läuft, genießt er automatisch Respekt, weil er der Konzernchef ist. Nur die wenigstens kennen diesen Mann persönlich. Allein seine Funktion sichert ihm schon einen gewissen Respekt.

Das Wort Respekt kann aber auch Angst vor irgendwas heißen. Ich habe beispielsweise Respekt vor den vielen Stufen des Ulmer Münsterturmes – immerhin der höchste Kirchturm der Welt – weswegen ich sie auch noch nie erklomm. Mit Respekt kann auch eine Mischung aus Achtung und Toleranz gemeint sein. Auch wenn ich die Ansichten meines Gegenübers nicht teile, so respektiere ich sie. Das bedeutet, ich habe Achtung davor und würde mir nie erlauben, diese Ansichten zu verdammen oder lächerlich zu machen.

Wenn ich Vorsicht vor negativen Dingen walten lasse, ist auch das noch eine Form von Respekt.

Respekt muss in jedem Lebensalter verdient und erworben werden

Es soll hier aber um den Respekt gegenüber der älteren Generation gehen. Wir Älteren dürfen Respekt gegenüber unserer Lebenserfahrung und den damit verbundenen Leistungen erwarten. Wir sind schon aufgrund unseres Lebensalters Träger des gesellschaftlichen Gedächtnisses. Im Laufe unseres Lebens haben wir uns Wissen angeeignet, Erfahrungen gesammelt, gearbeitet, Kinder erzogen, einen Beruf ausgeübt – dafür verdienen wir Respekt.

Früher war es auch nicht besser

Wir kommen noch einmal auf das Kapitel »Früher war nicht alles besser« zurück. Wir haben beschrieben, wie alte Leute wegen ihrer Hinfälligkeit verachtet und respektlos behandelt wurden. Statt rüstiger Rentner gab es vor fünfhundert Jahren kranke, gebrechliche, zahnlose alte Menschen – weit unter dem Alter heutiger Rentner – die, verbraucht von einem harten Leben, nur noch herumsitzen konnten, angewiesen auf die Fürsorge ihrer Familie.

Es begann zu der Zeit, als Friedrich Fröbel seine Kindergartenpädagogik (schade, dass der Kindergarten inzwischen Kita genannt wird) entwickelte und Johann Wolfgang von Goethe einen Großvater beschreibt, der zwar ein bisschen »altmodisch« war, bei dem er sich als kleiner Junge aber stets wohlgefühlt hatte. Das Alter hatte zu Goethes Zeit schon mehr Jahre, der gesellschaftliche Wind Alten gegenüber sich inzwischen dahingehend gedreht, dass Alte als verehrungswüdige Respektspersonen instrumentalisiert wurden. Alte Menschen wurden zu Denkmälern, vor denen man sich verbeugte, denen man huldigte, die man verehrte.

Wer mit sich im Reinen ist, wird automatisch respektiert

Diese Zeiten sind lange vorbei. Alte und Junge leben ziemlich gleichberechtigt miteinander. Großeltern von heute können ihren dritten Lebensabschnitt genießen und sich auf den vierten, die Hochaltrigkeit, einstellen. Respekt als eine Form der Wertschätzung ist uns Alten dennoch nicht automatisch gegeben.

Ein weiterer Aspekt ist nämlich, mit sich und seinem Leben im Reinen zu sein. Was nicht heißt, ohne Fehl und Tadel zu sein. Wenn Sie versuchen, diesen Eindruck zu zementieren, brauchen Sie nicht mit respektvollem Verhalten der jungen Generation rechnen. Weil es schlichtweg keinen Menschen ohne Fehler gibt. Wir dürfen Fehler machen, Fehler gehören dazu. Aus Fehlern lernen wir. Machen wir uns diese schlichte Tatsache bewusst, können wir aus einem anderen Winkel das Auf und Ab unseres Lebens beurteilen. Wer zu seinen Fehlern und Schwächen steht, wird weniger angreifbar. Wer offensiv mit den Schwachstellen seines Lebens umgeht, wird mehr akzeptiert. Auch Großeltern müssen lernen, sich selbst zu akzeptieren.

Als junge Menschen hatten wir unsere Ideale. Wir wollten die Welt verbessern, haben gegen Atomkraft und für die Gleichberechtigung der Frauen gekämpft. Fünfzig Jahre später stellen wir fest: noch immer sind Atommeiler in Betrieb und am Verdienst der weiblichen Belegschaft hat sich nur wenig geändert. War also alles umsonst? Sind wir falschen Idealen nachgerannt? Haben wir für unrealisierbare Ziele vielleicht unsere Kinder manche Nacht allein gelassen? Die Schlussfolgerungen können nur Betroffene ziehen. Hier gilt es, ehrlich und aufrichtig zu sein, auch wenn manche Antwort schmerzt. Wer sich solcher Lebensinventur stellt, geht im Fall einer Auseinandersetzung mit seinen Kindern nicht als Verlierer vom Platz. Weil Oma oder Opa zu ihren Fehlern stehen, aufrecht stehen und nicht beschämt. Weil sie sich für ihre Versäumnisse bei ihren Kindern entschuldigen. Weil sie aufräumen im Leben und nicht vertuschen. Gegen solche Haltung zerschellen Anschuldigungen, sie verfangen nicht und schlagen keine neuen Wunden. Weil die Großeltern nämlich die Verantwortung dafür übernehmen: Für eine falsche Berufswahl, die sie in jungen Jahren unzufrieden machte, eine falsche Partnerwahl, die Unruhe ins Leben der Kinder brachte und für manches andere.

Wenn die Großeltern Lebensinventur gemacht haben, dürfen sie lernen, sich ihre Fehler zu vergeben. Sie müssen sich nicht immer wieder mit Vorwürfen anderer konfrontieren. Wer zu seinen Fehlern steht, strahlt Selbstbewusstsein aus und Zufriedenheit. Zufriedene Menschen sind versöhnt mit ihrer Vergangenheit. Mit dem, was war, mit Fehlern und Verletzungen. Zufriedene Menschen sind in der Lage, zurückzustecken. Großeltern, die zurückstecken können ohne großes Aufsehen und ohne den Kindern ein schlechtes Gewissen zu machen, werden gerne respektiert.

Zufriedene Menschen kennen ihre Grenzen und achten darauf, dass sie nicht überschritten werden. Zufriedene Menschen strahlen Sicherheit und Zuversicht aus, sind optimistisch und humorvoll. Darum sind sie Respektspersonen und werden ganz natürlich beachtet.

Weinerliche, kleinliche, geizige, gehässige, beleidigte Menschen sind schon an sich keine Respektspersonen. Das eigene Selbstvertrauen zu stärken ist keine Frage des Alters, aber eine der Reife.

8. Großeltern dürfen darauf bestehen, dass in ihren vier Wänden Ordnung herrscht

Wo liegt das Problem?

In den meisten großelterlichen Wohnungen herrscht Ordnung, denn Großeltern haben für gewöhnlich Zeit, darauf zu achten. Bei ihnen stehen die Tassen streng geordnet nach Farben und Formen im Schrank, liegt die Bettwäsche exakt gefaltet und übereinander im Fach, stehen alle Sofakissen fein in Reih' und Glied, natürlich mit der Quetschfalte in der Mitte. Die Decke auf dem Wohnzimmertisch ist makellos sauber und krümelfrei, selbst die Zeitungen auf dem Klo liegen nach einem festgelegten System. So lieben es die Großeltern, das gibt ihren Tagen Struktur und Halt. Bis die Enkelfamilie über sie hereinbricht.

Die kleine Enkelin wühlt sofort auf dem Klo nach den abgelegten Zeitungen und beginnt, die bunten Bilder auszuschneiden. Natürlich im Wohnzimmer auf der feinen Häkeltischdecke. Der Enkelsohn steuert sein Fernlenkauto in die hintersten Winkel und kriecht in alle Ecken und die Schwiegertochter, ganz hilfsbereit, räumt den Geschirrspüler aus unter Missachtung der Geschirrschrankordnung. Was jetzt, liebe Großeltern, Kampf oder Kapitulation? Kampf bedeutete, Oma macht ein großes Palaver um ihre in Unordnung geratene Tassenparade und verbittet sich alle Einmischung ihrer Kinder. Vermag sie solche Hilfsangebote nicht anders einzuordnen, muss sie sich auch nicht beschweren, wenn niemand ihr mehr helfen mag und sie mit ihren Kräften bald am Ende sein wird.

Kampf bedeutet auch, dass Opa der Enkelin entsetzt die Schere entwindet. Die Kleinen werden sich bald weigern, Sie zu besuchen.

Kapitulation hieße, Oma ließe alles mit sich machen und würde hinterher tagelang unter Mühen ihre liebgewordene Ordnung wiederherstellen müssen. Opa müsste die Steckverbindungen der Kabel mühevoll wieder zusammenfügen, weil der Enkel beim Spielen alles durcheinanderbrachte.

Kompromiss und Toleranz

Ein heikles Thema, das mit der Ordnung in den vier Wänden. Eines, das Kompromissbereitschaft und Toleranz auf beiden Seiten erfordert. Es ist keinesfalls verwerflich, wenn Großeltern es sich in der eigenen Wohnung gerne gemütlich machen, wozu auch Sauberkeit und Ordnung zählen. Solches darf aber nur Mittel zum Zweck sein, nie der Zweck selber. Wenn der Inhalt unseres Lebens nur ein makellos sauberer Teppich mit der dazugehörigen Umgebung ist, läuft etwas falsch.

Ein makelloses Wohnzimmer, das einladend wirkt in seiner Gemüt-
lichkeit, wo Kinder und Enkel ausspannen dürfen, wäre besser.

Wenn wir beispielsweise eine vierköpfige Familie zu Besuch haben, und
sei es nur zum Nachmittagskaffee, können wir nicht erwarten, dass die
Sofakissen noch gerade stehen oder der Tisch krümelfrei bleibt. Es
wäre unfair, zu verlangen, dass Kinder und Enkel alles genauso machen, wie wir es gewohnt sind. Vielleicht nehmen Sie Ihre Mahlzeiten ja
an einem Zweiertisch in der Küche ein und essen nur im Wohnzimmer,
wenn die Kinder kommen? Dann müssen Sie sich damit abfinden, dass
Sie hinterher den Staubsauger benutzen müssen. Wäre das so schlimm?

Einsam in Perfektion

Machen wir Großeltern unsere Wohnungen oder Häuser zu sterilen
Zonen, die Schaufenstern gleichen oder Katalogwohnungen, könnte
Einsamkeit der Preis für unsere Perfektion sein. Bloß weil Sie das
nachträgliche Aufräumen nicht mögen, würden Sie sich um ein paar
schöne Stunden bringen. Wenn Ihnen Ihre Ordnung lieber wird als die
Kinder, sollten Sie ernsthaft mit sich ins Gericht gehen.

Großeltern im Zwiespalt

Auch das gibt es: Eltern, die ihren Kindern keine Grenzen setzen,
deren Toleranz weit über das Maß der Großeltern hinausgeht und
klebrige Tapeten beschert, zerschrammte Tischplatten, durcheinander-
gebrachte Schubladen und Magenschmerzen vor Ärger.

Die Folge sind unsichere oder verbitterte Großeltern, die glauben, das
sei der Preis für die Enkelliebe. Die es nicht wagen würden, dagegen
einzuschreiten aus Sorge, als rückständig oder böse zu gelten. Die Sorge
haben, ihre Kinder und Enkel zu verlieren, wenn sie doch mal ein Wort
sagen. Die sich quasi erpresst fühlen und ängstigen, bei der geringsten
Kritik das Wohlwollen ihrer Kinder aufs Spiel zu setzen. Was, wenn Sie
es versucht haben, mit den Eltern darüber zu sprechen, aber auf Unver-
ständnis stießen und abgeblitzt sind? Vielleicht kommen Schwiegersohn
oder Schwiegertochter sogar aus einem ganz anderen Kulturkreis und
finden unsere deutsche Ordnung ziemlich anstrengend? Müssen Sie

jetzt dulden, was Ihnen nicht gefällt? Werden Sie zur Geisel in der eigenen Wohnung um des lieben Friedens willen?

Nein, denn was in Ihrer Wohnung geschehen darf und was nicht, bestimmen Sie!

Einmischen oder Nichteinmischen?

Erziehung ist heute Intimsache. Die Öffentlichkeit ist angehalten, sich nicht einzumischen. Das war noch ganz anders, als wir Großeltern kleine Kinder waren. Damals wurden wir sogar von fremden Erwachsenen zurechtgewiesen. »Kannst du nicht grüßen, wenn du zur Tür hereinkommst?« »Nimm' die Mütze ab!«

Was das heute Undenkbare wäre: Wir taten es. Denn unsere Eltern waren mit dem Verhalten der anderen Erwachsenen voll einverstanden. Sie hätten ihnen Recht gegeben. Also folgten wir gehorsam. Weil die gesamtgesellschaftlichen Normen festgeschrieben waren: Kinder hatten zu grüßen und dabei die Kopfbedeckung zu lüften. Doch inzwischen sind solche Normen ziemlich aufgeweicht. Jeder definiert seine eigenen Bestimmungen. Dem Kind wird beigebracht, dass es völlig o.k. ist, wenn es nur Leute grüßt, die ihm sympathisch sind. Alle lernen: Fremde haben dir überhaupt nichts zu sagen.

Aber so ganz allmählich scheint sich der pädagogische Wind dann doch zu drehen und wir Großeltern dürfen der Enkelgeneration klarmachen, dass ihr soziales Umfeld Erwartungen ans Verhalten hat. Dass es ungezogen ist, ins Wort zu fallen, wenn sich Erwachsene unterhalten. Dass es rücksichtslos ist, alten Leuten mit dem Roller um die Beine zu fahren. Der Grat, nicht in die Erziehung einzugreifen, aber stattdessen ein Feedback zu geben, ist schmal. Dennoch haben wir hier eine Aufgabe. Wir können die Gesellschaft ein kleines bisschen sensibler für die Bedürfnisse der älteren Generation machen, wenn wir in angemessener Weise reagieren.

Machen Sie also den Eltern keine Vorwürfe, belehren Sie sie nicht. Verkneifen Sie sich Redensarten, wie: »Wenn das meine wären« oder: »Früher hätte man …«, sondern melden Sie sich mit Ihrer eigenen Befindlichkeit. Dass es schmerzt, wenn das Kind Ihnen über die Füße fährt. Dass es Sie ärgert, wenn der Kleine seinen schokoladen-verschmierten Mund an Ihrem Mantel abschmiert. Aber seien Sie dennoch bemüht, nicht als Sieger vom Platz zu gehen. Die Generation der latte macchiato Mütter würde sonst überreagieren. Weil alte Leute ja ständig was zu meckern haben. Üben Sie also den richtigen Ton für solche Auseinandersetzungen.

Einmischen mit Fingerspitzengefühl

Zugegeben, es ist wirklich nicht schön, wenn der Glastisch im Wohnzimmer blind ist, nachdem die Enkel da waren und die Elektronik des Geschirrspülers verrückt spielt, weil die Kleine wieder mal Knöpfchen drücken musste. Es ist anstrengend, wenn die Enkel dauernd rumtoben, während die Erwachsenen am Kaffeetisch sitzen und unangenehm, wenn die Nachbarn empört anrufen, weil die Enkel Kleingelstreiche machen.

Vielleicht könnte ein Gespräch Klarheit schaffen? Miteinander reden bedeutet nicht, sich aufzuregen oder Vorwürfe zu machen. Ein Gespräch sollte eine Aufzählung der Gegebenheiten ohne Schuldzuweisung sein.

Reden Sie von sich

Vielleicht haben Sie es nie gesagt, aber die Kinder haben es immer gespürt: »Solange du die Füße unter meinen Tisch stellst, wird getan, was ich sage.« Vielleicht war es nicht mehr so krass bei Ihnen, dennoch hatten Sie Regeln, auf deren Einhaltungen Sie bestanden.

In unserm Haus galt beispielsweise die Regel, dass keines unserer vier Kinder ungefragt in das Zimmer von Bruder oder Schwester eindringen durfte, um sich zu nehmen, was es wollte. Es musste gefragt und gegebenenfalls ein Nein akzeptiert werden. Bei uns aßen einmal am Tag, meistens abends, alle gemeinsam. Diese gemeinsame Mahlzeit war Treffpunkt für Familiengespräche. Wer zwischendurch etwas aß, war gehalten, seine Hinterlassenschaften spurlos zu beseitigen. Regeln sind wichtig für ein reibungsloses, familiäres Miteinander.

Aber inzwischen haben die Kinder selber Kinder. Gelten diese Regeln jetzt auch noch? Welche Gepflogenheiten sollten wir aufrechterhalten? Dürfen wir jetzt auch noch darauf bestehen, dass alle am Tisch sitzen? Wäre das nicht Sache der Eltern? Eigentlich ja. Doch wenn die das völlig entspannt sehen, scheinen Sie machtlos, auch im eigenen Haus.

Wenn Sie entdecken, dass man, während die Erwachsenen im Wohnzimmer am Tisch saßen und aßen, Ihren Kühlschrank geplündert hat, mit allen schmierigen Folgen, sollten Sie einschreiten. Sie dürfen darauf bestehen, dass die Enkel Ihre Schränke nicht ohne Erlaubnis durchsuchen. Hier ist nicht das Zuhause der Enkel und Sie sind nicht die Eltern. Diese erwarten von den Großeltern manchmal ein Übermaß an Toleranz, gleiches können Sie im Gegenzug ebenfalls verlangen: Eltern, die tolerieren, dass großelterliche Schränke tabu sind. Diskutieren Sie mit einer Ich-Botschaft: »Ich möchte nicht, dass Ihr meinen Kühlschrank durchwühlt.« »Ich will nicht, dass Ihr in meinen Schlafzimmerschränken kramt.« Damit beleidigen Sie niemanden und haben trotzdem Ihre Sicht der Dinge rübergebracht – unmissverständlich.

Übrigens ist es bei uns heute noch üblich, dass wir an Feiertagen, inzwischen in erweiterter Runde, gemeinsam Mahlzeiten einnehmen. Sogar die Enkel sitzen dabei. Doch nach einiger Zeit wird es ihnen langweilig. Die Mahlzeit ist schon längst vorbei, aber die Erwachsenen reden und reden. Also dürfen sie die Tischrunde verlassen.

Statt verbieten – anbieten

Unsere Enkelkinder haben in unserm Haus ein Spielzimmer. War natürlich klar, dass es viel »interessanter« ist, da zu spielen, wo die Erwachsenen sitzen. Das haben wir fast so erwartet und deshalb amüsieren wir uns mehr darüber, als dass es uns ärgert. Jedoch verlangen wir, dass die Enkel, bevor sie gehen, alle hereingeschleppten Spielsachen wieder ins Spielzimmer tragen. Wir dulden auch nicht, dass sie es sich in unserer Schrankwand »gemütlich« machen. Wenn sie basteln oder laut sein wollen, verweisen wir sie ins Spielzimmer. Je nach Tagesform der Kleinen ist unsere Ansage auch mal ein Ärgernis. Das nehmen wir in kauf.

Zu viel zu verbieten wäre das Fundament für Missverständnisse. Wenn sich bewegen, sich anlehnen, Spritzer im Waschbecken machen, Fernsehen schauen, ein Buch aus dem Regal nehmen usw. schon zu Geschimpfe oder abfälligen Bemerkungen führen, müssen Sie sich nicht wundern, wenn Sie niemand mehr ernst nimmt oder die Besuche weniger werden.

Wenn Sie unter keinen Umständen möchten, dass die Enkel Ihr Schlafzimmer betreten, schließen Sie es ab oder machen Sie eine eindeutige Ansage. Aber verbieten Sie nicht gleichzeitig auch noch das Wohnzimmer, die Küche oder das Gästezimmer. Vielleicht können Sie den Kleinen auf Ihrem Dachboden ein Spieleckchen einrichten? Kinder finden das toll und Sie wecken auf diese Weise ihre Abenteuerfantasien. Oder lassen Sie die Kinder im Flur spielen. Auch das dürfte gefallen, weil Wohnungsflure ungewöhnliche Spielorte sind.

Richten Sie dem Enkel ein Fach im Schrank ein, worin sich seine Bücher, Spiele usw. befinden. Wo das Kind nach Lust und Laune schalten und walten kann. Oder haben Sie einen Karton, eine Kiste oder alten Koffer parat, wohinein Sie alles geben, was Kinder interessieren könnte: Aufkleber, Stifte oder andere Kleinigkeiten. Vielleicht können Sie dem Enkel sogar eins der ehemaligen Kinderzimmer überlassen und ein Spielzimmer daraus machen. So hätte das Enkelkind ein eigenes Reich bei Ihnen und Sie könnten es sogar verpflichten, nach beendetem Spiel aufzuräumen. Verfügen Sie nur über beengte Wohnverhältnisse, genügt eine Seite des Tisches, das Fensterbrett oder eine Stelle auf dem Fußboden. Das signalisiert dem Enkel, Oma und Opa freuen sich, wenn er kommt und er fühlt sich respektiert. Meistens kommt ein gleiches Echo zurück.

Treffen Sie sich außerhalb

Sogar, wenn Sie gar nicht mehr in der Lage sind, über Ihren Schatten zu springen und allein der Gedanke daran, dass die Enkel sich einen Nachmittag lang in Ihrer Wohnung aufhalten, in Ihnen Horrorvorstellungen auslöst, müssen Sie nicht auf die Gesellschaft Ihrer Kinder oder Enkel verzichten. Treffen Sie sich zu einem Spaziergang, wo die Kinder sich im Freien austoben können und laden Sie anschließend alle in ein kinderfreundliches Lokal ein, anstatt sich daheim den Stress anzutun. Viele Kommunen verfügen inzwischen über Indoor-Spielplätze. Dort werden auch Getränke und Snacks angeboten. Vergessen Sie dabei nicht, Ihren nächsten Besuch bei den Kindern auszumachen. Ein Besuch dort hat den Vorteil, dass Sie jederzeit gehen können.

9. Großeltern dürfen auf Traditionen und Rituale Wert legen

Was ist ein Ritual?

Ein Ritual ist das Vorgehen nach einer festgelegten Ordnung. Traditionen beinhalten Rituale. Es gibt religiöse Rituale genauso wie schulische, gesellschaftliche, kommunale oder familiäre. Regelmäßig einen Gottesdienst zu besuchen, ist ein religiöses Ritual. Das jährliche Sommerfest der Schule wäre ein schulisches.

Wenn der Bundespräsident seine jährliche Weihnachtsansprache hält, ist das genauso ein Ritual, wie ein Stadtfest, das in bestimmten Abständen stattfindet.

Bei einer Beerdigung pflegen wir andere Rituale als bei einer Hochzeit.

Wir brauchen Rituale

Wir alle haben Rituale in unserm Leben, denn wir brauchen sie. Rituale schaffen Struktur und haben eine stabilisierende Funktion. Manche Familie pflegt vor der Mahlzeit das Tischgebet, andere wünschen sich einen »Guten Appetit« oder eine »Gesegnete Mahlzeit«. So ein Ritual eröffnet das gemeinsame Essen. Das Miteinander am Tisch hat eine hohe soziologische Bedeutung.

Die Bedeutung der Rituale

Es gibt Rituale, die schaffen eine feierliche Unterbrechung unseres Alltags und damit Momente der Erhabenheit.

Es ist etwas ganz Besonderes, wenn die Großeltern nicht nur zur Goldenen Hochzeit einladen, sondern vielleicht noch jemanden engagiert haben, der eine kleine Ansprache hält und so diesem Fest noch besonderen Glanz verleiht. Manches Ritual hilft auch, besondere Situationen im Leben zu überbrücken. Wer sich durch Rituale Strukturen geschaffen hat, kann beispielsweise mit Arbeitslosigkeit besser umgehen oder mit einem Trauerfall.

Bei vielen Ritualen, die religiösen Ursprungs sind wie Weihnachten oder Ostern, erleben wir inzwischen eine Entkernung. Der eigentliche Sinn wird unwichtig, das Drumherum erlebt eine regelrechte Aufwertung bis Überbewertung. Besonders eindrücklich zu erleben in der Adventszeit. Statt Besinnung wird Kommerz wichtig. An Ostern nimmt man die freie Zeit gerne mit wie auch an Allerheiligen oder anderen kirchlichen Feiertagen. Die Rituale wandeln sich entsprechend.

Himmelfahrt wurde zum Vatertag mit entsprechender Tradition. Gerichtlich wird versucht, den Sinn der sogenannten stillen Feiertage wie Karfreitag, dahingehend zu verändern, dass Diskotheken öffnen dürfen, damit die Allgemeinheit sich amüsieren kann und nicht in ihrer Entscheidungsfreiheit eingeschränkt ist. Ein Stück Ehrlichkeit ist auch dabei, denn wen interessieren diese Feiertage noch, außer ein paar wenige?

Rituale abschaffen?

Wir sind auf dem Weg, vermeintlich falsche und unnötige Rituale abzuschaffen. Jedoch vermissen wir entsprechenden Ersatz. Weil nur abzuschaffen nicht reicht. Wer nur abschafft, schafft Leere. Anstelle unnötiger Rituale wären also andere, sinnstiftende Rituale wichtig. Es gibt ohne Zweifel Rituale, die stören oder fesseln. Manches Ritual ruft in uns vielleicht negative Gefühle hervor. Wenn man als Kind gezwungen wurde, in die Kirche zu gehen, wenn es zu Weihnachten immer fetten Gänsebraten gab, der Ihnen nicht schmeckte …

Störende Rituale

Sie schaffen ein störendes Ritual, wenn Sie beispielsweise darauf bestehen, immer Sonntagvormittag angerufen zu werden. Oder, falls Sie im gleichen Haus mit Ihren Kindern wohnen, erwarten, dass diese früh und abends bei Ihnen erscheinen, um guten Morgen, bzw. guten Abend zu wünschen. Nichts dagegen, wenn die Kinder das freiwillig und gerne tun. Dann wäre es ein besonders schönes Ritual. Doch kann man solche Rituale nicht erzwingen, ohne einen anderen unter Druck zu setzen und es zur Pflichtübung zu machen.

Und Druck wird auch in der Erinnerung nicht leichter. Überprüfen Sie doch einmal in einer stillen Stunde Ihre Gepflogenheiten darauf, ob sie bewahrenswert sind oder abgeschafft gehören. Vielleicht fragen Sie auch Ihre Kinder.

Großeltern als Bewahrer von Traditionen und Ritualen

Heute sind wir Großeltern als Bewahrer von Traditionen und Ritualen gefragt. Unerheblich, ob religiöse, familiäre oder humanistische. Traditionen und Rituale können wie ein Sicherheitsnetz vor dem totalen Absturz bewahren, schaffen Struktur und geben Halt für den Einzelnen und die ganze Familie.

Bewahrenswerte Traditionen fortführen

Vielleicht hat Opa die Tradition, sich einen Teil seines Urlaubs in der Dritten Welt zu engagieren oder Oma ist Mitglied im Kegelklub, wo man traditionell jeden Sommer eine Klubreise unternimmt. Andere Großeltern engagieren sich neben der Familie auch in der Nachbarschaftshilfe oder leisten Freiwilligendienst bei der Feuerwehr.

In solche oder andere Traditionen können Enkelkinder, wenn sie das entsprechende Alter haben, eingebunden werden. Der schönste Lohn für solchen Einsatz dürfte sein, wenn das Enkelkind in die Fußstapfen von Oma oder Opa tritt und die Arbeit weiterführt.

Traditionen schaffen

Wer aus einer traditions-, bzw. ritualarmen Familie kommt, sollte selber welche schaffen. Geburtstage im Familienkreis festlich zu begehen oder gemeinsame Mahlzeiten an einem Sonntag im Monat einzunehmen, könnten welche sein. Oder ein gemeinsames Familienwochenende einmal im Jahr, gemeinsames Grillen im Sommer oder das Plätzchenbacken mit den Enkeln an jedem ersten Advent.

Sollte sich Ihre Enkelfamilie momentan nicht so recht für irgendwelche Traditionen begeistern können, muss Sie das nicht an einem Leben in Tradition mit Ritual hindern. Aber hüten Sie sich, Ihren Lebensstil dem Rest der Familie als Vorwurf oder Druckmittel aufzubürden. Vorbild macht nämlich Erziehung. Wer weiß, vielleicht können die Kleinen oder Großen dieser oder jener Tradition doch noch etwas abgewinnen?

10. Großeltern dürfen dankbar sein

Warum dankbar sein?

Dankbarkeit ist der Schlüssel zu einem optimistisch gestimmten und zufriedenen Leben. Dankbarkeit erweitert unsere Sicht der Wirklichkeit. Es hat sich herausgestellt, dass dankbare Menschen weniger körperliche Beschwerden als andere haben.

Dankbare Menschen sind weniger anfällig für Depressionen und können mit Stresssituationen besser umgehen. Dankbare Meschen können auch negative Ereignisse und Schicksalsschläge besser verarbeiten. Dankbare Menschen verwirklichen mehr Lebensziele, verhalten sich sozialer und engagieren sich häufiger ehrenamtlich. Dankbare Menschen sind auch weniger anfällig für Neidgefühle, weil ihnen Statussymbole wie Besitz oder materielle Güter nicht so wichtig sind. Daher haben dankbare Menschen ein größeres psychisches Wohlbefinden und eine subjektiv höher empfundene Lebensqualität.

Was ist Dankbarkeit?

Dank ist zunächst mal eine höfliche Haltung. Selbst wenn ich etwas bekomme, das mir zusteht, sollte ich dankbar sein. Danke zu sagen gehört einfach dazu. Das Lernen schon die ganz Kleinen. »Wie sagt man?« Wer Dankeschön sagen kann, ist im Allgemeinen ein verträglicher Mensch. Danksagen fällt freundlichen Menschen nicht schwer.

Dankbarkeit als Grundhaltung

Doch kann das Bedanken auch zur Floskel werden und Sarkasmus verbreiten. Es geht also nicht nur um ein leeres Ritual, sondern um eine Grundhaltung.

Je mehr ich danke, desto mehr Gründe finde ich dafür. Natürlich ist es schlimm, dass Oma krank ist. Dennoch: Wir leben in einem Land, wo jeder Kranke entsprechende Behandlung bekommt, bezahlt von der Krankenkasse. Ein Grund, dankbar zu sein. Es ist ärgerlich, wenn das Sonderangebot ausverkauft ist, dennoch werden wir weder umkommen, noch pleitegehen, weil wir es versäumten. Es gibt Anderes, Ähnliches, Gleichwertiges, Preiswertes.

Wer sich die Zeit nimmt, darüber nachzudenken, wird viele Anlässe zur Dankbarkeit finden. Sie hatten gerade eine Autopanne? Es gibt Handys oder Notrufsäulen, mit denen man den Pannendienst rufen kann, es gibt Werkstätten, die so etwas reparieren und es gibt Ersatzteile und den Leihwagenservice. Wir leben in einem strukturierten Land. Auch wenn so eine Fahrtunterbrechung nicht gerade wünschenswert ist, muss man nicht gleich pessimistisch darauf reagieren.

Ihr Enkel hat die Haare bunt gefärbt? Das könnte interessant aussehen! Ist er ansonsten gesund und ein ziemlich cooler Typ, dürfen Sie getrost davon ausgehen, dass er ab einem bestimmten Alter davon lässt. Solange dürfen Sie dankbar sein für ein Kind, dem es nicht langweilig wird. Wer mehr Lebensqualität möchte, sollte Dankbarkeit lernen, sich bemühen, allem noch etwas Gutes abzugewinnen.

Dankbare Menschen haben kein Problem damit, sich und andere wertzuschätzen.

Echtes Wertschätzen

Echtes Wertschätzen bedeutet in seiner Gesamtheit, jemandem Achtung und Wohlwollen, sowie Interesse und Toleranz, entgegenzubringen.

Auf unsere Situation als Großeltern bezogen bedeutet es, den Lebensweg unserer eigenen Kinder mit Achtung, bzw. Respekt und Wohlwollen zu begleiten. Nicht immer verläuft dieser Weg nach unsern Vorstellungen oder unserm Gutdünken. Achtung, Wohlwollen, Interesse und Toleranz sind gute Lernziele für die Großelternschaft.

Wertschätzen kann nur, wer sich selbst wertschätzt

Sich mögen, bringt Segen

Wer sich mag, vernachlässigt sich nicht. Großeltern dürfen sich gerne ordentlich pflegen, auf hygienische Reinlichkeit achten und modische Kleidung tragen. Besonders Großmütter neigen da manchmal zu Minimalismus. Trauen Sie sich und leisten Sie sich was Flottes! Auch äußerlich kann man zeigen, dass man sich mag. Wer sich selbst mag, ist ein zufriedener Mensch. Das hat nichts mit falscher Selbstzufriedenheit zu tun, die in Unbeweglichkeit mündet und Beratungsresistenz. Machen Sie sich doch mal in einer stillen Stunde Ihrer Einzigartigkeit bewusst. Was würde Ihrer Familie, dem Chef, dem Ehepartner fehlen, wenn es Sie nicht gäbe? Erkennen Sie Ihre Fähigkeiten und anerkennen Sie sich damit selbst. Das ist keine Einbildung, sondern ehrliche Analyse. Wer seine Stärken und Schwächen kennt, bekommt ein gesundes Selbstbewusstsein und ist nicht vorrangig auf das Feedback der andern angewiesen. Wer sich seiner selbst bewusst ist, kann Grenzen setzen. Sich und andern. Wer ehrlich um seine Stärken und Schwächen weiß, wird sich nicht aufs Pferd setzen lassen, wenn er gar nicht reiten kann. Wenn Opa zwar Schrauben reindrehen, aber keine Windel wechseln kann, so wird er hier einen Halt und sich nicht unter Druck setzen. Denn es gibt immer eine andere Lösung. Wer mit sich im Reinen ist und Selbstvertrauen hat, lernt auch das Neinsagen. Ohne die Sorge, dass die Familie ihn oder sie nicht mehr mag.

Loben und loben lassen

Wir dürfen lernen, dass Wertschätzung nicht peinlich ist, sondern aufbauend für uns und andere. Wir brauchen nicht abzuwinken, sondern dürfen ein ehrliches Lob auch gerne annehmen und uns darüber freuen. Denn echte Wertschätzung ist keine Schmeichelei. Schmeichelei hat einen merkwürdigen Beigeschmack und lässt uns misstrauisch aufhorchen. Was will die Enkeltochter eigentlich wirklich, wenn sie plötzlich so eine Lobhudelei loslässt? Wahrscheinlich Geld. Danach verschwindet sie und lässt sich, bis sie wieder welches braucht, nicht mehr blicken. Das ist keine Wertschätzung, sondern ausnutzen.

Von mir zu dir

Wer sich wertschätzen gelernt hat, lernt auch, andere zu schätzen. Beim Wertschätzen seiner eigenen Person ist ja auch ein wenig analytisches Denken geboten. Ich mache mir bewusst, was ich kann und was nicht. Ich weiß, dass manche meiner Fähigkeiten mich viel Enttäuschung und Tränen gekostet haben und mancher Erfolg von Schweiß und Rückschlägen begleitet war. Solches Bewusstmachen bringt Toleranz und Empathie mit sich selbst. Ich verstehe dann vielleicht meinen Sohn, die Schwiegertochter oder das Enkelkind eher in seiner Haltung, seinen Widersprüchen, dem Versagen oder dem Erfolg. Damit beginnt die Wertschätzung der andern. Ich anerkenne die Wegstrecke meiner Familienmitglieder, sehe ihr Wachsen oder Versagen mit anderen Augen.

Reden wir drüber

Auch wenn unsere Kinder und Enkel wissen oder ahnen, dass wir sie schätzen, müssen wir es aussprechen. Ahnen allein reicht nicht. Sagen wir ihnen öfter, wie froh wir darüber sind, dass es sie gibt.

Seien wir ehrlich und sprechen wir aus, dass sie manches so viel besser hinbekommen, als wir damals im gleichen Alter. Wer sich seiner eigenen Stärken und Schwächen bewusst ist, hat kein Konkurrenzdenken. So ein Opa, eine Oma, haben es nicht nötig, andere herabzuwürdigen, um selbst besser dazustehen.

Übrigens: Das Antonym von Wertschätzen ist Geringschätzen. Lassen wir es nicht soweit kommen.

11. Großeltern dürfen für ihre Enkel Ort der Geborgenheit sein

Was ist Geborgenheit?

Wir beschäftigen uns hier mit einem Wort, das 2004 zum Zweitschönsten der deutschen Sprache gekürt wurde. Geborgenheit gehört zu den Einmaligkeiten unserer Sprache, genauso wie das Wort Kindergarten.

Im Englischen, Russischen, Französischen, Spanischen und anderen Sprachen fehlt das Wort Geborgenheit, das alles umfasst, was wir unter Sicherheit und Wohlfühlen verstehen. Nähmen wir für Übersetzungen die Worte Schutz oder Unverletzbarkeit im Sinne von Sicherheit, wird es der Geborgenheit nicht gerecht. Wollen wir Wohlfühlen als Wärme oder Ruhe interpretieren, es ist auch nicht die Geborgenheit. Geborgenheit ist eben einmalig.

Der Wunsch nach Geborgenheit ist ein existenzielles Gefühl. Darum ist Geborgenheit eine wichtige großelterliche Eigenschaft. Enkelkinder brauchen Sicherheit, Wohlgefühl, Vertrauen, Zufriedenheit, Akzeptanz und Liebe, kurz – Geborgenheit. Wenn Großeltern das vermitteln, sind sie ein sicherer Hafen, wo Kinder und Enkel Vertrauen schöpfen können.

Geborgenheit gibt ein Heimatgefühl

Das Empfinden, an einen bestimmten Ort zu gehören, verwurzelt uns. Verwurzelte Menschen sind stabil und unabhängig von äußeren Zuständen. Im Wort Geborgenheit steckt bergen, was bedeutet, sich in Sicherheit bringen, retten. Geborgen zu sein ist, sich an einem geschützten Ort zu umhüllen.

Im Eingang unseres Hauses liegt eine Fußmatte mit der Aufschrift: »Zuhause ist da, wo ich nicht den Bauch einziehen muss«. Dieser Spruch soll jedem Eintretenden ein Gefühl der Geborgenheit vermitteln: Hier musst du dich nicht verstellen, hier darfst du so sein, wie du bist. Du musst nichts leisten, du darfst loslassen. Sind Großeltern Orte der Geborgenheit in diesem Sinne, vermitteln sie Harmonie und

Frieden, sind Erholungsinseln, Heimathäfen und Fluchtpunkte in einem. Enkel, die sich geborgen fühlen finden Orientierung und Halt.

Geborgenheit ist das Gegenteil von Verwöhnen

Wer maßlos verwöhnt, erzieht sein Enkelkind zu Bequemlichkeit und Verantwortungslosigkeit. Enkelkinder müssen beizeiten lernen, altersgemäß Verantwortung zu übernehmen. Das beginnt bereits im Sandkasten. Wenn die Kleinen uneins sind, müssen sich Erwachsene heraushalten (es sei denn, die Kinder verletzen sich gegenseitig).

Wer als junger Erwachsener von der Polizei erwischt wird, muss dafür geradestehen. Wer sein Enkelkind bisher falsch verwöhnte, wird eine eventuell ausgesprochene Geldstrafe diskret begleichen, ohne dass es das Enkelkind schmerzt. Solches Verhalten wird weitere unverantwortliche Taten nach sich ziehen. Wer aber dem Enkel hilft, einen kleinen Job zu finden, wo von dem Verdienst die Strafe abgestottert werden kann, der hat einen wertvollen Erziehungsbeitrag geleistet und dennoch Geborgenheit geschenkt. Opa hilft, bedeutet nicht, Opa zahlt, sondern Opa sucht Möglichkeiten, die enkelgerecht sind, und entlässt damit die Kinder oder Enkel nicht aus der Selbstverantwortung, sondern setzt einer falschen Entwicklung klare, manchmal sogar harte Grenzen.

Wodurch schaffen wir Geborgenheit?

Meine Großmutter erzählte, wie sie als kleines Mädchen, (das war im 19. Jahrhundert) bei ihrer Großmutter Geborgenheit fand. Sie hatte mittags ihre Steckrübensuppe nicht essen wollen. (Im Gegensatz zu heute waren Steckrüben damals ein Armeleuteessen.) Als sie die Suppe zum Nachtessen wieder hingestellt bekam, rannte sie barfuß im Nachthemd allein durch den stockdunklen Wald, einen schmalen Bachsteg überquerend, hilfesuchend zu ihrer Großmutter, die in einer Hütte lebte. Dort fand sie Geborgenheit. Ihre Großmutter lag bereits im Bett und ließ die Enkelin unter die Bettdecke schlüpfen. Als spätabends der Vater erschien, bekam er von seiner Mutter sogleich eine Standpauke. Weil ihre Oma sich schützend vor sie stellte, fühlte sich das kleine Mädchen, das meine Oma damals war, beschützt und geborgen. Dieses

Geborgenheitsgefühl hütete sie zeitlebens wie einen Schatz und rettete es über zwei Weltkriege.

Großeltern, die einen geschützten Raum schaffen, in dem andere Familienmitglieder innere Ruhe finden und emotionale Unterstützung, wo sie sich aufgehoben und verstanden fühlen, geben Geborgenheit.

Natürlich gehört zur großelterlichen Geborgenheit auch ein gemütliches Heim, das ruhig ein bisschen altmodisch aussehen darf. Großeltern, die ihren Enkelkindern Sicherheit geben und das Gefühl, du bist angekommen, hier gehörst du hin, geben Geborgenheit.

Geborgenheit durch Lebenssinn

Großeltern, die Lebenssinn kennen und ein Wertesystem haben, sorgen auf diese Weise für ihre eigene Geborgenheit.

Ob in Religion oder Humanismus, letztlich kommt es darauf an, das Ziel seines Lebens zu kennen und ihm zu folgen, denn Geborgenheit kann nur geben, wer sich selbst geborgen weiß. Erst dann entstehen feste soziale Bindungen, in denen sich alle geborgen wissen. Die Zugehörigkeit zu einer Sippe verschafft diesem Gefühl immer wieder Nahrung. Selbst, wenn die Familie nur aus Oma, Mutter und Enkelin besteht, kann diese kleine Einheit ein Hort der Geborgenheit sein.

Geborgenheit wird durch Rituale gefördert

Weihnachten fährt man heim, das besingen viele Christmas Songs. Ein Ritual, das Staus auf Autobahnen zur Folge hat, Deutsche Bahn und Fluggesellschaften an die Grenzen ihrer Belastbarkeit bringt. Ungeachtet aller Strapazen strebt jeder zum Heiligen Abend an diesen Ruhepunkt, sucht den geschützten Raum in der Hoffnung, dort innere Ruhe und emotionale Unterstützung zu finden. Sich fallenlassen dürfen und verstanden fühlen. Weil das zu überbordenden Erwartungen und deswegen vielen Missverständnissen führt, müssen sich Polizei und Notaufnahmen auf erhöhten Bedarf einstellen. Denn nicht immer gibt die Geborgenheit, was sie eigentlich verspricht. Oft ist der Angekommene nicht wirklich daheim, fühlt sich fremd im Haus seiner Kindheit und hat das Gefühl, nicht mehr dazu zu gehören.

Wer selbst keine Geborgenheit kannte, hat es schwerer, solche zu vermitteln und verbreitet stattdessen Ängste. Es entsteht in diesem Fall eine Leere, die zu füllen schwierig ist.

Geborgenheit für unsere Enkel

Geborgenheit ist die Grundvoraussetzung für eine gesunde kindliche Entwicklung, weil durch Geborgenheit das Urvertrauen gebildet wird.

Fehlt die Geborgenheit, entsteht bereits im Säuglingsalter ein Gefühl der Unsicherheit, was das Finden der eigenen Identität und damit eine Entfaltung der kindlichen Persönlichkeit erschwert. Denn, anstatt sich unbefangen auszuprobieren, muss das Kind sich auf irgendeine Weise schützen lernen.

Geborgenheit ist die Voraussetzung für kindliches Spiel. Die Sicherheit, die das Gefühl der Geborgenheit vermittelt, schafft Raum für Selbstvergessenheit und kindliche Phantasie und damit ein Spielen ohne Angst. Geborgenheit setzt bei Kindern und Erwachsenen kreative Energien frei. Arbeitnehmer, die sich in ihren Jobs sicher (geborgen) fühlen, erkranken weniger und leisten mehr.

Enkel, die sich geborgen wissen, leben unbefangener, sind abenteuerlustiger und kreativer. Denn mit dem Wissen um einen Rückzugsort kann das Kind wagemutiger sein.

Wodurch finden wir Geborgenheit?

Das ist so individuell unterschiedlich, wie wir Großeltern sind.

Akzeptierte Menschen fühlen sich geborgen. Akzeptanz bedeutet, das Enkelkind oder unsere Kinder so anzunehmen, wie sie sind – bedingungslos. Akzeptanz hilft unsern Enkelkindern, echt zu sein und sich nicht verstellen zu müssen. Sie können ihre Energie auf Sinnvolleres verwenden, als ihrer Umwelt etwas vorgaukeln zu müssen.

Geborgenheit in einem Heimatgefühl finden

Täglich berichten die Medien über die Flüchtlingsströme, die auch unser Land erfasst haben. Schnell haben es die Verantwortlichen erkannt: diese entwurzelten Menschen brauchen dringend eine neue

Heimat, das Gefühl des Angekommenseins, die Gewissheit, am Ziel zu sein, das Gefühl, einen Ruhepunkt gefunden zu haben.

Schon der Umzug in eine andere Wohnung, und sei sie nur um die Ecke, kann dieses Gefühl ins Wanken bringen. Alte Menschen die einen Altersruhesitz beziehen, leiden darunter, genauso wie Kinder, die durch einen Umzug plötzlich alle Freunde verlieren.

Wer richtig zu entspannen weiß, findet Geborgenheit

Ob es die Lektüre eines Buches ist, ein Film, den man anschaut, ein herrliches Schaumbad oder noch ganz andere Dinge. Sie vermitteln ein großes Stück Geborgenheit.

Geborgenheit bedeutet Glück

Wer sich nicht geborgen weiß, wird rastlos und ist getrieben. Darum ist Geborgenheit wie ein Ruhepunkt, eine Tankstelle. Großeltern, die ein wirklicher Ruhepunkt sind, geben der Familie ein Quäntchen Glück. Glückliche Menschen sind erfolgreiche, zufriedene Menschen. Solche Persönlichkeiten sind wichtig für die Gesellschaft.

Geborgenheit macht stark

Menschen, die in Geborgenheit leben, sind starke Persönlichkeiten, die selbst bei Misserfolg oder Katastrophen große Resilienz beweisen. Oma muss nicht »Heile, heile Gänschen singen«, damit die Enkel das glauben. Sondern allein ihr Auftreten macht schon Hoffnung auf bessere Zeiten.

Nestwärme heißt das Zauberwort, das Großeltern zugeschrieben wird. Nestwärme bedeutet Geborgenheit. Unsere Kinder und Enkel dürfen sich in solch einem Nest entwickeln. Sie dürfen hier auftanken oder abschalten, weinen und wütend sein oder hoffnungsvoll und zuversichtlich. Sie dürfen all das, was sie sich im Klassenzimmer oder unter Kollegen nie trauen würden. Weil sie sich in Geborgenheit wissen.

Wir als unser Ort der Geborgenheit

Unser erster Ort für Geborgenheit müssen wir selbst sein. Es ist fatal und unheilbringend, wenn wir die totale Verantwortung für unser

Wohlbefinden unserm Partner, den Kindern oder Enkeln aufbürden. Unsere eigene Geborgenheit sollte darum aus uns selbst entstehen. Hilfreich wäre neben der Familie ein Freundeskreis den wir uns aufbauen, aber dem wir keine falschen Erwartungen entgegenbringen. Dazu kommen Freizeitaktivitäten, ein gesundes Selbstvertrauen und das Wissen um die Dinge, die uns Erfüllung geben. Wer Erfüllung hat, weiß sich geborgen und kann Geborgenheit weitervermitteln. Geborgene Menschen sind glücklichere Menschen.

12. Großeltern dürfen echtes Interesse an den Enkeln haben

Falsches Interesse

Falsches Interesse am Enkel nennt sich Neugier. Wer neugierig ist, interessiert sich nicht für die Person, sondern will sein Ego befriedigen. Will einen Vorteil, auf dem Laufenden sein. Will mit diesem Wissen anderen überlegen sein. »Hast du schon einen Freund?« Die Frage heischt nach Sensation und drückt damit keine wirkliche Aufmerksamkeit aus.

Was ist Interesse?

Das Wort Interesse ist lateinischen Ursprungs und bedeutet übersetzt, dazwischen oder dabei sein. Man versteht unter Interesse die Aufmerksamkeit, die man einer Sache oder Person widmet. Je größer die Aufmerksamkeit, desto stärker ist das Interesse. Umgangssprachlich bezeichnen wir Hobbys als persönliche Interessen. Der Fußballfan interessiert sich demnach für alles, was mit dem runden Leder zu tun hat und die strickende Oma ist immer auf der Suche nach neuen Mustern und Modellen für Pullover oder Mützen.

Enkel sind kein Hobby

Doch unterscheidet sich das Interesse für die Enkel in erheblichem Maße von einer Hobby-Liebhaberei. Schon dadurch, dass es sich um

Menschen handelt. Anders als bei Briefmarken geht es bei dem Interesse für die Enkel um echte Beziehungen. Je nach Anzahl der Enkel, um vielfache Beziehungen. Um echte Wahrnehmung.

Kommunikation aus echtem Interesse

Echtes Interesse ist eine Form der Kommunikation. Auch wenn Ihnen das, worüber das Enkelkind mit Ihnen redet, weder gefällt noch Sie interessiert, versuchen Sie ein Gespräch, das nicht wertet. Das gelingt am besten, wenn wir nur Verständnisfragen stellen, keine wertenden. Statt: »Findest du es gut, dauernd mit diesen Typen an der Tanke herumzuhängen?«, fragen Sie doch: »Was macht ihr dort?«

Es ist ja ein gutes Ergebnis wertungsfreier Kommunikation, dass der oder die Erzählende beim Berichten selber reflektiert und schließlich am Ende des Gesprächs zu einem überraschenden Ergebnis kommen könnte. »Weißt du, Oma, wenn ich es mir recht überlege, ist es eigentlich hohl, nur an der Tanke rumzustehen.«

Wertungsfreie Fragen zu stellen will gelernt sein. Wer Beachtung und Bestätigung erfährt, muss später nicht danach jagen und sich abhängig machen vom Wohlwollen seiner Umwelt. Zeigen Sie echtes Interesse, indem Sie das Gespräch, nicht ein Verhör, suchen. Das kann beim gemeinsamen Arbeiten in Opas Hobbykeller geschehen, beim Schrauben und Bohren oder beim gemeinsamen Kuchenbacken in der Küche. Aber auch, während die Großeltern und das Enkelkind sich beim Eis treffen oder in einer Pizzeria.

Manches Enkelkind ist auch dankbar für ein ermutigendes Schulterklopfen oder eine Umarmung. Die Hauptsache ist, Sie zeigen auf Ihre eigene, unverwechselbare Weise, dass Sie ein wirkliches Interesse an diesem jungen Menschen haben.

Zuhören aus echtem Interesse

Anstatt unsern Enkeln Vorwürfe zu machen oder sie zu belehren, sollten wir ihnen zuhören. Sollten uns dabei auf die Stufe eines Lernenden begeben. Nein, wir wissen nicht wie es heutzutage in einer Clique zugeht oder in Chatrooms und wie sich Gruppendruck in sozialen Medien anfühlt. Deshalb wäre es wohltuend für unser Enkelkind, wenn nicht gleich beim ersten Satz abwinken. »Stell' dich nicht so an«, »hab' dich nicht so!« »Das kenn ich, brauchst mir gar nichts zu erzählen«, sind garantierte Gesprächskiller. Respektieren wir darum, was die Enkel uns an subjektiven Eindrücken berichten. Winken wir nicht ab, wenn das Enkelmädchen gesteht, Angst im Treppenhaus seines Hochhauses zu haben. »Ist doch nicht so schlimm!«, »dir tut schon keiner was!« – all das hilft Kindern in solchem Fall nicht. Kinder brauchen keine Ratschläge, wenn sie sich etwas von der Seele reden.

Großeltern, die das Zuhören gelernt haben, können Enkeln im Jugendalter eine kostbare Hilfe und wertvolle Begleitung sein. Sie werden ohne Wertung oder Bevormundung ermutigen und trösten. Auf diese Weise bekommt die junge Generation Bestätigung als eine Form der Aufmerksamkeit. Das Enkelkind weiß sich wahrgenommen und angenommen. Es darf sich als wertvoll betrachten.

Wer beachtet wird, fühlt sich auch anerkannt. Anerkannt auch in seinem Kummer, den Oma nicht als Kinderquatsch abtut. Oder im Liebeskummer, wo Opa nicht einfach platt sagt: »Mein Kind, du weißt doch noch gar nicht, was Liebe ist«. Ein Enkelkind, das rechte Beachtung erfährt, dessen Selbstbewusstsein wächst auch in kummervollen Momenten. So ein Kind lernt, mit schlimmen Erfahrungen umzugehen und wird nicht so schnell zum wehrlosen Opfer.

Echtes Interesse durch Interessiertsein

Anstatt mit verächtlicher Miene am Computer des Enkels vorbeizugehen und vielleicht noch eine gehässige Bemerkung zu machen, lassen Sie sich doch mal zeigen, wie es funktioniert. Lassen Sie sich in die Welt von Mails, Zoom und Social Media einführen. Sollten wir als moderne Großeltern das längst nicht mehr nötig haben, findet sich bestimmt ein anderer Anknüpfungspunkt, um mit dem Enkel fachsimpelnd ins Gespräch zu kommen. Sie werden sehen, irgendwann interessiert sich Ihr Enkelkind auch für Sie.

Belehrung ist kein Interesse

Unsere Enkelin ging zum Ballett. Wir haben keine Ahnung von dieser Materie. Also musste uns die kleine Person ganz viel davon erzählen. Sie erklärte uns, wie die einzelnen Figuren genannt werden, zeigte, worauf sie zu achten hatte und erzählte noch manch anderes rund ums Tanzen. Wir konnten in diesem Fall nur zuhören und waren um echtes Interesse bemüht. Das zeigten wir, indem wir die Ballettaufführungen besuchten.

Vor ein paar Jahren hatte ich es mir stickend in einer Hotellobby bei einer Tasse Cappuccino in einem gemütlichen Sessel bequem gemacht. Doch war Ende der Entspannung, als mich eine nette Dame erspähte. Sie begann mit der üblichen Frage, was ich denn da Schönes sticken würde. Leider wurde nichts aus einem Gespräch, denn sie ließ mich nicht weiter zu Wort kommen. Stattdessen hatte ich mir anzuhören, dass sie ja selber diese Handarbeitstechnik meisterlich beherrsche, aber nicht mehr ausübe. Schließlich erlaubte sie sich, meine Sticktechnik als uneffektiv abzuqualifizieren und sowieso – ich erfuhr in diesem Moment, wie unangenehm es ist, wenn einem anstatt echtem Interesse nur Belehrung zuteilwird. Echtes Interesse hält Belehrung und seinen eigenen Erfahrungsschatz zunächst zurück. Ich bekam an diesem Nachmittag eine Ahnung davon, wie schlimm es für Kinder und Jugendliche sein muss, wenn gerade ältere Menschen ihnen ständig über den Mund fahren, ihre Leistungen geringschätzig betrachten und sie nicht zu Wort kommen lassen.

Echtes Interesse ist auch bereit, sich und seine Erfahrungen zu korrigieren, und stellt mit Erstaunen fest, wie viel Oma/Opa noch lernen kann. Denn wer alles angeblich besser weiß, hat kein echtes Interesse, sondern will nur sich selbst in den Mittelpunkt stellen und macht dadurch das Enkelkind klein und unbedeutend.

Aufmerksamkeitsentzug als Druckmittel

Aufmerksamkeit kann eine Waffe sein. Einmal, indem ich meinen Enkelkindern kontrollierend auf die Finger sehe oder, indem ich sie nicht beachte, weil mich anderes interessiert. Du willst nicht mit Opa zum Angeln und spielst stattdessen Handball? Handball interessiert mich nicht. Oder: Du singst nicht in dem Chor, den ich dir vorgeschlagen habe, machst stattdessen einen Selbstverteidigungskurs? Also werde ich dir immer vorjammern, was für eine schöne Stimme du eigentlich hast.

Echtes Interesse an dem Enkelkind bedeutet Bestätigung für beide Seiten

Stellen Sie sich mal vor, Sie kommen in ein wirklich gutes Gespräch miteinander über das, was Ihrem Enkel wichtig ist, über Gott und die Welt. Über Zukunft und Gegenwart, über Liebe und Leid. Sie hören zu und das Enkelkind ist sich sicher, dass dieses Gespräch nicht weitergetragen wird. Etwas Besseres kann doch Ihnen und dem Enkel nicht passieren. Sie erfahren einiges über die Ansichten der heutigen Jugend aus erster Hand und der Enkel wäre sogar bereit, ein paar Ratschläge anzunehmen. Erste Sahne, oder?

Solche Momente sind aber nur Großeltern vergönnt, die wirkliches Interesse bekunden. Wer Enkelvertrauen missbraucht, wird solchen Moment vielleicht ein einziges Mal erleben und danach nie wieder.

13. Großeltern dürfen jedes Enkelkind vorbehaltlos bejahen

Niemand ist ohne Vorurteil

Vielleicht schütteln jetzt einige empört den Kopf und behaupten: Wir sind ohne Vorurteile. Wir haben nichts gegen Ausländer, Flüchtlinge, Personen of Color und andere, die an solchen Stellen immer genannt werden. Meinen aber damit, dass Sie sie niemals bekämpfen würden, ihnen etwas wegnehmen oder sie öffentlich bloßstellen. Weil uns die meisten derer, die unter den allgemeinen Vorurteilen zu leiden haben, egal sind. Wir lassen sie in Ruhe und erwarten Gleiches von ihnen. Doch schon wenn es um unsere Familie geht, stehen vor den Toren des Familienkreises gewisse Wächter, Vorurteil genannt. Die meistens mit scheelen, misstrauischen Blicken den Eindringling mustern.

Wenn es um die Familie geht, um unser persönliches Umfeld, ist es aus mit unserm Pragmatismus. Schnell stehen dann die Zeichen auf Sturm. In Abwandlung eines bekannten Bibelwortes behaupten wir an dieser Stelle: Wer ohne Vorurteile ist, werfe den ersten Stein! Weil niemand von uns vorurteilsfrei lebt, müssen wir lernen, damit umzugehen.

Vorurteile als Schablonen

Wir sind in der DDR an der Ostsee aufgewachsen. Jedes Jahr überschwemmten viele tausend Urlauber aus den südlichen Bezirken unsere Badeorte. Wir identifizierten Angehörige dieser Invasion stets durch ihren Dialekt. Sächsisch sprechende Menschen waren uns Mecklenburgern suspekt. Wir mochten sie nicht, Sachsen waren »doof«. Wer sich als Nordlicht in einen verliebte, auch. Mit diesem Vorurteil bin ich aufgewachsen. Aus dem Vorurteil wurde eine Schablone. Wer sächselte, wurde abgelehnt, ohne die Person zu kennen.

Können Sie sich vorstellen, mit welchem Vorurteil auch wir zu kämpfen hatten, als es uns, arbeitsbedingt, nach Dresden verschlug? Unsere Kinder wurden ausgelacht, weil sich ihre Aussprache dialektisch verfärbte. Was man uns Erwachsenen an den Kopf warf, erfüllte teilweise den Tatbestand der Beleidigung. Man gab uns das Gefühl, Landesverräter zu sein. Niemand wollte dort oben im Norden wissen, wie nett, freundlich und kommunikativ die Sachsen sind, wie flexibel und klug. Dass die friedliche Revolution 1989 ihren Anfang in Sachsen nahm, war nicht von Belang.

Jeder hat solche Schablonen im Kopf. Wir ziehen sofort Schlussfolgerungen, wenn wir auf Menschen mit bestimmtem Aussehen stoßen. Der Penner mit seinen Plastikbeuteln ist davon genauso betroffen, wie die vielen fremdländisch aussehenden Menschen, die inzwischen unsere Straßen bevölkern. Frauen mit Kopftuch – sogleich haben wir ein Urteil parat. Freunden sich unsere Kinder mit jemandem aus einem bestimmten Stadtteil an, leuchten in uns alle Warnlichter auf. Stichworte wie, asozial, kriminell, gewalttätig, lassen uns nicht zur Ruhe kommen.

Es kann auch umgekehrt sein, kommt der Freund oder die Freundin aus einem der Viertel, wo es nur Villen gibt, die mit neuester Sicherheitstechnik geschützt sind und vor denen hochpreisige Autos parken, haben wir auch sofort ein Vorurteil. Unser Kind soll sich nicht mit solchen Pfeffersäcken einlassen, wir passen da nicht rein usw. Unser Vorurteil ist ebenso präsent, wenn wir sehen, wie sich jemand benimmt oder welchen Bildungsgrad er hat.

Oder ob jemand körperlich versehrt ist. Was tun, wenn sich unser Kind in einen Rollstuhlfahrer oder jemanden mit anderen körperlichen Einschränkungen verliebt?

Wenn der Sohn eine Freundin hat, die gerade unter dem Burn-out-Syndrom leidet? So ein Vorurteil lässt sich gar nicht abschütteln. Weil wir ja nicht leichtfertig sind, weil wir genügend Erfahrungen haben, das Für und Wider bereits abgewogen wurde und unsere Schablone fertig ist. Weil wir genügend Beispiele kennen, in denen so eine Beziehung scheiterte. Also ziehen wir für uns den Schluss: Es werden immer alle diese Beziehungen scheitern. Fertig ist das Vorurteil.

Wie die Luft zum Atmen

Vorurteile umgeben uns wie die Luft zum Atmen. Wir hören einen ausländischen Nachnamen und schon haben wir unser Urteil parat. Wir sehen einen Obdachlosen und gehen sofort auf Distanz. Eine Gruppe junger Flüchtlinge lässt uns einen Umweg laufen. Von einem schmuddeligen Kind erwarten wir keine Bestleistungen in der Schule. Ganz ehrlich, von diesem Schubladendenken ist niemand ausgenommen – auch Großeltern nicht.

Ist die nicht noch ein bisschen jung, bzw. nicht schon zu alt?, fragen wir uns vielleicht, während der Sohn seine Auserwählte vorstellt. Kann die überhaupt arbeiten?, denkt sich der Bauer besorgt, als er eine Schwiegertochter bekommt, die sehr viel Wert auf ihr Äußeres legt.

Solche und ähnliche Gedanken spuken den meisten Eltern durch den Kopf. Das ist normal und völlig in Ordnung. Schlecht nur, wenn aus dem Vorurteil eine Schublade wird, aus der die betreffende Person lebenslang nicht mehr herauskommt, egal, ob sie alle Bedenken entkräften konnte oder nicht. Das macht die Sache dann brisant. Denn bekommt das Paar Nachwuchs, werden alle diese Vorurteile auf das Kind übertragen. Sieht es aus wie der Schwiegersohn, die Schwiegertochter, wird es gleich abgelehnt. Selbst, wenn das alles nicht stimmt, oft ändern wir unsere Schablone nicht. Scheinbare Gründe für Vorurteile finden sich immer.

Der anderen Fehler sind oft unsere Schwächen

Oft sind die Eigenschaften, die uns an unsern Enkeln negativ auffallen, unsere eigenen Schwächen. Weshalb der Ärger darüber nicht so sehr dem Kind gilt, sondern eigentlich uns selbst. Nur uns das einzugestehen, dazu brauchte es eine Menge Ehrlichkeit ebenso wie eine Prise Humor. Nein, wir sind auch nicht perfekt und das macht uns doch gerade interessant. Was wollen wir da von einem Kind erwarten?

Als Sie sich darauf freuten, endlich Großeltern zu werden, was hatten Sie für hochtrabende Erwartungen? Was wollten Sie nicht alles aus diesem Menschlein machen? Einen Rennfahrer, ein Top-Model, eine berühmte Sängerin? Ihre Träume waren so konkret. Doch mussten Sie sich zügeln, denn das kleine Menschlein tat ja zunächst nichts anderes als in die Windeln zu machen und lauthals nach Milch zu gieren.

Aber dann, ein paar Jahre später, so hofften Sie, kämen Ihre Erwartungen zum Zug. Doch wurde dieser Eifer ausgebremst, weil das Enkelkind sich so ganz anders entwickelte, als Sie es sich ausgemalt hatten. Der erhoffte Handwerker wurde Geistesarbeiter, das Top-Model hatte weder Eignung noch Figur dafür, vom Rennfahrer ganz zu schweigen. Darum, zügeln Sie Ihre Erwartungen, vor allem, posaunen Sie sie nicht überall herum, das könnte ins Auge gehen. Lassen Sie sich überraschen von dem Menschenwunder, das da nun in Ihrer Familie ist. Werden Sie erkenntnisreich, was Ihr Enkelkind betrifft. Fördern Sie, was da ist und fordern Sie nicht, was Sie sich wünschen. Schon können Sie jedes Enkelkind annehmen.

Dünkelhaftigkeit – eine Form von Vorbehalt

Dünkelhaftigkeit ist eine andere Form von Vorbehalt. Sich einzubilden, in seine Familie passe nun mal nicht jeder oder jede, kann die Familie an den Rand einer Zerreißprobe bringen. Dass Ihr Sohn sich ausgerechnet in eine aus einem bestimmten Stadtviertel verliebt hat, ist Ihnen gar nicht recht. Was sollen denn die Nachbarn denken? Was kann aus einem sozialen Brennpunkt schon Gutes kommen? Oder dass Ihre Tochter den Glanz Ihres guten Familiennamens trübt, indem sie einen heiratet, der aus einem ganz »gewöhnlichen« Umfeld kommt.

Schon dass wir denken, unsere Kinder seien zu gut für ihre Partner, ist ein Vorbehalt. In der Folge werden wir Mühe haben, unsere Enkel anzunehmen oder sind bemüht, sie in unserm Sinne umzukrempeln und entfremden sie dem Vater, der Mutter.

Unsere Fehler sind besser als andere Fehler

Wir lieben ein Enkelkind nicht ohne Vorbehalte, wenn wir schablonenhaft denken: die guten Eigenschaften kommen von uns und unserer Familie, die schlechten oder was wir dafür halten, von der Schwiegerfamilie.

Wenn wir bei Fehlern ertappt werden, so ist das etwas ganz anderes. Anders gesprochen: Die Fehler der andern beurteilen wir wie Staatsanwälte, die eigenen wie Verteidiger.

Vorbehalte nicht verfestigen – wie soll das gehen?

Hierfür wandeln wir noch einmal ein geläufiges Wort um. Von Martin Luther ist folgende Aussage überliefert: Wir können nicht verhindern, wenn uns die Vögel um den Kopf fliegen. Aber wir können verhindern, dass sie dort Nester bauen.

Wir können unsere Gedanken nicht so weit zähmen, dass wir völlig vorurteilsfrei durch die Welt laufen. Aber wir können verhindern, dass sich diese Vorurteile bei uns zementieren und schließlich unser Handeln bestimmen. Dabei müssten wir nur unser Gehirn einschalten und uns aufgrund unserer Lebenserfahrung ein paar ganz simple Dinge bewusstmachen und schon könnte es klappen, mit dem Bejahen ohne Vorbehalt.

Machen Sie sich klar, dass in Ihrem Enkelkind auch Gene der Schwiegerfamilie stecken. Schauen Sie bewusst hin, vielleicht ist das Enkelkind in manchem Ihrer Veranlagung überlegen? Vielleicht ist der Kleine später ein geschickter Handwerker, während Opa handwerkliches Geschick total fehlt? Dafür nehmen Sie doch gerne hin, dass dem Jungen egal ist, was er anzieht, genau, wie seinem Vater?

Das Vorurteil, alle Flüchtlinge seien kriminell, ist für den schnell widerlegt, der persönlichen Kontakt zu diesen Menschen sucht und ihnen in ihrer Not beisteht. Genauso das Vorurteil, alle Obdachlosen seien zu faul zum Arbeiten. Viele Einzelschicksale sprechen dagegen. Wenn Sie sich ein bisschen bemühen, werden Sie merken, dass Ihr Enkel gar nicht zu faul ist, Hausaufgaben zu machen, sondern vielleicht Schwierigkeiten mit seinem Füller hat. Oder dringend eine Brille braucht. Oder nicht weiß, wie er den Aufsatz beginnen soll oder bei den Mathematikaufgaben den Rechenweg nicht verstanden hat. Durchbrechen Sie Ihre eigenen Vorbehalte und lernen Sie Ihr Enkelkind besser kennen. Nicht nur das Kind, sondern auch Ihre Schwiegertochter oder den Schwiegersohn, von dem etliche Gene in diesem Kind stecken. Wir wünschen interessante Entdeckungen.

Die hohe Schule für Großeltern

Seinen Enkeln vorurteilsfrei gegenüberzutreten ist die hohe Schule des großelterlichen Charakters. Wer mehrere Kinder und Enkel hat, weiß, jeder Mensch ist einmalig und anders als die andern. Das eine Kind weiß genau, was es will, wogegen das andere sehr beeinflussbar ist und ständig an falsche Freunde gerät. Das eine Kind ist schnell zu begeistern, das andere ist wählerisch. Während das eine Enkelkind unkompliziert ist, wird es mit dem anderen schwierig. Es gibt Kinder, mit denen macht das Zusammensein richtig Freude, bei anderen ist es mühevoll. Beim komplizierten Kind braucht man mehr Geduld, das unkomplizierte muss manchmal gezügelt werden.

Das eigene Selbstwertgefühl als bester Killer für Vorbehalte

Wer von uns, und das können wir nicht oft genug betonen, kein gutes Selbstwertgefühl hat, ist nicht in der Lage, einen anderen Menschen ohne Vorbehalt zu akzeptieren. Prüfen Sie sich deshalb auch in dieser Hinsicht und lernen Sie, sich selbst anzunehmen. Ihr Enkelkind wird es

Ihnen danken. Wer sich annehmen kann, muss andere nicht kleinreden, weder den Partner, noch die eigenen Kinder und deren Kinder.

14. Großeltern dürfen das Nörgeln sein lassen

Nörgeln ist kein Kritisieren

Nörgeln unterscheidet sich von konstruktiver Kritik dadurch, dass Nörgler es nicht auf eine Lösung abgesehen haben. Ihnen reicht der Zustand des Bemängelns aus, das ist ihr Ziel. Die Kritik der Nörgler ist zerstörerisch. Damit werden Nörgler zu Giftspritzern. Nörgler sind nicht wirklich verantwortungsvolle Menschen, sind keine echt besorgten Mitbürger. Nörgler sind Menschen, die im Mittelpunkt stehen wollen. Nörgelnde Großeltern ebenso. Manchmal scheint ihnen das Leben sogar Recht zu geben, wenn sich unheilvolle Sätze, wie: »Aus dir wird nie was«, schließlich bewahrheiten. Man spricht dann von selbsterfüllenden Prophezeiungen.

Ist die Tochter, im Gegensatz zu Ihnen, keine richtige Hausfrau? Empfinden Sie Ihren Sohn als Schwächling? Nörgeln Sie, weil Ihrer Meinung nach bei der Enkelfamilie nicht regelmäßig geputzt wird oder, weil die ganz pingelig sind und zu häufig putzen?

Kann Ihnen niemand etwas Recht machen? Nörgelt Opa, weil der Sohn seiner Frau regelmäßig Blumen mitbringt über so viel »Gefühlsduselei«? Oder weil die Fliesen in der Küche anders hätten geklebt werden müssen?

Oder sind Sie als Großeltern fatalistische Nörgler? Menschen, die stets rumjammern, man könne ja doch nichts ändern: Das Wetter werde immer schlechter, die Kinder immer merkwürdiger, die Enkel immer unerzogener ...?

Nörgeln verändert unser Gehirn

Wer ständig negative Gedanken pflegt, trainiert sein Gehirn in diese Richtung und wird dauernd Gründe für seinen Ärger finden. Unser Gehirn verändert sich durch Aktivität, sprich, durch das, was wir denken. Wer positiv denkt, aktiviert sein Belohnungszentrum. Negative Gedanken stärken den Mandelkern, der für das Alarm- und Angstempfinden zuständig ist.

Man kann es sich antrainieren, bei allem Negativen auch etwas Positives zu sehen. Die Enkel haben Sie temperamentvoll fast umgerannt? Anstatt sich über diese unerzogenen Bälger aufzuregen, freuen Sie sich doch darüber, dass sie augenscheinlich gesund und munter sind.

Die Tochter/Schwiegertochter bemüht oft den Pizzaboten, anstatt selbst zu kochen? Anstatt zu keifen, bekochen Sie doch die Familie und laden alle ein.

Die Enkelkinder rennen jede Woche ins Kino? Anstatt sich darüber zu mokieren, lassen Sie sich doch ausführlich erzählen, was dort so geboten wird. Denn wer nörgelt, zeigt seine eigene Unzufriedenheit. Womit auch immer.

Nörgelei entspringt auch dem Neid. Wir haben uns lebenslang abgemüht, unser Haus stets sauber zu halten, dafür geschuftet bis zur Erschöpfung. Wir haben uns nichts gegönnt, damit es den Kindern besser gehen soll. Die sitzen jetzt inmitten von Krümeln und Flecken auf dem Sofa oder vor dem Computer, vor megagroßen Bildschirmen und wirken dabei viel entspannter, als wir es in ihrem Alter je waren.

Es kann ins Auge gehen, wenn Großeltern das Leben ihrer Kinder am eigenen, perfektionistischen Denken messen. Wenn Sie ganz ehrlich sind, ist Ihr Maßstab aber meistens von einer Größe, die Sie selbst lebenslang nicht einhalten konnten. Vielleicht hätten Sie sich eine immer aufgeräumte Wohnung gewünscht, als Ihre Kinder klein waren? Vielleicht träumten Sie damals davon, richtig kochen zu können? Großelterliche Amnesie könnte die Säure sein, die einen Riss in die Beziehungen zu den Kindern ätzt. Statt zu nörgeln, sollten Sie sich in Humor üben. Ein wenig lächeln oder lachen wäre die beste Medizin für Ihren eigenen Gemütszustand. Wer ständig nörgelt, zeigt, dass er nicht in der Lage ist, in die zweite Reihe zu treten. So eine Person wird kein Altersglück haben, weil alle sie als Belastung empfinden und darum meiden.

Nörgeln ist wie ein Januskopf

Ein Januskopf hat zwei Gesichter. Nörgler auch. Sie haben zwei Nörgelgesichter. Entweder, sie nörgeln mit Worten, lassen an nichts und niemandem ein gutes Haar oder sie sagen gar nichts. Sie schweigen, beleidigt und empört. Ihr Missfallen drücken sie durch Gesten, Mienenspiel und Körperhaltung aus. Ihre ganze Person ist eine schweigende Anklage. Nörgeln ist eine negative Alterserscheinung. Schon der weise König Salomo schrieb, dass nörgelnde Personen wie ein triefendes Dach seien.

Nörgeln für Fortgeschrittene

Wolf Biermann berichtet in seiner Autobiographie »Warte nicht auf bessere Zeiten«, wie seine Mutter ihn mit der, wie er es nennt, Auschwitzkeule unter Druck setzte. Sein Vater wurde in Auschwitz ermordet, die Mutter blieb alleinerziehend zurück. Immer, wenn sie etwas auszusetzen hatte an ihrem Sohn, schwang sie, wie er berichtet, diese Keule: »Dafür ist dein Vater nicht in Auschwitz gestorben«, und dann kamen die Vorwürfe: das Benehmen, die schulischen Leistungen, andere, beliebige Vorwürfe, passend für jede Lebenslage. Biermann beschreibt, wie auch er diese Keule stets parat hatte. In politischen Auseinandersetzungen in der DDR zum Beispiel holte er dieses Instrument hervor: »Dafür ist mein Vater nicht in Auschwitz gestorben, dass ihr …« Und schon war die Kritik am Sozialismus zur Erpressung geworden.

Auch nörgelnde Großeltern tragen so manche Keule mit sich herum.

Omas bevorzugen die Verzichtskeule

»Dafür habe ich nicht auf einen eigenen Beruf verzichtet und dich das Gymnasium besuchen lassen, dass du jetzt nicht studieren willst und nur für deine Familie dasein.«

Die angebliche Verzichtskeule ist eigentlich eine verkappte Trauer über im Leben Versäumtes, für das Oma oder Opa die Verantwortung unberechtigterweise den Kindern aufhalsen.

Die Entsagungskeule

»Wir brauchen keinen Vater«, sagte uns eine Bekannte bei der Vorstellung ihrer Tochter und behauptete, ihre Zweierfamilie genüge ihnen vollkommen. Das mag ja sein, wenn es nicht später zum Druckmittel wird. Dann, wenn die Tochter vielleicht eine Familie gründet, einen Mann heiratet, der eventuell noch am andern Ende der Welt beheimatet ist und zu ihm zieht. »Dafür habe ich nicht auf eine Ehe verzichtet, dass du mich jetzt im Stich lässt«, lautet die Entsagungskeule. Oder: »Dafür habe ich nicht alle meine Zeit für dich geopfert«. Die Entsagungskeule betont stets, wie viel Opfer es die Mutter gekostet hat oder den Vater, damit aus den Kindern etwas wird und fordert Tribut. Das auf diese Weise erbaute Kartenhaus droht ihrer Meinung nach zusammenzubrechen, wenn die Kinder nicht weiterhin angepasst leben.

Die Selbstlosigkeitskeule

Wenn Kinder ihren Eltern für alles Mögliche wirklich dankbar sind, ist das ein sehr guter Zug und bemerkenswert. Wenn Kinder und Eltern in gegenseitigem Respekt miteinander umgehen, nicht hoch genug zu bewerten. Doch wenn Eltern ihre Kinder auf Umstände festnageln wollen, mit denen die Kinder nun wirklich nichts zu tun haben, schafft das Konflikte. »Dafür habe ich mich bei deiner Geburt nicht stundenlang gequält, dass du mir das jetzt antust«, ist ein schiefes Argument. Wer ist für die Zeugung des Kindes ganz allein verantwortlich? Die Eltern. Was hat das Kind zunächst damit zu tun? Nichts. Also ist es auch nicht dafür verantwortlich, dass die Mutter es schwer hatte in der Schwangerschaft und bei der Geburt. Kinder dürfen ihren Eltern selbstverständlich für ihre Existenz dankbar sein, dafür, dass die Eltern alles taten, um ihnen den Start ins Leben zu ermöglichen. Aber wenn Eltern ihre Partnerschaft total im Familienleben aufgehen ließen, statt sich und ihre Ehe, die Kinder zu ihrem Lebensmittelpunkt machten, können sie nicht verlangen, dass die Kinder jetzt die Eltern zum Lebensmittelpunkt machen. Solche falschen Erwartungen werden das Familienleben in Schieflage bringen. Großeltern mit der Selbstlosigkeitskeule werden zu Erpressern. Sie erpressen mit Schmerzen und vergangenen Mühen und lassen den Kindern keine Luft mehr zum Atmen.

Die Dogmatikkeule

könnte man das auch nennen, was Biermann seine Auschwitzkeule genannt hat. »Dafür haben wir uns nicht in Gorleben an die Gleise gekettet, dass dir das jetzt alles egal ist.« »Dafür haben wir unsern Glauben nicht verteidigt, dass du jetzt aus der Kirche austrittst.«

»Dafür haben wir nicht in Afrika Entwicklungshilfe geleistet, dass du jetzt nicht mal Fair-Trade-Produkte kaufst.«

Wer solche oder ähnliche Sätze von sich gibt, zeigt, dass er oder sie ein mächtiges Problem hat. Vielleicht zweifeln die Großeltern jetzt selbst an der Sinnhaftigkeit ihres damaligen Einsatzes? Vielleicht vermissen sie bis heute die Wertschätzung dafür? Vielleicht haben sie sich gar nicht freiwillig in Gefahr begeben, sondern auf Druck ihrer Eltern und ärgern sich jetzt darüber, dass die Kinder solchem Druck ausweichen? Mit anderen Worten, wer irgendeine dogmatische Nörglerkeule schwingen muss, zeigt seine ganz eigene Unzufriedenheit.

Zufriedene Menschen haben es nicht nötig

Zufriedene, erfüllte Menschen haben es nicht nötig, zu nörgeln. Sie sprechen Probleme mit dem Ziel einer Lösung an. Sie nörgeln nicht wegen des Schmutzes, sondern bieten ohne Vorhaltungen und Keifen Hilfe beim Putzen an. Oder mehr Enkelbetreuung, um so die Spannungen aus der Ehe ihrer Kinder ein wenig rauszunehmen. Lösungsorientierte Menschen wollen das Problem lösen und werden es nicht zur eigenen Profilierung benutzen.

Wer nörgelt, hat meistens unerfüllte Wünsche und gönnt dem andern nicht, dass der nach eigener Fasson lebt.

Wer nörgelt, spürt in Wirklichkeit eine Leere, die er auf diese Weise zu füllen hofft

Wer nörgelt, ist vielleicht erschöpft. Nicht wenige ältere Menschen leiden nach einem arbeitsreichen Leben an einem Burnout, der vielleicht noch gar nicht diagnostiziert worden ist.

Haben Sie ein Korrektiv?

Haben Sie jemanden, der Ihnen ein ehrliches Feedback gibt? Die eigenen Kinder, Enkel oder Partner sind für solche Zwecke ungeeignet. Haben Sie einen guten Freund, eine Freundin, Bekannte, Schwester oder Bruder oder andere, die Ihnen liebevoll die Meinung sagen dürfen? Die nicht nur Schmeicheleien von sich geben oder das, was Sie gerne hören, sondern was nötig ist? Wenn Ihnen von solcher Seite signalisiert wird, dass Sie zu viel schimpfen, meckern, nörgeln, wäre es höchste Zeit, etwas zu ändern.

Wie Nörgeln vermieden werden kann

Seien Sie weniger spontan, sollten Sie wirklich das »Haar in der Suppe« finden, weil unvermittelte Kritik als Herabsetzung empfunden wird. Auch ältere Menschen dürfen noch an ihrem Charakter arbeiten. Das eigene Vorbild wirkt mehr als tausend Worte. Erklären Sie sich und Ihre Ansichten oder Erfahrungen nicht zum alleingültigen Maßstab. Das ist der Beginn der Unbeweglichkeit. Wer von andern etwas lernt, vergibt sich nichts. Lernbereit sein im Alter heißt, sich einzugestehen, dass man noch immer neugierig ist auf das Leben, dass früher nicht alles besser und perfekt war, dass Fortschritt etwas Gutes ist. Wer sich von jungen Menschen etwas sagen und beibringen lässt, verliert nicht an Achtung und Respekt bei ihnen, sondern im Gegenteil, gewinnt noch.

Falls Sie ein gutes Verhältnis zu Ihren Kindern haben, erkundigen Sie sich doch ab und zu, ob Sie vielleicht die Tendenz zu perfektionistischem Denken haben.

Was gegen Nörgelei hilft

Treiben Sie Sport

Körperliche Betätigung hilft, Spannungen abzubauen, schüttet Glückshormone aus, verhilft zu mehr Gesundheit und damit zu größerer Ausgeglichenheit. Sie müssen Ihre inneren Defizite dann nicht mehr über ihr Umfeld abbauen.

Stärken Sie Ihr Selbstvertrauen

Trauen Sie sich etwas zu! Lernen Sie eine neue Sprache, machen Sie eine Reise oder suchen Sie sich eine ehrenamtliche Tätigkeit. Machen Sie etwas, das Ihnen Freude bereitet.

Bauen Sie sich ein eigenes Leben auf

Machen Sie sich nicht abhängig von den Bedürfnissen und Erwartungen Ihrer Kinder. Stehen Sie ihnen helfend zur Seite, aber enthalten Sie sich dabei jedes gehässigen Kommentars. Führen Sie einen eigenen Terminkalender, leben Sie Ihr Leben.

Suchen Sie sich ein Hobby,

eine Freizeitbetätigung, die Ihnen dieses Glücksgefühl, das Experten als Flow bezeichnen, gibt. Ein Gefühlsgemisch aus Bestätigung, Spaß, Glück und Erfüllung.

Wer sein erstes Bild gemalt, mit seinem Kegelverein ein Turnier gewonnen oder seine erste Stadtführung gemeistert hat, weiß, es gibt Besseres, als über seine Kinder und Enkel zu nörgeln. Erfüllte, glückliche Menschen legen andere Maßstäbe an die Probleme. Sie haben es nicht mehr nötig, ständig über verkrümelte Fußböden zu nörgeln und sagen sich richtig: Wenn die Kinder die Haustür nicht mehr aufbekommen, werden sie schon putzen.

Bleiben Sie humorvoll,

nicht sarkastisch. Humor beinhaltet auch eine gewisse Großzügigkeit. Meine Güte, wenn die Enkelfamilie das Auto nicht wäscht, fällt das doch nicht auf Sie zurück! Es ist doch nicht Ihr Auto! Lachen Sie, wenn jemand »putz mich« auf die Windschutzscheibe schreibt, aber machen Sie keine Vorhaltungen. Witzeln Sie: »Bei euch kann man vom Fußboden essen, man findet immer was« und greifen Sie schnell, ohne gehässige Bemerkungen, zum Staubsauger. Ihre Enkelfamilie wird Sie »cool« finden.

Seien Sie achtsam mit sich selbst

Vielleicht haben Sie Achtsamkeit im Stress des Alltags der vergangenen Jahrzehnte verlernt. Dann üben Sie. Horchen Sie in sich hinein. Tasten, forschen Sie nach verborgenen Wünschen. Wurden Ihre Reisevorbereitungen für einen Trip nach Afrika vor 40 Jahren vielleicht durch eine Schwangerschaft unterbrochen und danach ist nie wieder etwas daraus geworden?

Hatten Sie schon immer Ihr eigener Chef sein wollen, aber zu tun, die Familie zu ernähren? Dann versuchen Sie es doch jetzt! Es muss ja kein DAX-Unternehmen sein, was Sie da gründen. Ein kleines Ein-Mann/Frau-Unternehmen tut es doch auch.

Da geht ein Arzt in den Ruhestand und wird LKW-Fahrer, weil das von Kindesbeinen an sein sehnlichster Wunsch war. Eine Frau trocknet Obst und verkauft die Chips als Knabberei. Ein Ehepaar eröffnet einen Imbissstand. Wer so beschäftigt und kreativ ist, hat keine Zeit zum Nörgeln, denn er oder sie hat Freude und Spaß am Leben. Da gibt es keine Leere mehr, nur Erfüllung.

Nehmen Sie sich also ernst,
wenn erste Wunschträume in Ihnen auftauchen und lassen Sie sich von keinem hineinreinreden.

Sortieren Sie Ihren Freundeskreis neu
Meiden Sie den Umgang mit nörgelnden, negativen Menschen. Suchen Sie sich positiven Umgang. Gehen Sie auf Menschen zu, die Sie bestärken und nicht auf solche, die Sie auszubremsen versuchen.

Wenn Sie sich künstlerisch betätigen, sollten Sie Umgang mit Kreativen pflegen. Beim Aufbau eines eigenen kleinen Geschäftes oder Ähnlichem schauen Sie sich doch unter Ihren Kunden um und beginnen Sie neue Freundschaften. Wer erst einmal erfasst ist von der Verwirklichung eigener Träume, für den öffnen sich ganz neue Welten auch im Umgang mit andern.

Setzen Sie Grenzen

Nun gibt es ja Menschen, die wir nicht meiden können, auch wenn sie nörgeln und negativ sind. Die eigenen, alten Eltern gehören dazu, Geschwister, Kinder, Ehepartner.

In diesem Fall sollten Sie lernen, Grenzen zu setzen. Sollten sich jegliche Einmischung verbitten und jeglichen Kommentar. Das, was Sie tun, ist allein Ihre Angelegenheit. Hier ist wirklich starkes Selbstvertrauen (Autonomie) vonnöten. Das müssen Sie lernen. Vielleicht färbt dann Ihr eigenes Beispiel auf Ihr familiäres Umfeld ab und ein neuer Ton hält bei Ihnen Einzug: Sie machen sich gegenseitig Komplimente und ermutigen sich.

15. Großeltern dürfen Orientierung geben

Orientierung ist zielführend

Enkel sollten nicht orientierungslos aufwachsen. Wir Großeltern haben hier ein gehöriges Maß an Verantwortung. Zwar dürfen wir uns nicht mehr in die Erziehung einmischen oder Entscheidungen erzwingen, aber wir dürfen Orientierung geben.

Orientierung geben kann aber nur, wer für sich die Sinnfragen des Lebens beantwortet hat: Woher komme ich? Wohin gehe ich? Was ist der Sinn meines Lebens? Orientierung kann nur geben, wer sowohl aus seinen Erfolgen als auch seinen Niederlagen Schlüsse gezogen hat und darüber zu sprechen bereit ist. Stammtischwissen ist keine Orientierung, theoretisches Wissen nicht zielführend. Hier geht es wirklich ans Eingemachte, an die Substanz, an das, was uns ausmacht und prägt. Solche Fragen lassen sich sogar bei McDonalds erörtern oder an der Dönerbude. Wissen Sie, wovon Ihr Enkel oder die Enkelin träumt? Welche Vision sie oder er für ihr Leben haben? Der kleine Junge möchte vielleicht unbedingt Feuerwehrmann oder Polizist werden. Es wäre unverantwortlich, wenn Sie ihn deswegen auslachen. Nehmen Sie das Kind ernst. Fragen Sie Ihre Enkel, was sie sich von ihrem Berufswunsch erhoffen. Finanzielle Unabhängigkeit? Anerkennung? Reichtum? Berühmtheit?

Es hört sich glaubhaft an, wenn Opa oder Oma bei diesen Zielen darauf aufmerksam machen, dass man sie nur erreichen und auch halten kann, wenn man gesund ist und hart arbeitet. Wischen Sie bitte nicht Berufswünsche vom Tisch, die in Ihren Augen unrealistisch erscheinen. Berühmte Sängerin oder Model beispielsweise. Sprechen Sie, ohne zu hetzen oder Halbwissen aus der Yellow Press, über die andere Seite dieser Medaille, aber nicht pauschalierend: Die sind doch alle geschieden. Die nehmen doch alle Drogen. Die spinnen doch alle. Sondern ziehen Sie daraus glaubwürdige Schlüsse. Showbusiness ist ein hartes Geschäft. Der Erfolgsdruck geht auch auf Kosten einer Beziehung oder Ehe. Mancher hält diesem Druck nur stand mit Hilfe von Betäubungsmitteln.

Wer vernünftig argumentiert, wird gehört. Mancher hat mehrere Anläufe gebraucht, um seinen Wunscharbeitsplatz zu bekommen. Es ist eine faule Ausrede zu behaupten, unser Leben hätte eine andere Richtung genommen, wenn es andere Bedingungen gegeben hätte. Wie viele Berühmtheiten wurden an Universitäten oder Schauspielschulen wegen angeblicher Nichtbegabung abgewiesen und sind heute Meister ihres Faches.

Orientierung bedeutet: wissen, was wichtig ist

Wenn Gesundheit für Sie bisher der Dreh- und Angelpunkt von Glück, Erfolg und Erfüllung war, was ist so eine Ansicht noch wert, wenn Sie plötzlich ein behindertes Enkelkind haben oder Ihr Partner, Ihre Partnerin schwer erkrankt? Lassen Sie Ihr Enkelkind teilhaben an Ihrer Korrektur, einer neuen Sicht der Dinge. Das wäre ein gelungenes Beispiel dafür, wie sich manches im Leben verändert und wie damit umzugehen ist. Orientierung bedeutet zu wissen, was wichtig für den Einzelnen ist. Noch vor siebzig Jahren war es für die Mädchen wichtig, zu heiraten. Lebensziel: Ehe und perfekte Hausfrau sein. Heute sind Selbstständigkeit und Unabhängigkeit oberste Priorität.

Orientierung bei Entscheidungen

Geben Sie Ihren Enkeln Orientierungshilfen bei Entscheidungen. Was bedeutet es, sich zu entscheiden? Das beginnt schon im Kleinen. Wofür entscheidet sich der Erstklässler, seine drei Euro auszugeben? Für Schokolade oder etwas, das man nicht essen kann und wovon man länger etwas hat? Abwägen und mit der Entscheidung zu leben, will gelernt sein. Viele drücken sich vor solchen Konsequenzen, indem sie die Entscheidungsverantwortung delegieren.

Rote oder grüne Badematte? Ach, entscheide du. Rechts oder links entlang? Sag du. Weil wir dann, wenn die grüne Badematte schrecklich aussieht, die Schuld von uns weisen können. Oder gleich gewusst haben, dass der linke Weg nicht zum Ziel führt. Unsere offene Gesellschaft bietet wirklich jedem Entfaltungsmöglichkeiten. Doch hat diese Freiheit ihren Preis. Denn sie erfordert von allen ein hohes Maß an Verantwortung. Wir haben nicht nur die Möglichkeit, uns zu entscheiden, wir müssen es tun. Wer sich nicht entscheidet, bleibt auf der Strecke.

Zeigen Sie Ihren Enkeln wie wichtig es ist, sich zu entscheiden. Bringen Sie ihnen bei, zu dem zu stehen, was sie meinen und glauben. Geradezustehen für ihr Handeln. Das ist Verantwortung und bedeutet Erwachsensein.

Orientierung zur Verantwortung

Machen Sie sich klar, dass Angst vor Verantwortung oft in der Angst vor Fehlern begründet liegt. Wenn ich nun falsch entschieden habe? Dass Angst vor Verantwortung eine Ursache dafür ist, dass Beziehungen zerbrechen. Dass Angst vor Verantwortung auch einer Karriere hinderlich sein kann.

Orientierung hilft aus der Opferrolle

Opfer sind passiv, Opfer jammern, klagen und leiden. Wollen Sie, dass Ihr Enkelkind so durchs Leben geht? Helfen Sie ihm raus aus der Opferrolle. Selbst, wenn Ihr Enkelkind (was hoffentlich nicht passiert) Opfer einer Straftat geworden ist, können Sie es aus dem Opfermodus herausholen. Können dafür sorgen, dass es nicht sein Leben lang Opfer bleiben muss. Es soll sich nicht abhängig machen vom Täter unter der Maxime, soll der mal sehen, was er da angerichtet hat. Das wäre zu viel Aufmerksamkeit für einen Verbrecher. Lassen Sie das Enkelkind eine Therapie machen, wo geschulte Fachkräfte ihm den Weg zurück ins Leben zeigen und helfen Sie nach Ihren Möglichkeiten, dass so ein Geschehen nicht das weitere Leben des Kindes und der Familie dominiert.

Bemerkenswert, wie Antoine Leirs, dessen Frau 2015 Opfer des Terroranschlags von Paris wurde, als sie das Konzert im Bataclan besuchte, auf diesen Mord reagierte. Er schrieb erst auf Twitter einen Brief an die Verbrecherorganisation IS und machte dann daraus ein Buch mit dem Titel: Meinen Hass bekommt ihr nicht. Darin beschreibt er, dass er alles dafür tun wird, damit sein Sohn dennoch ein glückliches Leben führt. Ein Leben, das diesen Verbrechern verwehrt bleibt, weil sie in ihrem Hass und Mördertum gefangen sind. Das nennen wir, Verantwortung übernehmen und Mördern und Verbrechern die Macht über ihre Opfer zu nehmen.

Er wollte nie ein Opfer sein – was uns der Fall Jens Söring lehrt

Jens Söring, Sohn eines deutschen Diplomaten, wurde in den USA zu zweimal lebenslänglich wegen Doppelmordes verurteilt. Nach eigener Darstellung hatte er in jungen Jahren in der irrigen Annahme, als Diplomatensohn Immunität zu genießen, seiner damaligen Freundin zuliebe, den Doppelmord an ihren Eltern als Täter auf sich genommen. Ob er wirklich gemordet hat oder nicht, soll für uns nicht von Belang sein. Jedenfalls pochte Söring später vehement bis heute auf seine Unschuld. Dennoch musste er mehr als 33 Jahre im US-Knast verbringen, bevor es einer Initiative aus Deutschland gelang, ihn herauszuholen. Söring wurde sofort in die BRD abgeschoben, wo er seit 2019 (unauffällig) lebt.

Seine Mutter war inzwischen verstorben, seine übrige Familie hatte schon während seiner Haftzeit den Kontakt zu ihm abgebrochen.

Dieser Fall scheint uns insofern interessant, als dass Jens Söring sich nicht als Opfer darstellt. Für das, was er zu seinem Schicksal beitrug, die – vermeintliche – Falschaussage, übernimmt er Verantwortung. Wir können und wollen nicht beurteilen, ob Söring schuldig oder unschuldig ist, aber uns imponiert, wie der Mann, der sein halbes Leben im Knast verbringen musste, aus dieser Erfahrung das Beste gemacht hat. Er scheint ein Meister der Resilienz geworden zu sein. Aus einem riesigen Misserfolg dennoch etwas Gutes zu gewinnen, dazu gehört viel mentale Kraft. In der Haft verfasste er sechs Bücher und versuchte mithilfe einer Anwältin ein Berufungsverfahren zu bekommen. Dennoch scheint er kein gebrochener Mann zu sein, denn wenn er auftritt, gibt er sein Wissen als Resilienzcoach weiter. Söring macht auch keinen verbitterten Eindruck, obwohl während seiner (vermeintlich unschuldig) in Haft verbrachten Jahre viele technische Neuerungen und Umbrüche an ihm vorübergingen, wie das Internet oder die Handhabung von Kreditkarten. Söring gibt unumwunden zu, zu Beginn seiner Verhaftung gelogen zu haben und übernimmt deshalb die Verantwortung für das, was darauf folgte. Wer Verantwortung übernimmt, so sein Fazit, kommt aus der Opferrolle und kann handeln. Auf diese Weise, so Söring, kämpfte er sich frei.

Söring kam mit dem festen Vorsatz nach Deutschland, dem Steuerzahler nicht zur Last zu fallen, also ohne Sozialhilfe auszukommen. Seinen Lebensunterhalt bestreitet er mit Bücherschreiben, Coaching und Vorträgen. Es sieht aus, als habe er sich auch selbst verziehen.

Orientierung in jeder Lebenslage

Und was tun Sie, wenn Ihr Enkelkind selber einen schrecklichen Fehler begangen hat?

Wenden Sie sich auf keinen Fall ab. Im Gegenteil, jetzt braucht es Menschen, die ihm bedingungslos zur Seite stehen, allerdings, ohne den Täter zum Opfer zu machen. Wir können unsern Enkeln viel besser helfen, wenn wir Klartext sprechen, die Verhältnisse genau benennen und dann sagen: ich bin für dich da. Das hilft auch Ihnen, eine richtige Sicht der Dinge zu bekommen.

Orientierung auf Fehler

Haben Sie schon einmal einen *Bock geschossen* oder den sprichwörtlichen Gang nach Canossa antreten müssen? Fallen Ihnen spontan ein paar Fehler ein, die nicht nur peinlich, sondern auch gravierend für Ihr Leben waren? Dann wissen Sie wie es ist, Fehler zu machen. Fehler gehören zu unserm Leben dazu. Verheerend ist es für die Entwicklung eines Menschen, wenn ihm von frühester Kindheit an eingetrichtert wird: Schuld sind immer die andern.

Selbst meine eigenen Verfehlungen sind dann in Wirklichkeit die Schuld meines Umfelds. Wer immun ist gegen Kritik oder blind für seine Fehler, kann nicht vorwärtskommen, bleibt unreif. Nicht die Fehler sind das Problem, sondern der Umgang damit. Kluge, kreative Köpfe kalkulieren Fehler mit ein. (Über Toleranz schreiben wir ausführlich in unserm Buch »Küche, Kreuzfahr, Kombizange«.) Dabei machen wir unsere eigene Erfahrung. Leider ist, Fehler zu erwarten, heutzutage ein No Go. Denn Fehler werden von unserm Umfeld meistens bestraft. Das erfuhren wir schon als Kinder, weshalb wir bemüht waren, keine Fehler zu machen, weil wir eine Katastrophe befürchten mussten.

Orientierung auf Selbstwertgefühl

Indem Sie das Selbstbewusstsein Ihres Enkelkindes stärken, verhelfen Sie ihm zur Akzeptanz in seinem Umfeld. Bringen Sie ihm bei, sich auch dann noch anzunehmen, wenn nicht alles hundertprozentig geklappt hat.

Eines unserer Kinder fiel bei der praktischen Führerscheinprüfung durch. Was sollte es am nächsten Tag den Arbeitskollegen sagen? Sag doch einfach wie es war, rieten wir unserm Kind, sollst mal sehen wie viel andere dann aus der Deckung kommen. Genauso war es, etliche outeten sich ebenso und der Misserfolg war weder Thema, um hinterrücks zu tratschen, noch offen zu lästern. Beim zweiten Anlauf klappte es und unser Kind fährt seit Jahren unfallfrei.

Orientierung auf Lob

In Schwaben gibt es ein geflügeltes Wort: »Net gschimpft isch globt gnug«. Nicht geschimpft, ist gelobt genug. Machen Sie sich diesen Satz nicht zu eigen! Loben Sie, was das Zeug hält! Nein, sie sollen nicht schleimen oder schmeicheln. Ein falsches Lob, ein Lügenkompliment, macht Sie nicht glaubwürdiger.

Üben Sie sich beim Loben in Ehrlichkeit und haben Sie einen Blick für das, was lobenswert ist.

Diktat verhauen und die Berichtigung dauert den ganzen Nachmittag? Loben Sie Ihr Enkelkind für seine Ausdauer, anstatt noch Salz in die Wunde zu streuen: »Selber schuld, hättest du eine bessere Note geschrieben, ...« Loben Sie Ihr Enkelkind für alles, was es im Moment leistet und heben Sie seine Stärken hervor. Stellen Sie dabei keine überhöhten Ansprüche. Wer seine Erwartung an ein Kind stets höher hängt, erntet Frust. Das Kind wird sich sagen: Ich kann doch nichts recht machen.

Ein Legastheniker wird die Rechtschreibung nie perfekt beherrschen. Also sparen Sie sich die Nachhilfestunden und sorgen Sie dafür, dass Ehrgeiz nicht falsch investiert wird. Ein unmusikalisches Kind braucht keinen Geigenunterricht aber ein Legastheniker eine amtliche Bescheinigung für seine Rechtschreibschwäche. Dann ist ihm im Deutschunterricht der Druck genommen.

Welchen Maßstab legen Sie eigentlich an Ihre Enkelkinder? Werden alle über einen Kamm geschoren? Ist es der Maßstab aus der Zeit, als Ihre eigenen Kinder noch klein waren? Halten Sie nicht die Erfolge des einen Enkelkindes dem andern vor. Das wird Konflikte geben. Ermutigen Sie jedes Enkelkind, an seinen Schwächen zu arbeiten und seine Stärken weiter auszubauen. Aber verlangen Sie nicht Unmögliches. Bloß weil Sie fehlerfrei schreiben, muss es das Kind nicht können. Bleiben Sie verständnisvoll und sagen Sie nicht: Ich kann das doch auch...

Eine Illusion ist keine Vision. Wenn Ihr Enkel gehbehindert im Rollstuhl sitzt, wird er kein Sprinter werden. Auch wenn Sie ihm die Schuhe schon gekauft haben und einen Trainer engagieren. Das wäre doch eine Illusion. Aber vielleicht wird so ein Enkel ein Rollstuhltänzer oder Tischtennisspieler? Das wäre eine Vision, an deren Verwirklichung Sie sicher gerne mitarbeiten dürften. So wird ein Legastheniker kein Korrektor. Dennoch kann er Journalist oder Schriftsteller oder Unternehmenschef werden. Eine Vision orientiert sich immer an realen Gegebenheiten.

Orientierung ist keine Belehrung

Der jungen Generation Orientierung zu geben heißt aber nicht, sie belehren zu wollen, ihnen dozierend den Sinn des Lebens oder Regeln aufzuzwingen. Wer so handelt, wird nicht akzeptiert, ist lästig und unglaubwürdig. Überhaupt gelten belehrende Menschen als Theoretiker und sind für die heutige Enkelgeneration uncool. Wirkliche Orientierung ist Hilfe zur Entscheidung, nicht die Entscheidung selbst. Wer in der Lage ist, selber zu entscheiden, kommt sicherer durchs Leben.

16. Großeltern dürfen trösten

Jedem seinen Trost

Es war Ende der sechziger Jahre, damals in der DDR. Zusammen mit meiner Schulklasse hatte ich an einer sogenannten Pflichtveranstaltung, einer Filmvorführung im städtischen Kino, teilzunehmen. Wir verbrachten den Spätherbstnachmittag beim Film »Die Brücke«. Ziel solcher Veranstaltungen war jedes Mal, dass wir den Krieg und die Kriegstreiber von Herzen zu hassen lernten. Deshalb wurden wir literarisch, filmisch oder durch Berichte von Augenzeugen mit entsprechender Propaganda gefüttert. Wir hatten »Das siebte Kreuz« von Anna Seghers gelesen, »Wie der Stahl gehärtet wurde« von Nikolai Ostrowski, auch »Neuland unterm Pflug« von Michail Scholochow. Alles Literatur, in der man auch nicht gerade zimperlich miteinander umgeht. Ich kannte alle fünf Teile des Filmmonuments »Befreiung«, in denen es um die Rolle der Sowjetunion im Zweiten Weltkrieg geht. Obwohl die Kinos damals noch nicht über eine Dolby Surround Anlage verfügten, das Dröhnen der Panzermotoren war ohrenbetäubend, die Schüsse klangen nah und das Gemetzel war fürchterlich. Doch war all das nichts in Bezug auf jenen Antikriegsfilm von Bernhard Wicki aus dem Jahr 1959, worin eine Schulklasse dem Kriegswahn der Nazis zum Opfer fällt.

Bei jeder anderen Kinopflichtveranstaltung verließen wir nach der Vorstellung das Kino schubsend, drängelnd, kichernd, in Gedanken schon bei anderen Dingen. Nicht so bei diesem Film. Betretenes Schweigen, stummes Hinausdrängen, aufgewühltes Davoneilen. Diesmal hatte der Film uns bis ins Innerste betroffen gemacht. Noch am anderen Tag tauschten wir entsetzte Eindrücke aus. Besonders die Szene, als ein junger Mann, bevor er stirbt, seinem Kumpel noch versichert, er werde nie wieder über dessen Freundin lästern. Die Beklommenheit, die dieses Filmkunstwerk hinterließ, war noch tagelang in meiner Klasse spürbar.

Den Weg vom Kino bis nach Hause hatte ich mich noch zusammenreißen können. Doch kaum betrat ich die Wohnung, heulte ich hemmungslos. Meine Großmutter, die mich sonst eher als burschikos und forsch kannte, zeigte sich recht verwundert. Weinend erzählte ich ihr, es sei so furchtbar gewesen, eine ganze Klasse sterben zu sehen. (In diesem Film fallen sie ja nicht einfach um, sondern verrecken auf bestialische Weise.) Oma, die zwei Weltkriege mitgemacht und im Zweiten zwei Söhne verloren hatte, schimpfte auf die Veranstalter, die uns Kinder jetzt wieder in die brutale Kriegswirklichkeit zerrten.

»Zieh dich an«, befahl sie mir, nahm ebenfalls Mantel, Hut und Tasche und ab ging's ins nächste Schuhgeschäft, wo ich mir ein paar Schuhe aussuchen durfte. Das hat mich abgelenkt und tat mir gut. Zumal es eigentlich gar nicht Omas Art entsprach, ihre Enkelkinder auf diese Weise zu verwöhnen. Der Schuhkauf half tatsächlich meiner seelischen Zerrüttung wieder zurecht. Ich habe in der folgenden Nacht gut geschlafen. Jener Film ist mir aber nie wieder aus dem Sinn gegangen. Es hat allerdings über dreißig Jahre gedauert, bis ich in der Lage war, ihn nochmals anzuschauen.

Schuhe waren damals genau das Richtige, denn mit Kakao hätte Oma mich nicht trösten können. Ich mochte noch nie Kakao.

Trösten heißt eigentlich, jemandem die Sorgen erträglicher machen oder versuchen, den Kummer auszugleichen. Zuhören, Zeit haben,

Nähe, Aufrichtigkeit, Ehrlichkeit, Echtheit, Verständnis, sind Begriffe, die wir mit dem Trösten in Zusammenhang bringen können. Nicht zu vergessen die Hoffnung. Trösten können wir nur, wenn wir auch Hoffnung vermitteln. Wir können nur getröstet werden, wenn wir Hoffnung vermittelt bekommen.

Wenn die Fünfjährige am Grab vom Opa zu Oma sagt: »Du hast doch noch uns«, dann vermittelt sie der Großmutter die Hoffnung, dass es weitergehen kann im Leben, weil die Familie um sie ist.

Trösten ist eine durchaus aktive Angelegenheit, die Zeit erfordert.

Bis zur Hochzeit ist alles wieder gut?

Woher kommt unser Bauchgefühl, dass uns mancher Kinderkummer eher nervt, als dass er uns berührt? Wieso denken wir oft insgeheim: Stell dich doch nicht so an?

Als mich in meiner Jugend eine große Liebe einfach so abservierte, versank ich tief in meinem Leid. Die Welt schien stillzustehen und das Leben hatte seinen Glanz verloren. Meine Hoffnung auf ein wenig Trost von daheim zerschlug sich, sobald ich den Mund aufgemacht hatte. Stell dich nicht so an, bekam ich zu hören und Vorwürfe, weshalb ich mich eingeigelt hätte. Ich sei bloß bockig und Bockigkeit gehörte ausgetrieben. Mein Kummer wurde überhaupt nicht akzeptiert und ich bekam die Sätze zu hören, die viele von uns kennen: Hab dich nicht so! Hat doch gar nicht wehgetan! Meine Güte, das bisschen! Du wirst noch so viele andere kennenlernen!

Was war los mit der Generation unserer Eltern und Großeltern? Warum funktionierte das mit der Empathie so schlecht und warum droht das auf uns abzufärben?

Trost war was für Weichlinge

Unsere Eltern hatten es nicht anders gelernt. Das soll keine Entschuldigung, aber eine Erklärung sein.

Als unsere Eltern, also die Urgroßeltern unserer Enkel, geboren wurden, war das Erziehungsziel ein anderes: Kinder, so hieß es, durften keinen eigenen Willen haben und nicht verweichlicht werden. Schon

Säuglinge wurden zu Gegnern ihrer Mütter erklärt. Denn Säuglinge drücken vom ersten Schrei an ihre ganz eigene Persönlichkeit aus. Heute finden wir das gut und fördernswert, damals aber war das eine Provokation. Brachten Kinder einen eigenen Willen zum Ausdruck, war höchste Wachsamkeit geboten.

Johanna Haarer, eine berühmte Ärztin zur Zeit des Dritten Reiches, schrieb ein Standardwerk der Erziehung. Die fünffache Mutter befand sich nach ihrer eigenen Aussage an der Erziehungsfront, im Kampf gegen trotzige, böswillige Säuglinge und Kinder. Wer an der Front steht, muss kämpfen, nicht trösten. Wer kämpft, will gewinnen. Haarer wollte Siegerin über die eigenen Kinder sein. Das erforderte Härte und Entschiedenheit. Trostgefühle hatten in solchem Kampf nichts zu suchen.

Weit über die Nachkriegszeit hinaus, bis Ende der 80er Jahre, war dieser Erziehungsratgeber zu haben. Der Wille der Eltern sollte dominieren, das Kind hatte sich dem unterzuordnen. Kindlicher Wille musste gebrochen werden. Wer tröstete, verzärtelte und verzog das Kind, so Haarer.

Bat mein Vater im ostpreußischen Winter seine Oma bei Minustemperaturen um Handschuhe, wurden ihm die verweigert mit den Worten: »Komm wieder, wenn es kalt ist!« Kein Wunder, wenn diese Generation, die eisige Winter an der Front überstehen musste, ihrerseits der jungen Generation diesen Satz weiterreicht: »Komm wieder, wenn es kalt ist!« Stell dich nicht so an, hab' dich nicht so! Dieser Einfluss prägt uns bis heute. Aber wir dürfen ihn abschwächen, indem wir ganz bewusst auf die Bedürfnisse unserer Enkel eingehen.

Unterschiedliches Trostbedürfnis

Zahnärzte mögen mich nicht, weil ich, zugegeben, ein sehr empfindlicher Patient bin. Mit schmerzverzerrtem Gesicht liege ich hilflos auf dem Zahnarztstuhl, obwohl noch gar nichts geschah. Meine Finger krampfen sich an der Hosennaht fest und sobald ich den Bohrer höre, möchte ich aufspringen. Es gibt wirklich Zahnärzte, die können mit solchen Angstpatienten umgehen. Ein Dank von dieser Stelle an sie.

Aber es gibt auch die, die deutlich bekunden, wie nervig mein Verhalten ist. Wenn dann noch die Sprechstundenschwester naseweis dazu setzt: »Das hat nun aber wirklich nicht weh getan!« oder der Zahnarzt mich im Plural zu beruhigen versucht: »Jetzt müssen wir stark sein«, könnte ich ausrasten. In solchen Momenten kann ich kleinen Kindern nachempfinden wie die sich wohl fühlen müssen, wenn die Erwachsenen sagen: »Nun heul' doch nicht gleich rum, wegen so einer kleinen Schramme!« Nicht ernst genommen fühlen die sich, so wie ich mich manchmal nicht ernst genommen fühle beim Zahnarzt. (Inzwischen aber habe ich eine prima Zahnärztin, vor der ich mich nicht fürchte.)

Warum legen wir Erwachsenen eigentlich fest, ab welchem Grad der Verletzung oder des Kummers, ein Kind trostbedürftig ist? Hier ist keine Überfürsorge gemeint. Natürlich muss das Kind nicht wegen jedes Splitters ins Krankenhaus. Vielleicht nehmen wir eine Pinzette und ziehen den Fremdkörper einfach raus? In unserm Haushalt stehen Ringelblumensalbe, Beinwelltinktur und andere, einfache Hausmittel, zusammen mit jeder Menge bunter Pflaster bereit. So ein lustiges Pflaster wirkt per se schon als Schmerzmittel und trocknet manche Träne wie von selbst. Dazu vielleicht noch ein paar Kekse oder ein Glas Saft und schon ist der Schmerz vergessen.

Ich muss bei einem Splitter auch kein Geschrei machen, als habe sich das Kind schwerst verletzt. Aber ich kann dem Kind doch Geborgenheit schenken, wenn ich den Splitter entferne und es tröstend in die Arme nehme. Ich muss auch bei schweren Erkrankungen das Kind nicht zusätzlich verunsichern, indem ich heule und barme. Wenn ich tröstend an seiner Seite bin, obwohl mich die Sorgen fast überwältigen wollen, beruhige ich das Kind. Getröstete Patienten sind viel besser zu behandelnd als kleine, verzagte, ängstliche Menschen.

Trost bedeutet, Sicherheit zu geben

Kinder, die in emotionaler Sicherheit aufwachsen, fühlen sich angenommen und werden selber zu empathischen Menschen heranwachsen. Wie oft hören wir von Menschen, die schreckliche Verbrechen begangen haben, dass sie in ihrer Kindheit weder getröstet noch ernst genommen wurden. Dass sie von ihrem Umfeld zu kleinen Zombies gemacht wurden, die ihren eigenen Schmerz wegdrücken mussten, und deshalb unempfindlich für den der andern wurden. Wessen kindlicher Schmerz nicht genügend getröstet wurde, könnte es als Erwachsener auch nachholen, indem er sich an Suchtmittel hält.

Trösten ist vielschichtig

Trösten ist wie die Geborgenheit, vielschichtig. Wir können entweder durch Zuspruch oder Zuhören trösten oder durch beides zusammen. Wir geben damit Hoffnung und Zuversicht weiter, vermitteln Hilfe, Schutz und Rettung. Wir stärken Körper und Seele und Geist. Wir sagen dem Trostsuchenden: Ich bin für dich da.

So trösten Sie wirklich

Echter Trost ist kreativ und geht auf das Enkelkind und seine Be-dürfnisse ein. (Statt Kakao also Schuhe.) Nur wer sein Enkelkind gut kennt, kann hilfreich trösten.

Nehmen Sie den Kummer ernst

Was den Kindern Kummer bereitet und was nicht, bestimmen nicht die Großeltern oder Eltern. Wenn das Sandförmchen in der Sandkiste ver-schwindet, ist das genauso Anlass zur Untröstlichkeit, als wenn die Dreizehnjährige ihren Schwarm an eine Freundin verliert.

Seien Sie da

Oma und Opa sind da und für die Enkel zu sprechen. Schon dieses Wissen kann tröstlich sein. Hinter sich Menschen zu haben, zu denen Enkel jederzeit kommen können, die zuhören und helfen.

»Was musstest du dich auch dort herumtreiben!« »Wir haben dir gleich gesagt, fahr mit der Straßenbahn und nicht mit dem Fahrrad!« »Das hast du jetzt davon!« »Du kannst ja auch nicht hören!« Wenn das Kind Kummer hat, helfen solche Plattitüden kein bisschen.

Manchmal ist Schweigen der beste Trost

Es gibt Kummer, der so unfassbar furchtbar ist, dass Worte alles nur noch schlimmer machen würden. Wenn Oma oder Opa mit dem Enkelkind darüber schweigen können, anstatt alles zu zerreden, kann so eine Gemeinsamkeit wunderbar helfen. Gemeinsames, trauerndes Schweigen ordnet wie von Zauberhand das Weitere. Das kann auch während eines Spaziergangs geschehen.

Erteilen Sie keine Ratschläge

»Man geht ja auch nicht bei solchem Wetter baden!« »Kein Mensch käme auf die Idee... aber du!« »Du kannst aber auch nicht hören!« Wir dürfen weder bagatellisieren noch moralisieren.

Seien Sie ehrlich mit Ihrem Trost

Manches wird nicht wieder gut. Wenn Vater oder Mutter gestorben sind, beispielsweise. Dann wird das nicht wieder gut. Aber alle werden mit der Zeit lernen, mit diesem Schmerz zu leben. Er wird sich in das Lebensmuster einfügen und weder die Großeltern noch die Enkel am Weiterleben hindern.

Körperkontakt ist wichtig beim Trösten

Kleine Kinder werden wir auf den Arm nehmen. Das gibt ihnen ein Gefühl von Sicherheit. Sie sind weit weg von dem Kummer dort unten am Boden. Größere Kinder wollen umarmt werden. Vorsicht bei Teenagerkindern. Die mögen solchen Körperkontakt altersbedingt vielleicht nicht. Dann belassen Sie es mit einem Schulterklopfen oder Händedruck.

Vielleicht hilft sogar das Angebot, das Enkelmädchen könne ein richtiges Wonnebad in Omas Badezimmer nehmen, mit viel Schaum und Kerzen und in aller Ruhe. Ohne dass die nervigen Geschwister an der Tür rütteln.

Oder Sie kochen dem Kind einen Kakao (die meisten Kinder mögen Kakao), Jugendliche mögen eventuell einen Cappuccino, Erwachsene einen Kaffee. Dabei kommt man so gut ins Gespräch.

Gehen Sie ansonsten mit dem Enkelkind Schuhe kaufen oder machen Sie kurzfristig einen Friseurtermin, fragen Sie im Kosmetikstudio, ob Sie vorbeikommen können. Kaufen Sie Kinokarten oder schauen Sie sich daheim gemeinsam einen Film nach Wahl der Enkelkinder an. Aber werden Sie aktiv und kreativ in der Wahl ihres »Trostpflasters«.

Würdigen Sie den Kummer Ihres Enkelkindes keinesfalls herab

»Sei froh, dass du diesen Penner endlich los bist!« »Ich mochte den nie.« »Kein Wunder, dass der dich hat sitzen lassen, so wie du den behandelt hast!« »Reiß dich doch mal zusammen!« Solche Sätze sind herabwürdigend. Wer solche Sätze an den Kopf gepfeffert bekommt, wird kein zweites Mal um Trost bitten.

Ermutigen Sie Ihre Enkel, den Kummer rauszulassen

»Reg dich auf!«, dürfen Sie sagen. Jawohl, auch Kinder dürfen durchaus mal richtig vom Leder ziehen. Halten Sie die Gefühlsausbrüche aus, wenn die Enkel heulen, schreien, schimpfen.

Was aber, wenn Sie selber trostbedürftig sind? Vielleicht, weil die Ehe Ihrer Kinder zerbrochen ist und die Eltern sich gerade trennen? Oder ein Elternteil schwer erkrankt ist oder gestorben? Dann weinen und trauern Sie gemeinsam mit den Enkeln. In diesem Fall sollten Sie sich professionelle Hilfe suchen, denn es ist wichtig, weiterzuleben und wieder auf die Beine zu kommen – für die Enkelkinder und für Sie selbst.

Helfen Sie, Ordnung in den Kummer zu bringen

»Der hat und die hat und das hat…« Kinder zanken sich schnell mal und vertragen sich auch ebenso schnell wieder. Es wäre falsch, dem Kind einzureden, diesen Freund oder diese Freundin nie wieder anzuschauen. Hat das Enkelkind auf irgendeine Weise jemandem geschadet oder einen Schaden angerichtet, helfen Sie ihm, das wiedergutzumachen.

Falscher Trost wäre fehl am Platz, wie: »Lass dich nicht wieder erwischen.« Sondern leisten Sie Hilfe, begleiten Sie Ihr Enkelkind und ermutigen Sie es, sich zu entschuldigen, für angerichteten Schaden geradezustehen. Schuldeingeständnisse sind niemals ein Zeichen von Schwäche, sondern ganz im Gegenteil.

Teddybär, Kuschelpuppe oder Schmusetuch – Kuscheln hilft

Donald Winnicott, ein englischer Arzt, wird als Entdecker des sogenannten *Übergangsobjektes* genannt. Alle Gegenstände, vom Teddybär bis zum Deckenzipfel, helfen dem Kleinkind, mit bestimmten Situationen fertig zu werden, wie nachts mit der Dunkelheit, im Kindergarten mit der Abwesenheit der Mutter, im Krankenhaus mit der neuen Situation, im Urlaub mit der anderen Umgebung. Kuschelobjekte spenden also Trost in einem begrenzten Rahmen und Alter.

Als unser Enkel seinen Kuschelbären auf einer Bergwanderung verlor, er hatte ihn trotz Warnung halb aus seinem Rucksack schauen lassen, statt ihn zu verstauen, war er zunächst untröstlich und machte sich viele Gedanken über den Verbleib des Bären. Ob er nicht ängstlich sein würde, so allein auf dem Berg. Ihm würde doch zu kalt, er hätte Hunger und brauchte seinen Schlafplatz. Mit einer Menge fiktiver Antworten beruhigten wir das Kind. Es gelang uns sogar, einen identischen Bären zu kaufen. Doch immer, wenn wir die Urlaubsfotos anschauen, fragt er, inzwischen ein Teenager, was wohl aus seinem Bärchen geworden sein mag. Kinder, denen Kuschelobjekte bestimmte Personen repräsentieren, beginnen nicht selten, sobald sie sich überlassen sind, damit zu spielen. Sie »trösten« ihren Bären über die abwesende Mutter oder sprechen ihm Mut zu, dass die lange Reise bald vorbei sein wird. Das Kuschelobjekt wird also gebraucht, um eine Rolle einzunehmen. Würden wir dem Kind sein Kuschelobjekt einfach entreißen, brächten wir es um mehr, als nur einen Teddy oder ein Schmusetuch.

Der amerikanische Spielfilm Verschollen mit Tom Hanks in der Hauptrolle illustriert das sehr gut. Als Cuck Noland, ein Angestellter von FedEx, nach einem Flugzeugabsturz auf einer unbewohnten Insel strandet, auf der er vier Jahre festsitzen wird, findet sich unter dem Strandgut auch ein Volleyball. Nachdem er ein Gesicht darauf gemalt hat, tauft er den Ball Willson und führt ab da ständig Selbstgespräche mit ihm. Das bewahrt den Filmhelden davor, sich selbst aufzugeben, und bringt ihn dazu, sich schließlich wieder aufs offene Meer hinauszuwagen, wo er nach einer Odyssee endlich von einem Schiff aufgenommen und heimgebracht wird. Ein Volleyball als Übergangsobjekt.

Selbst Halbwüchsige oder junge Erwachsene schämen sich nicht, einen Teddybären, eine Puppe oder anderes an ihren Rucksack zu binden oder auf die Reisetasche zu legen, wenn sie zum Auslandsjahr aufbrechen oder zu anderen Abenteuern. Für sie ist das Kuscheltier nicht so sehr Mama-Ersatz, als vielmehr ein Andenken, eine Brücke nach Hause in die Kinderzeit.

Wenn das Enkelkind bei Ihnen übernachten soll, schenken Sie ihm doch ein Übergangsobjekt; ein Kuscheltier, eine Puppe, ein weiches Tuch oder etwas anderes.

Vertrösten ist kein Trost

Wer auf falsche Weise versucht, jemanden aufzumuntern oder abzulenken, *ver*tröstet. Vertrösten vertieft den Kummer, anstatt ihn zu verkleinern.

Wenn die Mutter gestorben ist, hilft es dem Kind nicht, wenn man ihm sagt, dass es ja eigentlich nur Stress mit ihr hatte.

Versprechen zu machen, die nicht eingehalten werden, ist ebenso ein Vertrösten. Wir versprechen einen Zoobesuch, verschieben die Einlösung aber immer wieder.

Trost heißt auch nicht, dem Kind in allem Recht zu geben, die Eltern zu beschimpfen oder die Lehrer. Trost heißt, dem Kind zu zeigen, dass fast nichts in der Welt passiert, was man nicht in Ordnung bringen kann. Dass Morgen auch noch ein Tag ist, nach Regen Sonne kommt und somit Hoffnung der rechten Art zu geben. Nicht ein scheinheiliges

»Das wird schon wieder«. Wenn das Haustier gestorben ist oder es Krach mit der allerbesten Freundin gab, ist das einfach nur schlimm. Da hilft kein »heile, heile Gänschen«.

Eigene Trostlosigkeit tröstet nicht

Wer selbst in Trostlosigkeit versinkt, kann kein Tröster sein. Das trifft besonders auf Großeltern zu, die ständig negativ denken, immer nur das Schlechte erwarten, an nichts und niemandem ein gutes Haar lassen, schnell mit Schuldzuweisungen sind. »Die ganze Menschheit besteht sowieso nur aus Verbrechern.«

Der erzieherische Moment gehört den Eltern

Dabei mag es sogar der Wahrheit entsprechen, dass der- oder diejenige wirklich schuld am entstandenen Dilemma ist. Doch was nützt es denn jetzt, ihr oder ihm das auch noch dick aufs Butterbrot zu streichen, unter die Nase zu reiben oder vorzuhalten, Salz in die Wunde zu streuen, noch nachzutreten? Erzieherische Maßnahmen sollten wir den Eltern überlassen, die ihrem Sprössling mal gehörig die Leviten lesen, ihm den Kopf waschen, das Kind ins Gebet nehmen müssen. Sie sind die von Natur aus bestellten Erzieher, wir Großeltern dürfen uns raushalten und das Kind in seinem Kummer trösten.

17. Großeltern dürfen ruhig ein bisschen spießig sein

Spießer im Allgemeinen

Spießer haben Kuckucksuhren und eine umhäkelte Klopapierrolle hinten in ihrem Auto auf der Ablage. Spießer sind penetrant, wenn es um die alten Tugenden, Ordnung, Sauberkeit und Pünktlichkeit geht. Spießer sind Kontrollfreaks und Besserwisser. Spießer sind oft übelgelaunt, wenn ihnen jemand zu nahe kommt. Sie leben isoliert in ihrer eigenen, kleinkarierten Welt und finden alles, was sich außerhalb ihres Kreises befindet verachtenswert und feindlich.

Die junge Generation findet Spießer unmöglich, weil die penetrant nach Strukturen leben, die keinesfalls zu hinterfragen sind. Junge Leute finden Spießer langweilig und uncool. Bisher jedenfalls. Doch scheint sich auch hier, wie bei der Erziehung, das Blatt ein wenig zu wenden. Denn inzwischen soll es junge Menschen geben, die Partys lange vor Schluss verlassen, weil sie am nächsten Tag arbeiten müssen, die beginnen, den Wert althergebrachter Tugenden zu schätzen. Die nicht mehr spontan in den Tag hineinleben, sondern langfristiger zu planen versuchen. Die sich am Leben der Elterngeneration zu orientieren beginnen und nicht mehr jeden Quatsch mitmachen. Modetrends werden für sie zweitrangig, die Hauptsache, die Klamotten sind praktisch. Sie bleiben nach Feierabend daheim, anstatt um die Häuser zu ziehen, putzen ihre Wohnung regelmäßig und kochen täglich eine frische Mahlzeit. Und wundern sich ein bisschen über sich selbst. Denn noch vor kurzem hatten sie Freunde und Kollegen mit Reihenhaus und Schrebergarten mitleidig als spießig belächelt.

Falls Sie einen Schrebergarten und ein Reihenhaus haben, in dem auch noch eine Schrankwand mit Häkeldecken steht, müssen Sie jetzt nicht beschämt zur Seite blicken. Ist es spießig, Wohneigentum zu besitzen? Etwas zu haben, das jedem Familienmitglied Sicherheit und einen Rückzugsort bietet? Ein Heim zu haben, das zum Nest für alle geworden ist? Oder einen Garten zu besitzen als Rückzugsort vom Frühjahr bis zum Herbst? Wo die Familie ihre Wochenenden verbringt, ein Stück Land, von dem man weiß, was einen erwartet, wenn man am Sonntagmorgen ins Grüne aufbricht? Das neben dem Freizeiteffekt auch noch ein gewisses Maß an Versorgung bietet? Von wo man Kräuter und Blumen mitbringt und im Juni Erdbeeren? Wo im Herbst Äpfel und Pflaumen zu Marmelade verarbeitet oder Gurken eingeweckt werden? Wie langweilig, mögen die Anhänger des Jugendwahns finden, jedes Jahr das Gleiche. Sogenannte Spießer aber wissen immer, dass im Keller gefüllte Regale sind. Sie können von vielen Festen, draußen im Grünen, erzählen, genauso wie von schweißtreibender Plackerei, unterbrochen von dem erfrischenden Strahl des Gartenschlauchs.

Sagen wir doch statt »spießig« einfach »vernünftig«

Spießig zu werden ist heutzutage das, was unsere Eltern früher vernünftig werden genannt hätten.

Spätestens wenn junge Leute eigenen Nachwuchs haben, werden die meisten spießig oder vernünftig, wie man will. Mit zunehmendem Alter lassen Gesundheit und Kondition nicht mehr zu, dass jede Nacht durchzecht wird, man sich bis spät auf Parkbänken wälzt oder das isst, worauf und wann man gerade Lust hat.

Wer Familie hat, braucht Struktur. Die Spontaneitätswaage neigt sich zu Gunsten fester Zeitpläne. Wer seine Struktur verteidigt, dazu steht, sie sogar als etwas Gutes empfindet, muss sich schnell den Vorwurf von Spießigkeit gefallen lassen. Denn Beständigkeit kann von anderer Seite als Starrsinn oder Unbeweglichkeit empfunden werden. Dabei haben die meisten noch nicht mal mehr eine umhäkelte Klopapierrolle im Auto. Sie machen sich das Leben nur leichter, weil sie ihre Pflichten im Griff haben und ihre Finanzen auch.

Wer spießig genannt wird, will immer noch alte Werte leben

Dem Wortsinn nach sind Spießer engstirnige Menschen, die nicht über ihren Tellerrand hinaussehen und sich an veralteten Grundsätzen orientieren. Veraltet ist, wenn Jungen heutzutage einen Diener machen müssen und Mädchen einen Knicks. Wenn wir unsere Enkeljungen darauf dressieren, dass ein Junge nicht weint und ein Mädchen sowieso heiratet und Hausfrau wird. Wenn wir unsere Enkel in falscher Art und Weise dazu bringen, sich an dem, was »man« tut zu orientieren.

Spießer solcher Art brauchen Sicherheit. Althergebrachtes ist daher für sie wie ein Geländer zum Festhalten. Heutzutage ist Spießertum unter der jüngeren Generation kein abwertendes Kompliment, sondern eine Lebenseinstellung, die mit dem Spießertum ihrer Eltern nur wenig gemein hat. Mancher junge Mensch schielt neidisch auf das beständige Leben, das die Eltern hatten und von dem man annahm, es werde immer so weitergehen. Die Eltern hatten noch ein Leben in sozialer und familiärer Sicherheit. Nach der Schule ging's zum Studium, bzw. in die Lehre, danach in den Beruf. Sie heirateten, kauften oder bauten ein Haus, setzten Kinder in die Welt, leisteten sich den jährlichen Urlaub, stiegen beruflich auf, bis es dann in den wohlverdienten Ruhestand ging. Solche Lebensläufe kann die heutige Generation kaum noch vorweisen.

Heute kommen nach Schule und Studium bzw. Lehre, meistens irgendwelche, jahrelangen Praktika. Wer doch eine Anstellung bekommt, erhält häufig befristete Verträge. Wer kann sich dann noch trauen, ein Haus zu bauen? Nur Mutige gründen eine Familie, von Eheschließung ist kaum noch die Rede. Die junge Generation hat längst keine Sicherheiten mehr, dafür aber eine Vielzahl von Zukunftsängsten. Wohl auch deshalb macht sich unter ihnen die Sehnsucht nach einem geregelten, normalen Leben breit. Einem Leben, wie es Eltern und Großeltern führten, das überschaubar, abschätzbar, oder anders gesagt, »spießig« ist.

18. Großeltern dürfen Vermächtnisse aussprechen

Vermächtnisse als Empfehlungen

Vermächtnisse stehen meistens am Ende eines Lebens oder Lebensabschnitts. Wenn der Schuldirektor den Abiturienten in einer feierlichen Rede dieses und jenes noch auf ihren Lebensweg mitgibt, sprechen wir von einem Vermächtnis.

Was der Standesbeamte den Brautleuten anlässlich einer Trauung zu sagen hat, hat auch Vermächtnischarakter. Oder was bei der Hochzeitsfeier die Väter der Brautleute in einem Toast ausbringen. Oder wenn der Bundespräsident seinen Nachfolger ins Amt einführt oder der Firmenchef dem Junior die Geschicke des Unternehmens in die Hände legt. Überall fallen wohlgemeinte, manchmal eindringliche oder mahnende Worte, die als Vermächtnisse gedacht sind, Ratschläge oder Wegweisungen. Manchmal auch als Anweisung, womit sich der Nachfolger sogleich unter Druck gesetzt weiß. Vermächtnisse sollten keine Zwänge sein. Eher eine Empfehlung aus der eigenen Erfahrung heraus, statt eines Befehls.

»Wir sind in der Firma immer ohne Computer ausgekommen, ich möchte, dass das die nächsten hundert Jahre so bleibt.« »Deine Mutter und ich sind seit fünfzig Jahren verheiratet, weil man sich nicht scheiden lässt. Wir möchten, dass auch du dich daran hältst.« »In unserer Familie hat jeder ein Instrument gespielt. Künstlerische Betätigung durch Malerei oder Schreiben wäre eine Verletzung dieser Tradition.«

Das andere Erbe

Vermächtnis hat mit vermachen zu tun und gehört zum Juristendeutsch, wenn es ums Erben geht. Hier soll es aber nicht um Finanzen oder Immobilien gehen, sondern darum, was Großeltern ihren Kindern und Enkeln sonst noch vermachen können.

Es geht um ideelle Werte

Das Vermächtnis von Martin Luther King ist klar: I have a dream. Das Vermächtnis der Französischen Revolution: Freiheit, Gleichheit, Brüderlichkeit wurde nach dem Pariser Attentat wieder neu beschworen. Das Vermächtnis der friedlichen Revolution von 1989 in der DDR, Wir sind das Volk, wird heute leider von vielfach missbraucht.

Unsere Lebensmaxime

Wie lautet Ihre Lebensmaxime, wenn Sie sie in wenigen Sätzen zusammenfassen sollten? Wissen Ihre Kinder und Enkel darüber Bescheid, was Sie so umtreibt? Gibt es etwas, das Sie Ihrer Familie gerne mit auf den Weg geben würden? Eine gute Gelegenheit sind Familienfeste, runde Geburtstage zum Beispiel.

Wenn Sie der Jubilar, die Jubilarin sind, können Sie die Gelegenheit beim Schopf packen und der Familie sagen, was zu sagen wäre: Dass Sie sich wünschen, dass Ihre Firma in den Händen der Familie bleibt, Ihrer Hoffnung Ausdruck verleihen, dass Kinder und Enkel den Weg der Rechtschaffenheit weitergehen. Mit den nächsten Angehörigen klar darüber reden, was mit dem Haus oder anderen Besitztümern geschehen soll, falls Sie sterben. Wer sich dann um den Hund kümmern soll oder die Katze oder was Ihnen sonst noch wichtig ist. Vielleicht wäre auch mal ein Lob, ein Dank angebracht dafür, dass Sie das alles im Familienkreis äußern können.

Denn wer kann sich schon glücklich schätzen, eine richtige Familie zu haben. Glauben Sie uns, die Kinder und nächsten Angehörigen werden Ihnen ein klares Wort danken. Weil sie jetzt wissen, woran sie sind. Das gibt Sicherheit für die Zukunft, schafft eine vertrauenswürdige Atmosphäre in der Familie und beseitigt Unklarheiten.

Lebenserfahrungen als Vermächtnis

Aber so feierlich und tiefgründig muss es nicht immer zugehen. Eine andere Art des Vermächtnisses könnten Ihre Erfahrungen sein. Lebenserfahrungen oder Berufserfahrungen. Waren Sie lange Zeit krank, hatten einen Unfall, waren erwerbsunfähig oder sind geschieden?

Schlussfolgerungen aus bestimmten Lebensumständen bezeichnen wir als Erfahrungen. Der britische Schriftsteller Aldous Huxley definiert den Begriff Erfahrung folgendermaßen: Erfahrung ist nicht das, was einem zustößt. Erfahrung ist das, was man aus dem macht, was einem zustößt. Erfahrung ist oft die Grundlage unseres Handelns. Erfahrung formt unsere Vernunft.

Manchmal würde eigene Erfahrung nichts bringen. Wenn ein Nichtschwimmer erst durch Ertrinken erfährt, dass der See nur für Schwimmer geeignet ist, würde ihm diese Erfahrung nichts nützen. Tote können keine Schlüsse mehr ziehen. Es gibt also Situationen, wo wir Erfahrungen nur als Theorie weitergeben können. Wenn wir sagen, das Kind solle sich im zehnten Stock nicht so weit über die Balkonbrüstung lehnen, warnen wir es vor einem todbringenden Absturz. Was passieren könnte, wissen wir aus den physikalischen Gesetzmäßigkeiten und aus der Zeitung, wenn die melden, dass jemand abgestürzt ist.

Als Sie glaubten, wirklich alle Voraussetzungen für Ihren Traumjob zu erfüllen, und dann doch einem anderen Bewerber der Vorzug gegeben wurde, war das der Moment, Erfahrung in mehreren Facetten zu erleben. Sie könnten sagen: Die Welt ist ungerecht, es hat überhaupt keinen Zweck, sich Mühe bei der Bewerbung zu geben, die nehmen sowieso, wen die wollen. Oder: Ich werde nicht aufgeben, sondern aus der Ablehnung zu lernen versuchen. Was war mein Fehler, was könnte ich besser machen?

Sie sind im jugendlichen Alter in der Disco bei einem Mädchen hoch-
kantig abgeblitzt und finden seitdem alle Weiber doof? Das wäre eine
sehr fragwürdige Erfahrung. Sie hatten einen Glatteisunfall, seitdem
trauen Sie sich auch im Sommer nicht mehr hinters Lenkrad? Es gibt
Erfahrungen, die möchte man nicht wiederholen. Keiner wird gern abgewiesen und niemand reißt sich darum, wiederholt die Kontrolle übers
Lenkrad zu verlieren. Doch können wir solche negativen Erfahrungen
durch positive ersetzen. Indem wir die richtigen Schlüsse aus dem
Scheitern ziehen und zukünftig entsprechend handeln. Vielleicht hatten
Sie damals, in der Disco, Mundgeruch oder einen ziemlich grottigen
Pulli an oder waren einfach nicht der Typ der weiblichen Gäste? Das
haben Sie mit Sicherheit geändert und sind inzwischen gut liiert. Schon
im Oktober lassen Sie Winterreifen aufziehen und haben nach ihrem
Glatteisunfall gleich ein Fahrsicherheitstraining absolviert. Inzwischen
bringen Sie auch Ihrem Enkel die richtige Fahrweise auf winterlichen
Straßen bei. Die negative Erfahrung nutzen Sie nur noch als Hinweis,
nicht als Drohung und falsche Schlussfolgerung: Im Winter sollte niemand Auto fahren.

Bewahrenswertes erhalten

Erfahrung bedeutet, Bewahrenswertes zu erhalten und nutzbar zu
machen. Erfahrung an sich ist aber keine Garantie für Kompetenz. Die
Feier der goldenen Hochzeit macht ein Paar noch nicht zu Ehe-
experten, aber zu Lebenskünstlern. Eine Familie, die zehn Kinder hat,
nicht zu Pädagogikexperten, aber zu flexiblen Eltern. Nur, weil jemand
jahrzehntelang den gleichen Beruf ausübt, muss er noch nicht kom-
petent sein. Man kann auch aus reiner Gewohnheit Jahr um Jahr die
gleichen Fehler machen. Kompetenz erwächst aus der Lernbereitschaft
und der Offenheit für Neues. Kompetente Leute geben zu, dass sie
auch Fehler machen, in Konflikte geraten und sprechen offen über ihr
Versagen.

Bekenntnis als Vermächtnis

Damit sind wir bei einer weiteren Form des Vermächtnisses: dem Be-
kenntnis. Es hilft jungen Menschen außerordentlich, wenn Oma oder
Opa offen bekennen, dass in ihrem Leben nicht alles glatt lief. Solche

Bekenntnisse sind zwar eher ein Thema in intimer Runde, dennoch sollten sie nicht unter den Tisch fallen. Vielleicht bekennt Opa seinem Enkel, dass es ein Fehler war, in einem Anflug von Midlifecrisis, seine Frau verlassen zu haben. Oder er nennt es die beste Entscheidung, eine unbefriedigende Verbindung beendet zu haben und macht seinem Enkel in dem einen oder andern Fall Mut. Mut, Krisen durchzustehen oder Mut, eine Entscheidung zu treffen. Oder Oma spricht aus, dass sie gerne studiert hätte, aber bei der ersten Hürde dummerweise schon aufgegeben hat. Solche Bekenntnisse brechen niemandem einen Zacken aus der Krone, im Gegenteil, sie vergrößern den Respekt.

Dass wir uns nicht falsch verstehen: Es geht nicht darum, Gegebenheiten nachzutrauern, die wir sowieso nicht mehr ändern können. Es geht darum, zu benennen, was schiefgelaufen ist, woraus wir die rechten Schlüsse gezogen haben und wovon wir hoffen, dass die nachfolgende Generation klüger handelt. Wer zu seinen Irrtümern steht, schmälert seine Autorität nicht, sondern stärkt sie eher und macht sich nicht so leicht angreifbar. Auf diese Weise unterbinden wir das Entstehen von Familiengeheimnissen, wie: Opa hat heimlich eine uneheliche Tochter, von der niemand wissen soll, weil er sich gerne zum Moralapostel aufspielt. Wenn Opa zu seinem außerehelichen Kind stehen würde, könnte das Getuschel hinter seinem Rücken wirkungslos werden.

Etwas weitergeben

Vermächtnisse beinhalten meistens Rückblick und Ausblick. Ein Holocaust-Überlebender hat für gewöhnlich zwei Anliegen. Erstens, das diese Gräueltaten nie in Vergessenheit geraten, zweitens, dass die nachfolgenden Generationen alles dafür tun, so etwas Entsetzliches in Zukunft zu verhindern.

Angenommen, Sie treffen sich mit den Kindern und Enkeln noch einmal auf Ihrem Bauernhof, weil der verkauft wird. Da bietet es sich doch an, den Kindern und sich selbst ein Stück Vergangenheit erinnerlich zu machen und dann darüber zu sprechen, wie Sie sich die Zukunft vorstellen. Vielleicht ziehen Sie ins Altenheim oder nehmen sich eine Wohnung in der Stadt. Vielleicht bleiben Sie auch wohnen, wollen aber vermehrt auf Reisen gehen? Verraten Sie Ihren Kindern, was Ihnen geholfen hat, hier durchzuhalten, was Ihnen Kraft gab oder Anlass zum Ärger war. Lassen Sie Ihre Kinder und Enkel teilhaben an dem, was Sie bewegt.

Entsprechend erlebter Situationen werden Ratschläge und Vermächtnisse ausfallen. Ist jemand abgebrannt, weil die Stromleitungen nicht ordnungsgemäß verlegt waren, wird er immer darauf achten, dass in seinem Haus nur Fachkräfte mit der Elektrik hantieren. Oder wurde eingebrochen, weil die Terrassentür nicht geschlossen war, werden daraus entsprechende Schlüsse gezogen und Maßnahmen eingeleitet.

19. Großeltern dürfen Wurzeln geben

Wurzeln durch das Wissen seiner Herkunft

Ahnenforschung hat wieder Hochkonjunktur. Das mag darin begründet liegen, dass viele wissen wollen: Wer bin ich? Woher komme ich? Warum bin ich, wie ich bin? Wem sehe ich ähnlich?

Seine eigenen Wurzeln zu kennen, gibt ein Gefühl von Schutz und Geborgenheit. Sich als Mitglied einer Familie zu sehen, in einer Reihe mit Menschen zu stehen, die vor uns waren, mit uns sind und nach uns bleiben werden, ist identitätsstiftend. »Der Apfel fällt nicht weit vom Stamm«, sagt der Volksmund und meint, dass manche menschliche Eigenschaft vererbt ist. »Von Geschlecht zu Geschlecht«, sagte man in biblischer Zeit, wenn es um Generationen ging. Eine Sippe entsteht nicht nur durch Fortpflanzung, sondern ebenso durch die Vererbung von Stärken und Schwächen, Begabungen und äußeren Merkmalen. Seine Identität zu kennen stärkt das eigene Selbstbewusstsein.

Wurzeln durch einen eigenen Stammbaum

Wurzeln geben dem Baum Halt und befördern durch die Aufnahme und Weiterleitung von Wasser und Mineralien das Wachstum. Würde man einen Baum ständig verpflanzen, nähme man ihm die Möglichkeit, Wurzeln zu schlagen. Wie mächtig ein Baum ins Erdreich eindringen kann, sieht man spätestens dann, wenn so ein Baumstumpf gerodet wird.

Stammbäume stellen unsere Herkunft grafisch dar. Die am unteren Stamm oder im Wurzelbereich verzeichneten Namen nennen wir stolz unsere Ahnen oder Vorfahren. Von diesen Menschen entstammt eine bisweilen weit verzweigte, seit Generationen bestehende Familie. Nicht wenige Nachfahren haben mit dem, womit sich ihre Vorfahren beschäftigten, Probleme, dennoch: sie haben Wurzeln. Sie wissen, woher sie kommen, wissen, wo ihre Vorfahren lebten, wie sie lebten, welchen Berufen sie nachgingen. Reihen sich womöglich ein zwischen Dichtern, Wissenschaftlern, Künstlern, können ihren Bauernstand viele Jahre zurückverfolgen oder wissen, welcher Vorfahre den Handwerksbetrieb gegründet hat, den sie bald übernehmen werden.

Familiäre Wurzeln geben emotionale Sicherheit

Man hat herausgefunden, dass nicht die Begabung eines Kindes vorrangig ausschlaggebend ist für dessen schulische Entwicklung, sondern seine emotionale Entwicklung. Bei Kindern, die keine emotionale Sicherheit haben, schlagen die Gehirnzellen gewissermaßen »Alarm«.

Dabei handelt es sich durchaus nicht um Kinder, von denen die Zeitungen voll sind, weil man sie hungrig und misshandelt aus ihrer Umgebung nehmen musste.

Emotional vernachlässigte Kinder gibt es auch häufig in normalen, gut situierten Elternhäusern. Wohlstandsverwahrlosung wird dieses Phänomen in Fachkreisen genannt. Wohlstandsverwahrlosung findet sich dort, wo Eltern zu sehr mit sich und ihrer beruflichen Karriere, ihren Hobbys und Selbstverwirklichungsträumen befasst sind. Kinder aus diesen Familien hungern und frieren nicht. Sie haben volle Kinderzimmer, einen eigenen Computer und Markenkleidung. Dennoch fehlt ihnen etwas Entscheidendes: eine Bezugsperson. Sie sind sich selbst überlassen und kompensieren den fehlenden Bezug durch immer mehr Selbstbezogenheit. Sie emigrieren nach innen, weil sie nicht verwurzelt sind und sich nicht zugehörig fühlen.

Keiner versteht mich

Deshalb schirmen sie sich ab und verweigern jede Herausforderung. Während die Eltern mit sich beschäftigt sind, vereinsamen ihre Kinder innerlich, obwohl es auf den ersten Blick nicht den Anschein hat. Die Kinder ziehen zwar mit ihrer Clique um die Häuser, setzen ihr reichliches Taschengeld in zeitgemäßer Weise um, ihre sozialen und emotionalen Bindungen aber verkümmern dabei. Sie haben niemanden, der ihnen ein Gefühl der Geborgenheit und Annahme gibt, daheim erwartet sie keiner.

Cliquen sind kein Ersatz.

Zwar mag das vordergründig ihre Einsamkeit kompensieren, jedoch unterliegen sie dem Gruppenzwang. Sich einer Gruppe unterordnen, anpassen zu müssen ist genau das Gegenteil von Geborgenheit. Auf diese Wiese werden die Kinder zum Herdentier, verweigern sich und haben keine Chance, an neuen Aufgaben und Schwierigkeiten zu wachsen oder in einem sich täglich verändernden Lebensumfeld fruchtbare Erfahrungen zu sammeln. Solche Kinder entwickeln kein motiviertes Lernverhalten. Sie erkennen keine Zusammenhänge, das Potential, Konflikte zu lösen, kann sich nicht entwickeln und nicht wachsen. Solche Kinder schaffen sich oft eine unreale Heimat: die virtuelle in den sozialen Medien. Allein oder mit Mitgliedern der Clique (gemeinsam einsam) erfolgt der Rückzug in selbstgeschaffene Welten, das Sozialverhalten ändert sich. Sie werden aggressiv, wenn ihre Ansichten hinterfragt werden.

Der dramatische Klang dieser Sätze ist Absicht. Nichts gegen einen fleißigen Vater, eine zielstrebige Mutter, die in ihren Berufen Erfüllung finden und jeden Monat ein hübsches Sümmchen auf dem Konto verbuchen können. Nichts gegen eine Enkelfamilie, die zweimal jährlich in den Urlaub fliegen und sich manches andere leisten kann, solange die Kinder emotionale Zuwendung bekommen, daheim Wurzeln haben und Eltern, die trotz beruflicher Herausforderungen Zeit für ihren Nachwuchs und ein jederzeit offenes Ohr für Sohn oder Tochter haben. Wenn nicht, ist es beileibe nicht Ihre Aufgabe als Großeltern, in dieses Konzept zu grätschen. Zwar dürfen Sie in vertrauter Runde Ihre

Bedenken äußern, jedoch hüten Sie sich, den Kindern Vorschriften zu machen. Werden Sie stattdessen die familiäre Person, die solchen Enkeln hilft, Wurzeln zu finden.

Ohne Wurzeln – verloren!

Denn ohne Wurzeln entsteht bei jedem Menschen ein Gefühl der Verlorenheit einerseits und der Überforderung andererseits. Ohne Wurzeln sind wir kraftlos wie ein gekappter Baum. Gefällte Bäume bilden weder Zweige, Blätter oder Früchte. Bäume ohne Wurzeln haben keine Standfestigkeit und fallen beim ersten Wind krachend um. Entwurzelte Menschen haben nichts, was sie kommenden Generationen vermitteln können. Wie das zu ändern ist, darauf kommen wir noch.

Verwurzelte Menschen sind stabil

Bei verwurzelten Großeltern finden die Enkel ihre emotionale Sicherheit und ein Fundament des Vertrauens. Die Großeltern geben ihnen das nötige Maß an Anerkennung und Lob. Wichtig: oft sorgen Großeltern für ein Miteinander, das die Enkel daheim nicht haben.

Das sagt, bzw. schreibt sich alles so leicht. Was aber, wenn Sie als Großeltern selbst mit solchen Defiziten leben? Wenn Sie vergebens nach Ihren Wurzeln suchen oder Ihre eigene Herkunft sie schmerzt? Ihnen fällt deshalb die Aufgabe zu, selbst Wurzeln zu bilden. Das taten Sie, indem Sie eine Familie gründeten, Kinder in die Welt setzten und der zweiten, eventuell schon der dritten Generation, Geborgenheit und Liebe schenken. Auf diese Weise haben Sie sozusagen einen jungen (Stamm)Baum gepflanzt, der von den nachfolgenden Generationen weiter gepflegt werden wird.

Arbeiten Sie an einer positiven Einstellung

Bilanzieren Sie doch einmal Ihr Soll und Haben. Sie haben Enkel, also haben Sie auch mindestens einen Elternteil dazu. Das ist Ihre Familie. Ein achtbares Haben. Falls Sie Geschwister, Eltern, Cousins und Cousinen haben, wächst Ihr Haben weiter. Bemühen Sie sich trotzdem um Erweiterung Ihrer sozialen Kontakte: Treten Sie einem Verein bei, werden Sie Mitglied in einer Kirchengemeinde oder darin aktiv, bauen Sie sich einen Freundeskreis auf. (Das funktioniert in jedem Alter.) Beleuchten Sie Ihr Umfeld einmal unter den Gesichtspunkten von Nachbarschaft, Kollegen und Bekannten. Werden Sie aktiv, seien Sie offen für Neues, damit all das zu Ihrer Heimat wird und Sie verwurzelt.

Wurzeln bedeuten Heimat

Was verbinden Sie mit dem Begriff Heimat? Eine Landschaft oder ein Bauwerk? Vielleicht Geräusche wie das Meeresrauschen? Oder Gerüche? Eine Sprache oder einen Dialekt? Einen Weg oder eine Straße, knirschenden Sand oder Gras? Heimat ist ein sehr persönlicher Ort. Wer eine Heimat hat, der ist gegen innere Entfremdung geschützt.

Trennung von der Heimat erzeugt Heimweh

Das Heimweh soll erstmals 1688 in Basel unter dem lateinischen Namen *nostalgia* als Krankheit erwähnt worden sein.

Heimweh ist der übermächtige Wunsch, nach Hause zurückzukehren. Aus dem medizinischen Begriff Heimweh wurde im 19. Jahrhundert einerseits ein romantischer, der die enge Bindung an Familie, Natur und Heimat beschrieb, andererseits ein medizinisch-psychologischer. Unter der Heimwehkrankheit litten vor allem Dienstboten, die vom Land in die Stadt gekommen waren und Fabrikarbeiter, die aus Not die ländliche Scholle verlassen mussten und in den Elendsvierteln der Städte hausten. Die Symptome der Heimwehkrankheit waren Wahnsinn, Suizid, Brandstiftung, Kindermord und andere Verbrechen.

Trennung von der Heimat kann krankmachen

Als in den 1990er Jahre viele Auslandsdeutsche ihrer angestammten Heimat, ob Rumänien, Republik Moldau oder Russland, gezwungenermaßen den Rücken kehren mussten, wurde mancher von ihnen nach seiner Ankunft in Deutschland heimwehkrank. Einige starben sogar vor Kummer über den Verlust der geliebten Heimat oder nahmen sich kurz vor ihrer Ausreise das Leben. Obwohl Deutschland jedem dieser Neuankömmlinge Perspektiven bot, blieb das Gefühl der Verlassenheit. Die westlichen Annehmlichkeiten waren unbedeutend, angesichts des Verlustes, den sie erlitten hatten.

Ähnlich mag es türkischen, italienischen oder griechischen Gastarbeitern ergangen sein. Sie hatten sich einer Notwendigkeit gebeugt, aber die Heimat bleibt in ihnen so lebendig, dass sie dieses Heimweh vererben. Sie geben es weiter an die nächste Generation, auch wenn die bereits einen deutschen Geburtsort in ihrem Pass verzeichnet.

Eine ganz besondere Form der Heimatverbundenheit finden wir in den Vertriebenenverbänden. Menschen, die aufgrund der Nachkriegswirren des Zweiten Weltkriegs Hals über Kopf aus ihrer vertrauten Umgebung deportiert wurden und dann mit dem Trauma leben mussten, wegen des Eisernen Vorhangs nie wieder zurückzudürfen. Solche Umstände sind der Nährboden für Verklärung. Obwohl Heimat nur noch ein Begriff ist, klammern sie sich daran fest. Denn nach dem Mauerfall haben sich die wenigsten wieder in der alten Heimat angesiedelt. Dennoch halten sie in ihrem neuen Zuhause die Traditionen der alten Heimat aufrecht und vererben Lieder, Tänze, Geschichten, Bräuche und Rezepte weiter.

Wenn der Begriff Heimat missbraucht wird

Wenn für »Familie und Heimat« auf Wahlplakaten geworben wird, weist dieser Slogan vordergründig darauf hin, dass beides gefährdet scheint.

Der Heimatbegriff wurde inzwischen zu einem Label auf Lebensmitteln genauso wie auf anderen Angeboten für Konsumenten. »Von hier« bzw. »regional« oder »selbstgemacht« verweisen indirekt auf »Heimat«. Essen wir Marmelade aus dem Umland, stärken wir die einheimischen Erzeuger und haben gleichzeitig ein gutes Gefühl, den Nachhaltigkeitsgedanken betreffend und denken vielleicht an »Heimat«? Auch anderes weist darauf hin wie beispielsweise »Heimatkrimis«. Ob Rita Falk mit ihren Eberhoferkrimis genauso viel Erfolg gehabt hätte, wenn sie die Handlung in einem andern Landstrich angesiedelt hätte? Gerade der »bayerische Schmäh« gibt ihren Büchern wie den Verfilmungen den besonderen Touch.

Inzwischen haben wir ein »Bundesministerium des Innern, für Bau und Heimat«, von Horst Seehofer so umbenannt. In einer globalisierten Welt sollen auf diese Weise Wurzeln im angestammten Umfeld verstärkt werden.

»Wir klammern uns also immer dann besonders an Heimat, wenn sich unsere Lebenswelten verändern«, schreibt Uta Bretschneider in ihrem Buch »Heimat – Räume, Gefühle, Konjunkturen«, 2020 von der Bundeszentrale für politische Bildung in Thüringen herausgegeben.

Diese Lebensweltveränderung benutzen Parteien des rechten Spektrums, um Ängste vor Überfremdung und Veränderungen zu schüren. Mit einem falsch deklarierten Heimatbegriff, wie seinerzeit die Nazis im Dritten Reich.

Zurück zu uns und den Enkeln: Es gilt, das eine nicht zu schlecht zu reden wie die Globalisierung und dennoch den Enkeln einen Platz der Geborgenheit bei uns daheim, im Garten, in der Wohnung oder wo auch sonst, bereitzuhalten. Viele Großeltern kaufen sich beim Eintritt ins Rentenalter ein Wohnmobil und freuen sich über die europäische »Grenzenlosigkeit«, denn sie können fahren, wohin sie wollen. In gegenwärtig 126 Länder weltweit dürfen Deutsche visafrei einreisen, um irgendwann wieder heimzukommen. Die unterwegs geschossenen Fotos haben sie ja meistens bereits über Social Media geteilt.

Vielleicht haben sich Ihre Enkel selber auf Weltreise begeben und teilen den Daheimgebliebenen mit, dass sie erstmal ein paar Jahre in Neuseeland, den USA, Südamerika oder anderswo zu bleiben gedenken. Alles passt für sie und sie wollen sich dort eine neue Heimat schaffen. Alles ist möglich.

Unmöglich aber wäre, wenn wir Großeltern jenen auf den Leim gingen, die Europa und Deutschland allen von außen Kommenden versperren möchten. Wer sich äußerlich einzäunt, zäunt sich auch innerlich ein, schürt Angst, Hass und Hetze. Begegnen wir dem mutig und entschlossen!

Ostalgie als Ausdruck verlorener Wurzeln

Den Begriff Ostalgie soll der Kabarettist Uwe Steimle geprägt haben. Zusammengesetzt aus Nostalgie und Osten vermittelt Ostalgie die Sehnsucht nach der alten Heimat DDR. »Es war nicht alles schlecht«, ist ein häufig zitierter Satz in Ostdeutschland, der sich nach der abgeflauten Euphorie über die Wiedervereinigung festgesetzt hat. Eine merkwürdige Sehnsucht nach den Zeiten dieser Diktatur findet in der Ostalgie ihren Ausdruck.

Zu DDR-Zeiten war das Leben dort überschaubarer und regulierter. Die Verantwortung dafür, was aus jedem werden sollte, welchen Sinn ein Leben hatte und welches Ziel, übernahm der Staat. Wie auch die Gestaltung des Lebens. Durch die Abschottung war eine gewisse Intimität entstanden. Der viel gerühmte Zusammenhalt der Menschen war dieser Notgemeinschaft geschuldet. Ja, es stimmt: Die Frauen in der DDR waren gleichberechtigter, auch was das Finanzielle anging, als die im Westen bis heute. Wir brauchten zu keiner Zeit, auch nicht in den fünziger Jahren, die Erlaubnis unseres Ehemannes, wenn wir einen Arbeitsvertrag abschließen wollten. Nie haben junge Mädchen bei uns gehört, der Sinn ihres Lebens bestehe darin, dem Ehemann ein ordentliches Heim zu bereiten. Frauen wurden gebraucht, sowohl in der Produktion wie auch in hochqualifizierten Berufen. Frauen konnten sich scheiden lassen, ohne befürchten zu müssen, sozial und finanziell ins Abseits zu geraten. Kurz, DDR-Frauen waren so unabhängig, wie es manche Frau heute gerne wäre. Wir heirateten früh und unsere Familienplanung war meistens mit Mitte dreißig abgeschlossen. Danach kehrten wir an unseren Arbeitsplatz zurück und starteten beruflich nochmal so richtig durch. Wir qualifizierten uns und machten mit Anfang vierzig das, was heute Karriere heißt. Denn unsere Kinder waren gut aufgehoben. Wir hatten schon lange ein dichtes Netz der Kinderbetreuung. Jetzt erst versucht die Bundesregierung, in Sachen Kinderbetreuung nachzuziehen. Das erzeugt bei ehemaligen DDR-Bürgern nur ein müdes Achselzucken: Hatten wir schon. Wie auch die Verwertung von Abfallstoffen. Jetzt Recycling, früher bei uns, SERO genannt: Sekundärrohstoffe.

Junge Männer wurden allerdings schon im frühen Jungenalter darauf getrimmt, der NVA, der »Nationalen Volksarmee« beizutreten. Wer studieren wollte, hatte sich mindestens für drei Jahre, anstatt der üblichen 18 Monate, zu verpflichten. In meiner Berufsschule hatten sie sich ein diesbezügliches Plansoll gesetzt und hofften auf Freiwillige, die aber sich aber nicht meldeten. Also beschloss die Schulleitung, dass alle Jungen eines bestimmten Jahrganges für drei Jahre Armeedienst zu verpflichten seien, ansonsten gäbe es keine Delegierung zum Studium. Ein Plansoll war heilig. Planwirtschaft und gelebt werden: Man darf nicht vergessen, dass das DDR-System seinen Bürgern wesentliche Freiheiten vorenthielt: die Meinungsfreiheit, die Reisefreiheit, die Lebensfreiheit. Niemand durfte seinem eigenen Lebensentwurf folgen, wenn er nicht den vorgegebenen staatlichen Kriterien entsprach. Wir wurden durch ein Spitzelsystem, das nur noch vom nordkoreanischen übertroffen wurde, kontrolliert. Spitzenämter und Karrieren waren nur möglich, wenn man sich mit diesem System gemein machte. Wer opponierte, hatte, im günstigsten Fall, Nachteile zu befürchten, nicht wenige jedoch landeten in den berüchtigten Gefängnissen. Wer gar verlangte, ins sogenannte nichtsozialistische Ausland auswandern zu dürfen, musste damit rechnen, dass seine Familie auseinandergerissen wurde. Jeder kann für sich entscheiden, ob die sogenannten »sozialistischen Errungenschaften« diese gravierenden Nachteile aufwogen. Ob ein System, dass dem Bürger jegliche Lebensverantwortung abnahm und in Bevormundung ummünzte, des Nachtrauerns wert ist.

Das Gemisch von Überlegenheit und Unterlegensein macht die Ostalgie. So fühlen sich viele Menschen im Osten als heimatvertrieben, obwohl sie immer noch in Frankfurt/Oder, Dresden oder Neubrandenburg leben. Man hat ihnen bei der schnellen Wiedervereinigung die Wurzeln gekappt, glauben sie. Nicht wenige verweigern eine neue Verwurzelung und versinken stattdessen in Wehmut und Ostalgie, was nicht nur für sie selbst fatal werden könnte.

Der Blick zurück hilft, vorwärts zu leben

Denn unsere Enkel brauchen Wurzeln, die wir Großeltern ihnen geben müssen. Wurzeln geben Kraft und Halt. Entwurzelte Menschen entwickeln eine ungesunde Anhänglichkeit an, beispielsweise, die frühere DDR. Oder ihre Jugend im Dritten Reich. Bemühen wir uns also um unserer Enkel willen um Verwurzelung unserer selbst. Wurzeln zu schlagen bedeutet Verbindlichkeit und Verpflichtung. Verpflichtung aber geht nicht ohne Verzicht. Verzichten wir auf falsche Verklärung und rückwärtsgewandtes Leben und öffnen wir damit uns und unsern Enkeln den Weg in die Zukunft. Geben Sie Ihren Enkeln die Möglichkeit, sich wie Blätter am Baum zu entfalten. Seien Sie die starke Wurzel, die den Familienstammbaum bei jedem Wetter hält. Ob Wind oder Sonne, Krise oder Normalität. Sie sind die Person, die Verantwortung für den Familienzusammenhalt trägt.

20. Großeltern dürfen unheilvolle Kreisläufe durchbrechen

Uns hat früher auch keiner geholfen

Keine verständnisvollen Gespräche, überhaupt kein Verständnis, keine Hilfe bei der Kindererziehung, keine finanzielle Hilfe – vielleicht erging es Ihnen so, als Sie jung und Ihre Kinder klein waren. Vielleicht hatten Sie es noch schwerer, waren alleinerziehend und mussten sich mühevoll durchkämpfen. Es hat Schweiß und Kraft gekostet, aber Sie haben es schließlich geschafft, sich durchgebissen und aus Ihren Kindern ist etwas geworden. Glückwunsch! Sie können stolz auf sich sein. Doch Vorsicht, wenn solche Erfahrungen bei Ihnen Empathiemangel zur Folge haben. Wenn Sie jetzt meinen, sich zurückziehen zu dürfen.

»Uns hat früher auch keiner geholfen«, sagen solche Menschen und begeben sich in eine Spirale von Egoismus. Dass Sie früher mit Ihren Problemen alleine klar kommen mussten, hat Sie verletzt und Sie reichen diese Verletzung prompt weiter, wenn Sie ebenso handeln. Bemühen Sie sich gegebenenfalls um fachliche Hilfe, wenn es Ihnen bis jetzt nicht gelungen ist, Ihre eigenen Verletzungen zu heilen. Aber treten Sie nicht weiter. Stoppen Sie dieses Hamsterrad.

Kinder als Lebenssinn

Unsere Welt ist chaotisch. Die politischen Kräfte verschieben sich, die Konzerne werden gieriger und die Schere zwischen Arm und Reich geht immer weiter auseinander. Die Existenzangst mutiert zur Lebensangst. Wie soll man dieses Durcheinander ertragen?

Vielen hilft scheinbar die Fokussierung auf die eigene Familie, die Kinder und Enkel. Sie werden zum Lebenssinn erklärt. Wenn das Verhältnis zu ihnen stimmt, können wir nach innen gerichtet leben, müssen uns um die Welt außerhalb unserer Familie nicht kümmern. Wer so lebt, setzt hohe Erwartungen in die nächste Generation. Unsere Kinder müssen die Lebensangst der Eltern ausgleichen. Das wiederum löst Versagensängste bei der jüngeren Generation aus. Sie trauen sich nicht, Grenzen zu setzen, um den Eltern nicht weh zu tun. Diese definieren ebenfalls keine Haltelinie, um das Verhältnis zu den Kindern nicht zu trüben. Beide Seiten finden kein rechtes Maß. So entstehen Verdruss und Verdrängung, die schließlich in gegenseitiger Ablehnung enden können.

Der Fluch der späten Geburt

Von der Gnade der späten Geburt sprach Anfang der achtziger Jahre der damalige Bundeskanzler Helmut Kohl. Gemeint waren wir, die Enkelgeneration derer, die diesen unsäglichen Krieg losgetreten hatte. Kohl war im Irrtum, das Wort Gnade nicht angebracht.

Nein, wir haben nicht gehungert und unsere Nächte nicht in Bunkern verbringen müssen. Ja, wir sind in die Aufbaujahre hineingeboren worden, erlebten unbelastet von der unsäglichen deutschen Vergangenheit Freude und Spaß am Leben. Unsere Brüder, Verwandten, Freunde, Ehemänner mussten nicht an der Front kämpfen. Als wir geboren wurden, hatte Deutschland bereits kapituliert. Wir kennen das Gefühl nicht, verloren zu haben und darum verloren zu sein, ein Spielball ausländischer Mächte. Sie waren bereits präsent, die Amis und die Russen, als wir unsere ersten Schritte machten. Darum waren unsere Gefühle ihnen gegenüber nicht so zwiespältig wie die unserer Eltern. Was Helmut Kohl nicht wusste oder wissen wollte: Der Krieg hatte dennoch große Auswirkungen auf uns als Enkel der Generation, die Hitler mit wehenden Fahnen gefolgt war.

Kriegserbe als unheilvoller Kreislauf

Krieg? Ach, der ist doch schon seit über siebzig Jahren Geschichte. Winken Sie nicht ab, denn nachgewiesener Maßen leiden wir immer noch an den Folgen von Krieg und Vertreibung.

Unsere Elterngeneration krempelte nach dem Neubeginn die Ärmel auf und beseitigte die äußeren Trümmer, während sie die inneren tief in sich versenkten. Diese seelischen Trümmer zu beseitigen ist jetzt die Aufgabe der Kriegsenkel, so wird unsere Generation genannt. Kein Deutscher ist vom Krieg und seinen Folgen verschont geblieben. Es gibt kaum eine Familie, die kein Opfer zu beklagen hat: Gefallen, verwundet, deportiert, geflohen, vergewaltigt, im Bombenhagel umgekommen oder vermisst. Hunger, Grauen, Todesangst, Schweigen, Wortlosigkeit. Trotzdem weitermachen. Sich in scheinbare Normalität flüchten. Wussten Sie, dass man derart Unbewältigtes an die nächste Generation weiterreicht? Uns wurde auf diese Weise ein Päckchen aufgebürdet, das wir fast nicht schultern können.

Kriegsenkel

Kennen Sie das? Sie hatten häufig in Ihrem Leben das Gefühl, nur zu funktionieren und fühlten sich ferngesteuert? Ein Gefühl der Entfremdung machte sich breit. Obwohl Sie alles hatten, was man sich wünschen konnte, befielen Sie oft undefinierbare Sorgen und Ängste? Sie hatten Erfolg und fühlten sich trotzdem wertlos? Hatten Angst, zu versagen? Und niemand konnte Ihnen das erklären? Vielleicht erfahren Sie von Ihren Eltern und anderen Verwandten, welches Kriegsgeschehen bei Ihnen ein nicht bewältigtes Trauma ausgelöst haben könnte. Vielleicht waren Ihre Eltern damals noch kleine Kinder oder sogar Säuglinge, die das Kriegsgeschehen gar nicht bewusst mitbekamen. Dennoch sind sie davon nicht unberührt geblieben, denn auch der Säugling ist in eine dramatische Situation involviert. Jedoch darüber sprechen können die wenigsten.

Als der Krieg vorbei war, wollten alle Menschen in unserm Land nur noch Normalität. Sie verschlossen ihre Erfahrungen und Verletzungen, indem sie sie zum Normalzustand erklärten und zur Tagesordnung übergingen. Es war eben so. Im Krieg geschehen schlimme Dinge. Dadurch verschleierten sie die Bewertung der Fakten. Während bei uns in der DDR die Geschichtsschreibung lautete: Nur die Kommunisten haben in den KZs gelitten, verschob man in der BRD eine Aufarbeitung der Geschehnisse im Dritten Reich zugunsten des Wirtschaftswunders. Erst jetzt werden inzwischen neunzigjährige Greise für Verbrechen im Dritten Reich zur Rechenschaft gezogen. Fragt man die Nachkriegsgeneration nach konkret Erlebtem, bekommt man meistens keine ausreichende Antwort. Sie winken ab und sagen, anderen ging es ja noch viel schlechter. Es ist eine ausgeprägte Annahme dieser Betroffenen, sie hätten kein Anrecht auf ein eigenes Leid.

Verdrängte, unterdrückte Erinnerungen und Gefühle brachen sich aber anderweitig Bahn. Die Kriegsgeneration prügelte ihre Kinder, also uns, sie stellten unsinnige Regeln auf, sie kontrollierten, verlangten bedingungslosen Gehorsam, verweigerten Lob und Anerkennung, oft auch Zuwendung und Liebe.

Ihre Kinder, also wir, hatten zu funktionieren. Ihre Maxime war: Sich nach dem richten, was man tut. Sie erhoben sich zur moralischen Instanz und machten Jagd auf »unmoralisches« Verhalten ihrer Kinder. Sie waren fanatisch darauf versessen, keine Veränderung zuzulassen, und bekamen kaum mit wie sich die Welt da draußen veränderte: Die Frauen erstritten Rechte, die beginnende Weltoffenheit mit den Reisemöglichkeiten, zumindest in Westdeutschland. Die 68er Bewegung mischte die politische Struktur auf.

Wir Kinder lebten in zwei Welten: daheim und draußen. Daheim hatten wir uns anzupassen. Oft wurden zwar keine klaren Regeln aufgestellt, aber es gab viele unausgesprochene, unklare. Wer dagegen verstieß, bekam ziemlichen Ärger. Viele wussten nicht, woran sie waren. Sie erlebten eine bedrückende, angstmachende Atmosphäre, die mit unerklärlichen Schuldgefühlen angereichert war. Das nennt man den Gefühlscoctail der Kriegsenkel. Waren solche Gefühle einmal eingepflanzt, wurden sie zum lebenslangen Begleiter, ohne jeglichen Grund und Anlass, zum Gefühl, etwas nicht erfüllt oder übersehen zu haben.

Kinder-Eltern-Konflikt

Dieser Kinder-Eltern-Konflikt zeigte sich besonders in Westdeutschland durch die 68er. Jedes Kind möchte Eltern, die sein Held sind, sein Vorbild. Die es lieben und vorzeigen kann. Aber solche Eltern hatte kaum jemand. Viele Eltern machten keinen Hehl aus ihren Sympathien für Hitler und seine Zeit. (Der hat wenigstens Autobahnen gebaut, da herrschte Ordnung... – ein Satz, den man in der DDR auch hörte, allerdings hinter vorgehaltener Hand.) Würden sie auf Konfrontation zu solchen Eltern gehen, konnte das den Verlust des Elternhauses bedeuten. Hielten sie zu ihnen, wären sie so etwas wie Komplizen. Viele Kriegskinder übernahmen die Verantwortung für ihre Eltern und lebten deren Sehnsüchte aus. Flüchtlingskinder hielten die alte Heimat in würdigem Andenken allgegenwärtig, obwohl sie sie gar nicht kannten. Weil sie für ihre Eltern, anstatt für sich leben mussten, wussten viele nicht, wer sie eigentlich waren.

Bei uns in der DDR lief das ein bisschen anders ab. Auch in unsern Elternhäusern schwieg man hartnäckig. Eine große Anzahl Väter glaubte genug zu leisten, wenn sie in die SED eintraten. Damit war ihrer Meinung nach der Vergangenheitsbewältigung Genüge getan. Viele kommunistisch gesinnte Menschen übernahmen das Ruder, saßen an den Schaltstellen der Macht und der Rest folgte ihnen willlig. Sie alle hofften anfangs noch, auf diese Weise ein besseres Deutschland zu schaffen. Auf politischen Veranstaltungen, Parteitagen und Demonstrationen versuchten sie, sich vom Makel der Vergangenheit zu befreien, indem sie sich jetzt auf die »neue Zeit« konzentrierten. Man konnte in der DDR den Eindruck gewinnen, alle ehemaligen Nazis säßen in der BRD. Geht man von einem gewissen Prozentsatz der 17 Millionen DDR-Bürger aus, müsste es im Dritten Reich mehrere Millionen Widerstandskämpfer gegeben haben. Bei uns war jedenfalls offiziell kein Nazi mehr vorhanden. Jedoch gab es auch in unseren Schulen Lehrer, die ihre Prägung nicht verbergen konnten. Zwar war die Prügelstrafe abgeschafft, aber man kann auch verbal und schreiend Kinderseelen verletzen.

Die sicherste Möglichkeit, Traumata weiterzugeben: schweigen

Der Russe hat uns überrannt und der Pollak ist dreckig. So lautete das Fazit meines Großvaters zum Ergebnis des Zweiten Weltkrieges. Von dem Eingeständnis deutscher Schuld kein Wort. Von einer nüchternen Analyse keine Spur. Wenn es ans Eingemachte ging bei diesem Thema: schweigen. Was war passiert, als die russischen Truppen einmarschierten? Schweigen. Was geschah mit den Frauen? Schweigen. Oder allgemeine Antworten: So ist es doch allen ergangen. Falls Ihre Eltern mauerten, besorgen Sie sich entsprechende Literatur. Nicht um Schuldzuweisungen soll es dabei gehen, sondern um Fakten und das Einordnen derselben. Also schlichtweg um Klarheit. Damit zieht auch Ordnung in unser Leben.

German Angst

Dem immensen Fleiß der Nachkriegsgeneration verdanken wir unseren heutigen Wohlstand. Während sie die äußere Welt intakt setzten, Fabriken aufbauten, die Infrastruktur und alles andere, geriet das Leben nach innen, in den Familien, irgendwie aus dem Takt. Sie übertrugen ihren Kindern unausgesprochen eine unerklärliche Angst, gepaart mit quälenden Zweifeln und diffusen Schuldgefühlen. Dazu den perfektionistischen Zwang, der übergroßen Fleiß zur Folge hatte, etwas abarbeiten zu müssen. Das alles nennt sich »German Angst«. Von »German Angst« war lange Zeit unsere Außenpolitik bestimmt, einer Zurückhaltung, die sich mit Schuldgefühlen begründen ließe. »German Angst« war andererseits aber auch gut, als Deutschland jegliche Beteiligung am zweiten Golfkrieg ablehnte. »German Angst« kam kürzlich wieder während der Flüchtlingskrise zum Tragen. Helmut Kohl soll die Nazizeit und den Krieg als Ursache für dieses Phänomen benannt haben. Forscher haben nachgewiesen, dass kollektive Angst sich auch auf die Gene niederschlägt. Wir sind also Nachkommen mit vererbter Angst und vererbten Traumata.

Durchbrechen Sie den unheilvollen Kreislauf

Es gibt Hoffnung. Forscher haben auch herausgefunden, dass wir diesen Ängsten und Traumata nicht länger hilflos ausgeliefert sein müssen. Ändern wir unser Verhalten, ändern sich auch unsere genetischen Informationen. Also, leben Sie achtsam mit sich selbst. Nehmen Sie die harte Arbeit auf sich, den inneren Richtern und Runtermacher-Pädagogen entgegenzutreten.

Versöhnung mit uns selbst

Machen Sie nicht den Fehler, sich von den Eltern zu trennen, weil Sie glauben, auf diese Weise Ihre Schuld- und Schamgefühle endlich loszuwerden. Stattdessen suchen Sie einen Weg, um Verständnis mit sich selbst zu finden. Beginnen Sie, Mitgefühl für sich zu entwickeln. In den meisten Fällen ist es nicht mehr möglich, sich mit der älteren Generation zu versöhnen. Entweder, weil sie nicht mehr leben oder diese Baustelle nicht betreten wollen. Aber Sie können sich mit sich selbst versöhnen, indem Sie lernen, sich anzunehmen, wie Sie nun mal sind. Machen Sie sich bewusst, dass Ihr eigener Wert nicht von der Einschätzung Ihrer (hochaltrigen) Eltern abhängt. Werden Sie emotional selbstständig. Wenn die Eltern Sie lebenslang als Versager abkanzelten, müssen Sie nicht mehr kindlich um eine Korrektur dieser Einschätzung betteln. Sie haben Ehepartner, Kinder und Enkel, die Ihnen das Gegenteil versichern können, dazu Kollegen, Freunde. Lösen Sie sich von dem Zwang, zu Ihrem Glück fehlte nur noch die Bestätigung durch die Eltern. Machen Sie sich frei davon. Sie sind darauf längst nicht mehr angewiesen.

Das Gute vom Schlechten

Weil wir Kriegsenkel den Eltern mit unsern »Lappalien« gar nicht erst zu kommen brauchten, mussten wir vieles mit uns allein ausmachen. Trotz der Bitterkeit hat es uns aber auch gestärkt und wir meistern heute manche Herausforderung selbstständiger als andere. Deswegen können wir auch schlecht um Hilfe bitten.

Als Kinder mussten wir daheim immer die jeweilige Stimmung erspüren. Dieses Einfühlungsvermögen hilft uns heute im Umgang mit anderen Menschen. Jedoch dürfen wir darüber nicht unsere eigenen Bedürfnisse vergessen und müssen lernen, Konflikte auszutragen, anstatt ihnen auszuweichen. Wir haben heute die Wahl: wollen wir so werden wie unsere Eltern, in Lebensangst und unterdrückter Wut leben oder gelingt es uns, diese Fesseln abzustreifen durch einen Lebensstil in Frieden und Wohlstand, mit Bildung und Hilfe. Unsere Eltern wollten unbedingt, dass es uns einmal besser gehen sollte als ihnen, das haben sie geschafft. Dafür können wir ihnen aufrichtig dankbar sein.

Gerade unsere und die Generation vor uns, das ist bestätigt, sind eine sehr resiliente Generation, denn wir können mit Widrigkeiten besser umgehen und sie besser verarbeiten, als die Generationen nach uns

12 REGELN FÜR GROßELTERN

Nr. 1 Machen Sie sich unentbehrlich!

Nr. 2 Lassen Sie die Verbindung nie abreißen!

Nr. 3 Respektieren Sie die Familienphilosophie Ihrer Kinder!

Nr. 4 Pflegen Sie eine Wertschätzungskultur!

Nr. 5 Bleiben Sie optimistisch!

Nr. 6 Vermeiden Sie Mobbing und Intrigen!

Nr. 7 Befördern Sie das Geben und Nehmen!

Nr. 8 Machen Sie sich Ihre Kinder nicht durch Schuldgefühle gefügig!

Nr. 9 Arbeiten Sie an Ihrer Einstellung!

Nr. 10 Die Großen bitte nach hinten!

Nr. 11 Suchen Sie nach einem Alleinstellungsmerkmal!

Nr. 12 Machen Sie sich unabhängig!

Regel Nr. 1 Machen Sie sich unentbehrlich!

Besuch und Fisch ...

... stinkt nach drei Tagen, sagt der Volksmund. Wer sich angewöhnt hat, stets zum unpassenden Moment auf der Matte zu stehen, macht sich zum Störfaktor und letztlich entbehrlich. Störende Personen sind lästig. Lästige Menschen versucht man loszuwerden. Darum: Machen Sie sich unentbehrlich, damit Sie, falls Ihre Kinder in größerer Entfernung von Ihnen leben, auch über die gewissen drei Tage ein gern gesehener Gast bleiben. Es liegt an Ihnen, dafür zu sorgen, dass Ihr Auftauchen bei der Enkelfamilie keine gemischten Gefühle auslöst.

Widerstehen Sie auf jeden Fall, falls man Ihnen einen Zweitschlüssel anvertraut hat, diesen ungefragt und ohne Absprache, zu benutzen. Auch wenn es dringend nötig wäre, die Betten zu lüften, Wäsche auf die Leine zu hängen oder die Küche aufzuräumen. Aber haben Sie trotzdem die Augen offen für Herausforderungen, bei denen Sie sich unentbehrlich und nützlich machen können: Wenn ein Enkelkind plötzlich krank wird oder ein Elternteil, wenn es schulische Probleme gibt, eine helfende Hand und ein besänftigendes Gespräch gebraucht werden, wenn die Eltern selber in einer Krise stecken. In solchen Fällen kann sich die Enkelfamilie glücklich schätzen, wenn Großeltern hilfreich zur Seite stehen. Anstatt über Unordnung zu schimpfen, können Großeltern praktische Hilfe anbieten. Rasen mähen oder Kinder hüten, nehmen Eltern mit Sicherheit gerne an, wenn daran nicht Bevormundung und Belehrung geknüpft sind.

Auch für finanzielle Hilfe gilt so eine Voraussetzung. Gerade in Konflikten mit Teenagern ist es wichtig, dass Großeltern sich weder zum Staatsanwalt noch zum Verteidiger aufspielen. Sie sollten eher das gegenseitige Vertrauen zwischen Eltern und Kindern stärken und auf beide Seiten motivierend einwirken, damit die wieder aufeinander zugehen. Da heißt es, loyal zu bleiben, auch wenn Großeltern die Schwächen der Kinder und Schwiegerkinder und des Nachwuchses kennen. Unparteilichkeit ist ein Fundament der Nützlichkeit.

Auch sich selbst gegenüber sollen Großeltern loyal bleiben. Sie müssen weder alles können noch alles wissen. Wer die eigenen Grenzen kennt, kann sich gegen falsche oder zu große Ansprüche wehren. Wer zu seinen Grenzen steht, bekommt Respekt. Wer seine eigenen Grenzen benennt, wird einschätzbar und menschlich. Wer das nicht tut und sich über seine Kräfte einspannen lässt, wird spätestens bei einem Zusammenbruch zum Problem. Anstatt seinen Kindern zu helfen, hat man ihnen noch ein zusätzliches Problem aufgebürdet.

Großeltern machen sich unentbehrlich, wenn sie verlässlich sind und ihre Versprechen auf jeden Fall einhalten. Wer sich verpflichtete, den Klavierunterricht der Enkelin zu zahlen, muss diese Verpflichtung erfüllen. Wer dem Enkel versprach, ihm nach einem erfolgreichen Abitur beim Studium finanziell unter die Arme zu greifen, darf keinen Rückzieher machen, nur weil ihm die Studienrichtung nicht passt. Wer versprach, das Enkelkind jeden Mittwoch zum Reiten zu chauffieren, darf nur in Ausnahmefällen Arzttermine auf diesen Wochentag legen. Wer versprach, einhüten zu kommen, wenn die Eltern mal ins Kino wollen, sollte sich hüten, dieses Versprechen zu brechen.

Großeltern müssen verlässliche Partner sein, die aber nicht darauf pochen, dass ihre Kinder es ihnen hundertprozentig gleichtun. Gedankenlosigkeit, Pflichten und ein immenses elterliches Arbeitspensum verhindern die gleiche Zuverlässigkeit den Großeltern gegenüber. Humor und Toleranz helfen über solchen Ärger hinweg.

Großeltern werden unentbehrlich, wenn sie Verantwortung für das eigene Tun übernehmen. Wenn ihnen ein Fehler unterlief, sie die Kinder durch Eigenmächtigkeiten verärgerten, es Misstöne in der Kommunikation gibt, dann müssen auch Großeltern ihre eigenen Fehler eingestehen und die Verantwortung dafür übernehmen.

Natürlich hat die Enkelin so ums Eis gebettelt, hat der Enkelsohn glaubhaft versichert, den erbettelten Zuschuss nicht für Drogen zu nehmen. Dennoch haben die Großeltern in beiden Fällen ohne Absprache gehandelt und den Eltern Schwierigkeiten beschert. Mit einer Entschuldigung allein ist es nicht getan. Großeltern müssen glaubhaft

Veränderung herbeiführen. Also sich in Zukunft strikt an die Absprachen halten.

Großeltern, die nicht auf dem aktuellen Stand sind, machen sich entbehrlich. Was nützt es, wenn die Enkelin vor vier Jahren eine Barbie wollte, die aber erst bekommt, wenn sie inzwischen mit dem Smartphone beschäftigt ist? Solche Großeltern sind »uncool«. Auf dem Laufenden bleibt, wer sich oft und intensiv mit seinen Enkelkindern beschäftigt und unterhält. Nur der erfährt, dass Barbies inzwischen »doof« sind, aber die Sänger einer bestimmten Boygroup total angesagt. Wenn solche Großeltern zum Geburtstag mit einer entsprechenden CD aufkreuzen, haben sie volle Punkte.

Meine Großeltern lebten in Westdeutschland. Jedes Jahr kamen sie für vier Wochen zu uns in die DDR auf Besuch. Weit über die Zeit hinaus, die meine Eltern Jahresurlaub nehmen konnten. Wir Kinder freuten uns unbändig darauf, wenn das Auto um die Ecke bog und all die Schätze entladen wurden, mit denen sie uns bedachten: Kaffee, viel Kaffee für die Erwachsenen, schicke Klamotten für uns Kinder, Patronenfüller, Filzstifte, Strumpfhosen, Seife und, und, und. Es war jedes Mal wie Weihnachten: Bescherung im Sommer. Dennoch kannten wir uns nicht wirklich. Sie blieben mir fremd. Obwohl sie doch so viel zu erzählen gehabt hätten, schließlich war ihr Wohnort in Westdeutschland ihr zweiter Versuch nach der Flucht aus Ostpreußen, eine neue Heimat zu finden.

Es macht schon einen Unterschied, ob wir es mit Enkeln zu tun haben, die wir fast täglich sehen, mit denen wir unsern Alltag teilen, oder ob wir zu ihnen verreisen müssen.

Kommen Sie nicht uneingeladen

Machen Sie nicht den Fehler, einfach vor der Tür zu stehen. Fragen Sie lieber höflich an, ob Sie zum Geburtstag des Sohnes oder Enkels kommen dürften. Seien Sie darauf gefasst, dass die Kinder diese Idee manchmal nicht so gut finden wie Sie. Dann hätten Sie zwei Möglichkeiten: Sie können beleidigt sein oder Alternativen finden. Machen Sie sich dabei bewusst, dass es weniger darum geht, Sie zu brüskieren, als dass die Kinder mit ihresgleichen feiern möchten. Wenn wir nicht darunter fallen, müssen wir es hinnehmen.

Manche Entfernung zu den Enkelkindern ist so groß, dass die Reise für einen längeren Urlaub lohnt. Niemand fliegt für zwei Tage nach Amerika, auch nicht nach Griechenland. Vielleicht sehen Sie Ihre Enkelfamilie aufgrund solcher Entfernungen nur einmal im Jahr. Dann sind Sie, obwohl Großeltern, zunächst einmal fremd und nur Gast. Die Enkel sind inzwischen gewachsen, das Haus wurde renoviert, das Wohnzimmer ist neu eingerichtet und aus dem Gästezimmer wurde ein zweites Kinderzimmer. Sie werden im Schlafzimmer der Eltern einquartiert. Lassen Sie sich deshalb Zeit, miteinander, besonders mit den Enkelkindern, warm zu werden. (Vielleicht ist inzwischen sogar ein neuer Erdenbürger dazu gekommen.) Eine Bekannte, deren Kinder tatsächlich in den Staaten leben, regte sich bei uns über die Strukturlosigkeit der Familie auf und fand, sie dürfe darauf bestehen, dass zum Wochenende das Haus aufgeräumt sei, weil sie sich sonst nicht wohlfühle. Sie dürfe auf gar nichts bestehen, sondern dankbar sein, dass sie heil angekommen sei und liebevoll aufgenommen wurde, antworteten wir ihr.

Zurückhaltende Großeltern sind immer willkommen. Nähern Sie sich über die Enkel an die Familie an. Verteilen Sie Mitbringsel, lassen Sie sich von den Enkeln in die Gewohnheiten der Familie einführen.

Vorsicht bei Hilfe im Haushalt

Erkundigen Sie sich, was hier üblich ist. Wenn Sie hilfsbereit staubsaugen wollen und man Ihnen dieses verwehrt, nehmen Sie es hin. Vielleicht freut sich der Sohn oder die Tochter über Hilfe bei der Gartenarbeit.

Die meisten Großeltern müssen nicht ins Flugzeug steigen, um zu ihren Enkeln zu gelangen. Auch eine Bahn- oder Autofahrt heißt, Entfernungen zu überbrücken. Mehrmals im Jahr zu kommen, bedeutet auch für die Kinder und Enkel Stress. Vielleicht räumt ein Enkelkind sein Zimmer für Oma und Opa. Dann sollten Sie Ihren Besuch nicht zu lange ausdehnen oder sich gleich ein Hotelzimmer nehmen. Das gibt Ihnen eine gewisse Freiheit und Flexibilität in Ihrer Zeitgestaltung. Sie haben einen Ort, an den Sie sich zurückziehen können. Wenn Sie für einen längeren Zeitraum auf Besuch sind, bemühen Sie sich auch um eine eigene Tagesgestaltung und hocken Sie der Enkelfamilie nicht zu dicht auf der Pelle. Machen Sie Ausflüge. Vielleicht freuen sich die Enkel, wenn sie Sie begleiten können.

Regel Nr. 2 Lassen Sie die Verbindung nie abreißen!

Das Leben der Anderen

Im gleichnamigen Film von Filmregisseur Florian von Donnersmarck belauscht ein Stasi-Offizier in staatlichem Auftrag ein Künstlerehepaar. Das Abhören verschafft ihm einen sehr intimen Zugang zu ihnen. Er schreibt Berichte über ihre Gewohnheiten und kann dabei seine Vorgesetzten genauso manipulieren wie das Leben dieser Familie. In diesem Film belauscht jeder jeden und wird damit erpressbar.

Offenheit auf Seiten der Enkelfamilie gegenüber den Großeltern ist entweder gewinnbringend oder tödlich. Wenn Großeltern mit brisantem Wissen indiskret werden oder manipulativ, gerät das Verhältnis zwischen den Generationen in Schieflage. Klammernde, neugierige Großeltern schaffen zusätzliche Probleme, indem sie ungewollt dafür sorgen, dass ihre Enkel zur Heuchelei erzogen werden.

Bloß nicht den Großeltern erzählen, dass der Enkelsohn das Klassenziel nicht erreicht hat, denn die Großeltern haben im Kegelklub und überall herumposaunt, wie intelligent doch das Bürschchen sei. Wenn sie die Wahrheit erfahren, nicht auszudenken. Wenn Großeltern ein Idealbild haben, werden Kinder und Enkel manipuliert. In solchem Fall kann passieren, dass die Kinder auf Abstand gehen, weil sie sich unverstanden und nicht angenommen fühlen.

Unterschiedliche Lebensformen

Wenn unterschiedliche Generationen miteinander leben heißt das, unterschiedliche Ansichten und Einsichten zu haben, unterschiedliche Lebensformen, manchmal auch eine andere Kultur. Diese Unterschiede können uns brüskieren, ärgern, abstoßen und das nicht immer unberechtigt. Es kann sogar sein, dass wir allen Grund haben, wütend zu sein, weil uns die Kinder vor den Kopf gestoßen haben. Manchmal tun sie das gedankenlos, manchmal sogar mit Absicht. Wie auch immer, jetzt ist die Reihe an uns, abzuwägen: beharren wir auf userm Recht und katapultieren uns ins Abseits oder machen wir Frieden und gehören weiter dazu?

Das erfordert Zugeständnisse und Opfer unsererseits. Wer so über seinen Schatten zu springen vermag, fühlt sich wohler und wird eher respektiert. (Das heißt jedoch nicht, dass wir uns bis ins Unendliche ausnutzen, zum handlungsunfähigen Opa oder der naiven Oma machen lassen. Sollte es solche Hintergründe geben, wäre es sogar geboten, den Kontakt anders zu organisieren.) Großeltern müssen sich jedoch klar sein: Mit steigendem Alter brauchen sie ihre Kinder und Enkel mehr, als diese auf Oma oder Opa angewiesen sind. Es gibt Schulkindbetreuung, Kindergarten, Kinderkrippe und Au-pair-Mädchen. Sogar Leihomas und -opas gibt es. So könnte ganz schnell geschehen, dass Großeltern, die sich zurückziehen, ein Eigentor schießen. Denn sie hinterlassen keine Lücke. Es vermisst sie schlicht niemand. Entfremdung lässt sich ganz schwer rückgängig machen.

Großeltern müssen respektieren, dass Kinder und Enkel in ziemliche Zeitfenster eingebunden sind und ein Leben führen, das vom Terminkalender diktiert wird. Sollten sie in diesem Stress einmal ein Versprechen nicht einhalten, dann seien Sie gnädig mit Ihnen. Ein versäumter Termin ist nicht so schlimm wie beleidigtes Schweigen. Versäumen Sie nicht, über das, was die Enkel interessiert, auf dem Laufenden zu bleiben, ohne es negativ zu kommentieren oder verächtlich zu machen.

Skypen, zoomen oder Videotelefonie über Whatsapp u. ä. ist eine großartige Erfindung, besonders für Großeltern, deren Enkelkinder in großer Entfernung leben. Ihre Enkel werden Ihnen gerne eine entsprechende digitale Adresse einrichten. »Die rufen nicht an«, klagen Großeltern und meinen die Kinder, die etwas entfernt wohnen. Warum rufen Sie nicht an? Weil Sie zu stolz sind? Weil Sie meinen, es sei die

Pflicht der Kinder und Enkel Ihnen gegenüber? »Die haben es immer eilig, wenn ich anrufe.« Liegt es vielleicht an Ihren Gesprächsthemen? Wenn Sie immer das Gleiche fragen oder Ihr Anruf wie ein Kontrollanruf wirkt, sollten Sie etwas ändern. Niemand spricht gerne mit Menschen, die nur jammern, klagen, stets beleidigt sind oder dem Gesprächspartner Schuldgefühle vermitteln. Das ist anstrengend und nicht lohnenswert.

Regel Nr. 3 Respektieren Sie die Familienphilosophie Ihrer Kinder!

Vermintes Gelände

Kennen Sie noch die Zeiten, als Säuglinge genau alle vier Stunden gestillt werden mussten? Erinnern Sie sich noch daran, als man Eltern nicht widersprechen durfte, geschweige denn mit ihnen diskutieren? War es zu Ihrer Zeit auch verpönt, dass Kinder Erwachsene mit Vornamen ansprachen? Wissen Sie noch davon, als alle Kinder draußen spielten, und niemand einen Rechtsbeistand brauchte, weil Karl dem Peter eine geklebt hatte? Wie Kinder und Eltern sich trotzdem fanden, obwohl es keine Handys gab?

Die Zeiten ändern sich, die Ansichten, Moden, Weltanschauungen ebenfalls. Lassen wir unsern Kindern und Enkeln ihre Ansichten, lassen wir sie ihre eigenen Erfahrungen machen. Respekt, Toleranz und Achtsamkeit sind hier die Schlüsselworte. Heute ist Erziehung eine sehr intime Angelegenheit.

Als wir Kinder waren, wurde Erziehung öffentlich gelebt. Wenn uns ein Fremder aufforderte, nicht so laut herumzuschreien – wir dämpften unsere Lautstärke. Weil alle anderen Erwachsenen, einschließlich unserer Eltern, auf seiner Seite waren. Wir mussten die Leute grüßen und uns still verhalten, wenn Erwachsene sich unterhielten, wir hatten keine Widerworte zu geben, wenn Erwachsene Behauptungen aufstellten. Die Reihe könnten wir beliebig fortsetzen.

Das ist aber alles Geschichte. Wenn Sie heute ein fremdes Kind auffordern, sich regelkonform zu verhalten – sehen Sie selbst, was dann geschieht. Auch Ihre eigene Familie wird davon nicht unberührt sein. Wie Ihre Kinder mit dem eigenen Nachwuchs umgehen, mag Ihnen nicht behagen, dennoch haben Sie kein Recht, sich einzumischen. Heutzutage wird ein partnerschaftliches Eltern-Kind-Modell gelebt, da können Sie nichts machen. Also halten Sie sich raus, soweit das möglich ist, und verkneifen Sie sich alle Gehässigkeiten. Vielleicht reden die Kinder ihre Eltern sogar mit dem Vornamen an. Sie können selbst entscheiden, wie weit Ihre Toleranz geht, wenn Sie gefragt werden, ob man diese Umgangsform auch auf Sie übertragen dürfte.

Alle Essenszutaten müssen bei Ihren Kindern neuerdings ein Biosiegel tragen, oder es werden nur noch fleischfreie Produkte verwendet? Sie mögen es noch so sehr für überzogen oder Geldschneiderei halten, dennoch dürfen Sie sich, besonders im Haus Ihrer Kinder, nicht darüber hinweg setzen. Es wäre unklug, der vegan lebenden Enkelfamilie provokant einen fetten Braten vorzusetzen. Damit entfachen Sie nur ungute Gefühle, brüskieren Ihre Kinder und jagen sie letztlich davon. Bemühen Sie sich daher um einen gütlichen Kompromiss. Kommen Sie Ihren Kindern in Sachen Essen entgegen, können Sie auch anderweitig für sich ein Entgegenkommen reklamieren.

Sie haben Ihre Kinder liberal erzogen und stellen mit Erstaunen fest, seitdem die Familie haben, werden plötzlich enge Grenzen gezogen, für Ihre Begriffe kleinliche Regeln aufgestellt, werden Sohn oder Tochter das, was man bei Ihnen früher spießig genannt hat. Oder umgekehrt: Ihre Kinder werfen plötzlich jede Regel über Bord und leben einen dermaßen freien Stil, dass es Ihnen graust. Dann bitte, schlucken Sie jede spitze Bemerkung oder verbale Gemeinheit runter und versuchen, irgendwie damit klarzukommen. Ihre Anpassung muss ja nicht so weit gehen, dass sie sich auch auf Ihr Heim erstreckt. Aber respektieren Sie Ihre Kinder unbedingt. Das ist die beste Voraussetzung, dass die Enkelfamilie eines Tages wieder »normal« wird. Vertrauen Sie darauf, dass das Leben der beste Lehrmeister ist und jeder seine eigenen Erfahrungen machen darf.

Sie sind gebeten, die Kinder nicht später als 19 Uhr ins Bett zu bringen. Setzen Sie sich darüber hinweg und halten die Enkel sogar zur Geheimniskrämerei gegenüber ihren Eltern an, riskieren Sie Ärger und Vertrauensverlust. Grenzen, die unsere Kinder ziehen, sind einzuhalten. Herrscht in der Enkelfamilie ein striktes Süßigkeitenverbot, darf es von unserer Seite keinen heimlichen Lolly geben. In solchem Fall ist eine Abstimmung sehr wichtig. Fragen Sie Ihre Kinder, womit Sie anstelle von zuckerhaltigen Süßigkeiten punkten könnten. Verhalten Sie sich für alle Seiten transparent.

Was tun Sie aber, wenn Sie Enkelkinder aus mehreren Familien um sich haben, die einen dürfen Süßes, die andern aber nicht? Wiederum ist ein Vertrauensverhältnis zu den Kindern die wichtigste Grundlage. Vielleicht können Sie überzeugend erwirken, dass es für alle einmalig Süßigkeiten gibt, denn zu viel ist sowieso ungesund. Sollte ein Enkelkind darunter sein, das aus gesundheitlichen Gründen die Finger von diesem Naschwerk lassen muss, ist es ohnedies daran gewöhnt, anders zu naschen als der Rest.

Was aber, wenn wir einen wirklich grundlegenden, nicht tolerierbaren Fehler bei unsern Kindern bemerken? Solche Konflikte sollten Sie mit Ihren Kindern allein ausmachen – in Abwesenheit der Enkel. Findet Ihr Rat keine Beachtung, darf von unserer Seite trotzdem kein beleidigter Rückzug stattfinden. Das Ganze ist ein gutes Feld für Großeltern, Kompromissbereitschaft zu üben. Sonst entstehen anstelle von Vertrauen nur Misstrauen und Ärger.

Wir Großeltern müssen lernen, uns einzufügen, denn wir sind nicht mehr das Oberhaupt der Familie. Das sind jetzt unsere Kinder. Falls nicht, dann sollten wir Ihnen helfen, es zu werden. Besonders sensibel ist es, wenn wir nur ab und zu besuchsweise bei der Enkelfamilie weilen. Die Enkel sind wieder ein Stück gewachsen und die Ansichten der Eltern haben sich vielleicht auch etwas gewandelt. Anstatt vegetarisch, lebt diese Familie jetzt vegan. Die Zimmer der Teenager stehen Freunden beiderlei Geschlechts Tag und Nacht offen. Jetzt ist fällt sehr schwer zu sagen, das geht mich nichts an. Natürlich. Also müssen Sie es üben.

Vielleicht haben sich inzwischen Ihre Ansichten geändert und Sie sind zu Veganern geworden, während sich vom Frühstück bis zum Abendbrot Fleischberge auf den Tellern Ihrer Kinder und Enkel türmen. Nichts wäre lästiger als Großeltern, die gesunde Ernährung predigen. Sie dürfen ruhig essen, was für Sie am besten ist. Aber unterlassen Sie alle gehässigen Bemerkungen in Richtung Enkelfamilie. Sonst wird man von der ersten Minute an heimlich herunterzählen, wann Sie endlich wieder verschwinden.

Darf ich dem Enkeljungen was dazu geben, damit er sich endlich das Smartphone kaufen kann? Mama würde das erlauben, behauptet er. Oder das Enkelkind sagt zu seiner Mutter: Oma findet das nicht so schlimm. Hier ist eine Rückversicherung unvermeidlich. Verweisen Sie auf die Eltern, egal, um was das Kind Sie bittet. Ob es sich um das gewünschte Piercing der Enkelin handelt oder bloß um Kekse, die verführerisch hinter der Schranktüre liegen. Machen Sie sich in allem bewusst: Sie sind nicht das Familienoberhaupt, die Bestimmer. Für Enkel ist es ein Fundament von Geborgenheit und Vertrauen, wenn Eltern und Großeltern an einem Strang ziehen. Sie freuen sich gewiss darauf, wenn Sie das nächste Mal zu Besuch kommen.

Regel Nr. 4 Pflegen Sie eine Wertschätzungskultur!

Wertschätzung bringen wir Menschen entgegen dafür, dass es sie gibt, dass sie da sind. Wertschätzung kann sich auch unausgesprochen zeigen, während Lob immer der Worte bedarf. Gelebte Wertschätzung lässt uns Freiraum für eine Bewertung durch Lob oder konstruktive Kritik.

Sprechen Sie Ihre Wertschätzung aus

Vielleicht müssen Sie sich einmal Gedanken darüber machen, wofür Sie Ihre Kinder wertschätzen möchten.

Bekunden Sie Interesse an Ihrem Kind oder dem Schwiegerkind

Horchen Sie es nicht aus, sondern erkundigen Sie sich aufrichtig nach seinem Befinden, aber belehren Sie es nicht. (Ich hab dir ja gleich gesagt, diese Ehe funktioniert nicht.) Wertschätzen Sie Ihre Kinder mal mit einer kleinen Aufmerksamkeit wie einem Gutschein für ein Restaurant, während Sie einhüten, o. ä.

Erwerben Sie auf diese Weise das uneingeschränkte Vertrauen Ihrer Kinder. Gegenseitige Wertschätzung beruht auf einer offenen und glaubwürdigen Kommunikation. Je offener und transparenter wir kommunizieren, umso glaubwürdiger werden wir. Desto mehr Wertschätzung können wir einander entgegenbringen, sehr zum Vorteil für die Enkelgeneration.

Regel Nr. 5 Bleiben Sie optimistisch!

Wie beim Fußball

Echte Fans gehen mit ihrem Verein durch dick und dünn, denn es ist ihr Verein. Das ist legitim und sorgt für die richtige Stimmung in den Stadien. Genauso gibt es Familien, in denen wir uns wohler fühlen, als in andern. Da ist der eine Sohn oder die eine Tochter, die uns persönlich näher stehen als die anderen Kinder, wo wir besondere Gespräche führen und manches bereden können. Das ist in Ordnung und ganz normal. Nicht in Ordnung wäre, die Familien unserer Kinder gegeneinander auszuspielen. Wenn wir die Familie, die uns näher steht, ständig im Mund führen, sie den andern als Beispiel vor Augen führen, sie zum Maßstab machen, mit ihr alles vergleichen, sie auf den Leuchter heben, hat das nichts mehr mit Fairness zu tun, sondern erzeugt Neid und Missgunst, sät Zwietracht. Der Keil, den wir damit zwischen unsere Kinder getrieben haben, lässt sich nur schwer wieder entfernen, so tief sitzt er in dem Spalt, den wir zu verantworten haben.

Handeln Sie nicht wie ein fanatischer Fußballanhänger, der jeden Fehler des Gegners doppelt so schlimm bewertet, den der eigenen Mannschaft aber bagatellisiert. Lassen Sie sich nicht zu einem verklärten Blick auf dieses oder jenes Enkelkind verleiten, damit tun Sie ihm und sich und den anderen keinen Gefallen. Ein verklärter Blick verschiebt die Realität, macht untüchtig für den Alltag und könnte Sie letztlich ins Aus katapultieren. Solche Großeltern werden gemieden. Da es meistens ja auch noch Großeltern von der anderen Seite gibt, wird man gerne auf Sie verzichten.

Bleiben Sie darum fair und humorvoll

Lieblingsenkel hat jede Oma, jeder Opa. Das darf sein und ist ganz menschlich, weil es Kinder gibt, die uns mehr liegen als andere. Aber Sie sollten weise damit umgehen und nicht ein Enkelkind gegen das andere ausspielen. Das ist unreif, stiftet Eifersucht und kann sogar in einem ungesunden Wettlauf um die Gunst der Großeltern enden. Oder bedeuten, dass Sie Ihre anderen Enkel verlieren. Sollte Sie Ihr Lieblingsenkel eines Tages enttäuschen, können Sie garantiert mit der Häme und Schadenfreude vom Rest der Familie rechnen. Das schwächt ihre Stellung als Großeltern.

Darum: Lernen Sie beizeiten Gerechtigkeit und Unparteilichkeit.

Humor kann Spannungen lösen, Geschehnissen eine komische Seite abgewinnen. Lernen Sie, Probleme und Missgeschicke auf die leichte Schulter zu nehmen, mit einem Scherz zu zerstreuen. Wer mit Optimismus an die Sache rangeht, wird dafür belohnt werden. Denn, was ich erwarte, bekomme ich auch. Erwarte ich eine Enkelfamilie, bei der sowieso alles drunter und drüber geht und die eine einzige Enttäuschung ist, muss ich mich nicht wundern, wenn das so ist. Erwarte ich aber nur das Beste, Kinder und Enkel, deren Fortschritte ich begleiten und bewundern darf, werde ich meine Freude an ihnen haben.

Natürlich werden Sie das Enkelkind, das in Ihrer Nähe wohnt, besser kennen, als das entfernt wohnende. Vermutlich liegt es Ihnen darum auch mehr am Herzen. Es wird, logischerweise, manches »abstauben«, was den Enkelkindern, die entfernt von Ihnen wohnen, versagt bleibt: ein gebackener Kuchen, hier und da mal einen Extra-Euro, gemeinsames Shoppen usw. Dennoch dürfen Großeltern nicht den Fehler machen, ein Füllhorn von Wohltaten über die eine Familie auszugießen, während die entfernt wohnende leer ausgeht.

Kinder wachsen und entwickeln sich. Trotz Telefon, Mail oder Zoom müssen Sie sich jedes Mal neu kennenlernen. Seien Sie darum nicht verschnupft, wenn die teuren Inliner, die Sie mitbringen, schon längst nicht mehr »in« sind, weil der Junge inzwischen Fußball spielt. Bleiben Sie tolerant und humorvoll. Also: don't worry, be happy! Dann soll der Junge diese Inliner eben bei eBay vertickern und sich von dem Geld das kaufen, was er möchte.

Regel Nr. 6 Vermeiden Sie Mobbing und Intrigen!

Intrigen

Intrigen sind ein Mittel der Großeltern, mit dem sie sich gerne in den Mittelpunkt spielen. Großeltern streuen in solchem Fall auch gerne Gerüchte. »Da trägt die Tochter so einen teuren Fummel, anstatt den Kindern ein paar gescheite Schuhe zu kaufen.« Aber auch umgekehrt geht es. »Da machen die Großeltern schon wieder eine Kreuzfahrt und verbrauchen all ihr Erspartes.« Womit Kinder zum Ausdruck bringen, dass sie um ihr Erbe fürchten. Gegen Intrigen ist man meistens machtlos.

Mobbing in der Familie

Mobbing benutzen Großeltern, um Kinder und Enkel herabzuwürdigen. Das Abwerten geschieht durch den Entzug von Zuwendung, durch emotionale Erpressung, verbale Abwertung. Nichts ist für Eltern schlimmer als hochnäsige Großeltern, die vermeintlich alles besser wissen.

Während solche Großeltern zögern wurden, ihre besten Freunde herunterzuputzen, haben sie bei ihren eigenen Kindern komischerweise keine Probleme damit. Großeltern, die ihre eigenen Kinder mobben, tragen zur Entfremdung der Generationen bei. Auch wenn Enkel sich zu Recht bei Ihnen über die Eltern beschweren, gießen Sie bitte kein zusätzliches Öl ins Feuer. Natürlich ist es bedauerlich, wenn der Vater suchtkrank oder die Mutter mehr mit sich als den Kindern beschäftigt ist. Dennoch sind Eltern für ihre Kinder die engsten Bindungspersonen, ihre Familie. Wenn Sie die aktiv zu entfremden versuchen, geht das mit Sicherheit nach hinten los. Sprechen Sie darum mit Ihren Kindern, sprechen Sie den Enkeln Mut zu. Sollte das Leben mit den Eltern im außergewöhnlichen Fall gefährlich werden, begleiten Sie das Enkelkind zum Jugendamt. Lassen Sie dann die dafür ausgebildeten und befugten Personen handeln und bieten Sie Ihre Mithilfe an, indem Sie den Enkeln Obdach gewähren.

Familienmitglieder werden zu Mobbingopfern

Durch Isolation

Der Rest der Familie redet schlecht hinterm Rücken der betreffenden Person. Das Opfer wird gemieden.

Durch Imitation

Das Opfer wird lächerlich gemacht. Der Rest der Familie beobachtet jede Regung und amüsiert sich hinterm Rücken des Opfers darüber. Das Opfer wird nicht mehr ernst genommen.

Durch Kontaktverweigerung

Alles, was diese Person tut oder sagt, wird negativ bewertet, ist mit Vorurteilen behaftet, wird nicht ernst genommen.

Durch ständiges Kritisieren

Diese Person kann tun und lassen, was sie will. Sie wird nicht objektiv bewertet. Ihr Handeln ist immer falsch.

Folgen solchen Mobbings

Mobbing hat demütigende Erziehungsstile zu Folge. Der Vater wird gemobbt von Opa und tritt weiter: nach der Ehefrau, den Kindern. Er will vor seinen Eltern nicht schlecht dastehen und spielt sich darum auf.

Verletzende Kommunikation ist eine weitere Folge des Familienmobbings. Das Paar beginnt zu streiten über Dinge, die sonst kein Thema sind. Es bildet sich eine Hackordnung bei den Enkeln. Die Kinder streiten sich ebenfalls.

Es entsteht eine vergiftete Atmosphäre, die Familienmitglieder befinden sich in einer Spirale aus negativen Empfindungen. Hass-Liebe zwischen Eltern/Schwiegereltern und Kindern/Schwiegerkindern entsteht. Man kann nicht miteinander, aber ohne einander geht es auch nicht. Einflüsse solcher Hassliebe gehen auch auf die Enkel über. Sie wachsen in einer vergifteten Atmosphäre auf. Dann ist es nicht mehr weit zu psychischen Erkrankungen.

Mobbertypen

1. Machtmobber

Machtmobber-Großeltern erzielen Machtgewinn auf Kosten des Opfers. Die Schwiegermutter will sich als die bessere Hausfrau gegenüber der Schwiegertochter beweisen, der Vater hält dem Sohn Talentlosigkeit vor. Das alles auch vor den Augen und Ohren der Enkel. Das Opfer wird ausgebootet, ständig unsachlich kritisiert, seine Leistungen abgewertet. Das Opfer ist der ausgemachte Sündenbock. Machtmobber sind skrupellos. Sie hacken ständig auf ihrem Opfer herum, um selbst besser dazustehen.

2. Neidmobber

Neidmobber-Großeltern finden bei ihren Kindern oder Enkeln Eigenschaften, Berufe, Angebote, die sie selber gerne hätten oder gehabt hätten. Prominenz, Beliebtheit, Popularität, Fachkenntnisse, vielleicht auch die Partnerschaft und die Familie des Sohnes, der Tochter werden deshalb relativiert, heruntergemacht, ignoriert, weil sie all das darstellen, was die Großeltern nie zustande brachten. Solche Großeltern können sich nicht mitfreuen, sondern reagieren mit Häme und Rufmord.

3. Angstmobber

Das Kind, der Enkel, ist dem Großvater, der Großmutter in vielem sehr ähnlich. Vielleicht hat die Oma erst in späteren Jahren den Wert einer selbstgekochten Mahlzeit erkannt und tut jetzt so, als sei sie von Anfang an perfekt gewesen und zieht darum alles runter, was ihr unter die Augen kommt: Die Marmelade sieht zu künstlich aus, die Kartoffeln könnten ruhig weicher sein, die Suppe ist zu dünn, die Kinder zu laut…

Angstmobber haben ein geringes Selbstwertgefühl, das sie durch ihr Verhalten kaschieren wollen. Wenn sie andere schlecht aussehen lassen, glauben sie, gut zu sein. Angstmobber-Großeltern brauchen einen Sündenbock. Vermutlich waren die Eltern der Angstmobber-Großeltern Machtmobber. Jetzt treten sie weiter, weil sie ja selber Opfer waren und sich unverstanden fühlten. Angstmobber-Großeltern weichen einer Diskussion aus, weil sie dann ja den Kürzeren ziehen.

4. Lustmobber

Lustmobber-Großeltern schikanieren aus Spaß. Sie sorgen mit Wonne für Aufregung und streuen gerne Gerüchte. Das geschieht meistens aus Langeweile. Lustmobber-Großeltern möchten auf diese Weise Aufmerksamkeit und im Mittelpunkt stehen. Anders haben sie es nicht gelernt. Weil sie nicht loben oder wertschätzen können, wollen sie die Kinder ein wenig »ärgern«, indem sie sticheln. Dass sie stattdessen mobben, ist ihnen eigentlich nicht bewusst.

5. Hackordnungsmobber

Hackordnungsmobber-Großeltern zeigen, wer hier das Sagen hat und installieren darum eine bestimmte Hackordnung, die sie anführen durch Erniedrigung, Beschimpfung oder Attackieren und Schikanieren. Sie halten ihre Kinder, obwohl inzwischen Familienmütter oder -väter, klein. Sie bevormunden alle, um nicht in die zweite Reihe treten zu müssen.

6. Gruppenmobber

Gruppenmobber-Großeltern fühlen sich nur innerhalb einer Gruppe stark und sicher. Darum unterwerfen sie sich auch einer Gruppennorm, sei es in einem Verein, einer Religionsgemeinschaft, dem Stammtisch oder einem Kaffeekränzchen. Innerhalb so einer Gruppe kann es zu verzerrten Wahrnehmungen der eigenen Realität kommen. Gruppen-mobber-Großeltern sind leicht lenkbar durch ihr Umfeld. Denn sie sind weder eigenständig noch selbstkritisch. Ihr Lebensbild wird ihnen von außen aufgeprägt. Ändert sich das System, ändern sie sich mit. Sie vertreten Ihren Kindern und Enkeln gegenüber stets die Gruppen-meinung. Frau Meier sagt, Herr Schulze findet… Sie sind die typischen Mitläufer. Sind Großeltern in einer Gruppe, wo es zur Regel gehört, Kinder und Schwiegerkinder zu beschimpfen, werden sie sich dement-sprechend verhalten. Ändert sich durch z. B. neue Freundschaften die Thematik, indem man jetzt mit seinen Kindern und Enkeln angibt, werden sie das ebenfalls tun.

7. Vergleichsmobber

Vergleichsmobber-Großeltern können nur gut und perfekt sein, wenn die andern es nicht sind. Also werden die andern runtergemacht. Oma wird also das Haar in der Suppe finden, Opa dem Sohn sagen, dass dessen Ausbildung ja genug Geld gekostet habe und seine Leistung nichts Besonderes darstellt.

Woran erkennt man mobbende Großeltern?

Großeltern, die mobben, kaschieren das oft durch übertriebene Freund lichkeit und Verbindlichkeit. Sie nutzen das ihnen entgegengebrachte Vertrauen schamlos zum eigenen Vorteil aus. Großeltern, die mobben, sind trotzdem korrekt, höflich und förmlich. Aber nicht herzlich. Man sagt von ihnen, sie seien »falsch«. Vorneherum lieb und freundlich, aber hinterm Rücken, da geht's zur Sache. Großeltern, die mobben, geben sich auch oft gefühlvoll und signalisieren kummervoll Antipathie. Es macht ihnen solchen Kummer, dass der Sohn nur Krankenpfleger geworden ist anstatt Arzt. Es bricht ihnen das Herz, dass die Tochter den ganzen Tag arbeitet, statt, wie ihre Mutter, um der Kinder willen daheim zu bleiben. Solche Großeltern erpressen die anderen mit ihren negativen Gefühlen. Sie können ihrem Willen gut Ausdruck durch Weinen, Jammern, Krankwerden oder anderes verleihen. Sie können auch hysterisch werden.

Mobbende Großeltern sind unberechenbar. Die Kinder werden es ihnen nie recht machen. Weil Mobber auf jeden Fall schikanieren wollen, ist der Anlass beliebig. Das, wofür Oma heute schier aus dem Häuschen gerät, könnte Morgen gar nicht mehr erwähnt werden. Das verunsichert die Kinder und macht sie glauben, die Ursache der Konflikte läge bei ihnen. Mobbende Großeltern sind meistens ohne Skrupel.

Hackordnungs- und Gruppenmobber fühlen sich von den andern unterstützt und haben darum keine Hemmungen, wenn sie ihre Kinder oder Enkel bedrohen. »Die Stelle kriegst du nicht, dafür werde ich sorgen.« »Wenn du das tust, bist du die längste Zeit mein Sohn gewesen.«

Großeltern als Mobbing-Opfer

Weitaus größer dürfte die Zahl der Großeltern sein, die sich als Opfer betrachten, als Mobbing-Opfer ihrer Kinder. Die hilflos reagieren, wenn man hinter ihrem Rücken lästert, ihnen auf unangemessene Weise zeigt, dass sie hier nicht mehr das Sagen haben. Großeltern, die manchmal gar nicht wissen, wie ihnen geschieht.

Regeln für Mobbingopfer

Solche Großeltern sollen sich erstmal kritisch, aber ohne Selbstzweifel, hinterfragen. Vielleicht haben Sie gute Freunde, Bekannte oder Verwandte, die Sie um eine Meinung von außen bitten dürfen. Konstruktive und sachliche Kritik müssen Sie umsetzen. Wenn Sie wirklich zu ängstlich wirken, stärken Sie Ihr Selbstbewusstsein. Wenn man Sie als zu dominant empfindet, treten Sie in die zweite Reihe. Stärken Sie

Ihre Psyche, indem Sie undifferenzierte Vorwürfe und pauschale Angriffe nicht an sich heranlassen. Wenn der Sohn Sie ständig in aller Öffentlichkeit wegen angeblichen Geizes diffamiert, bloß weil Sie sich weigern ihm Ihr sauer verdientes Geld für windige Geschäfte zu überlassen, dann lassen Sie sich doch nicht mehr auf diesen Streit ein. Geben Sie dem Konflikt keine Nahrung mehr.

Bewahren Sie Ruhe

Möchten Sie Gerechtigkeit oder Frieden? Wie will man einen Streit zwischen den Generationen denn gerecht schlichten? Lassen Sie es auf sich beruhen und besinnen Sie sich auf Ihre eigenen Stärken.

Lernen Sie, zu differenzieren

Nicht jeder in unserm Umfeld ist ein schlechter Mensch. Nie ist die ganze Familie verdammenswert.

Lernen Sie, die jeweilige Situation richtig einzuschätzen

Mobbende Menschen entwickeln sich nicht weiter. Sollte Ihr Sohn Sie mit der »Geiz«-Masche immer wieder belästigen, wird ihn sicher jemand anderes zurechtweisen. Sie haben inzwischen gelernt, sich zurückzuhalten und gehen jedem diesbezüglichen Streit aus dem Weg. Seine Vorwürfe werden ins Leere laufen und ihn selbst entlarven. Zum wiederholten Mal sei gesagt: Sie dürfen und durften Fehler machen. Oft leiden wir Großeltern unter dem Versagen in der Vergangenheit. Manchen Fehler können wir nicht mehr korrigieren, dennoch dürfen wir einen Lehrgewinn daraus ziehen. Ja, wir haben dem Sohn damals stets finanziell die Kohlen aus dem Feuer geholt, weil wir uns als Eltern dazu verpflichtet fühlten. Inzwischen aber haben wir gelernt, dass so etwas die schlechteste Art der Hilfe ist.

Auch wir dürfen Hilfe in Anspruch nehmen

Das kann professionelle Hilfe sein, ebenso wie Hilfe durch Verbündete. Verbündete genießen das Vertrauen der Opfer. Das kann die Tochter sein, die die Mutter wegholt, wenn die Schwiegertochter sie gerade wieder ausnutzen will, das kann die Oma sein, wenn Opa wiedermal dabei ist, Unsinniges seines Lieblingssohnes zu finanzieren.

Auch Großeltern dürfen sich in Resilienz üben. Resilienz heißt, gestärkt aus Krisen hervorzugehen. Mobbing in der Familie ist ein Tabuthema. Großeltern und Eltern können Vorbild für das Zusammenleben der Kinder sein, indem sie eine gepflegte Streit- und Kommunikationskultur praktizieren. Stoppen Sie das Mobbing innerhalb der Familie, indem Sie sich Sätze, wie: »Wie siehst du denn aus!« »Was isst du denn für ein Zeug!« »Du wirst auch immer fetter/dünner!«, verbieten. Verbannen Sie verletzende Kommentare aus Ihren Familiengesprächen und schreiten Sie ein, wenn Gespräche diese Richtung nehmen, indem Sie einen Themenwechsel anstoßen.

Bestärken Sie Ihre Kinder und Enkel darin, anders zu sein. Helfen Sie Ihren Enkeln zu innerer Unabhängigkeit von Gruppendruck und Mainstream. Auch für junge Damen, die nicht der Norm des Schlankheitswahns entsprechen, gibt es tolle Klamotten. Auch für Jungs, deren äußere Größe unter der üblichen Norm liegt, gibt es nette Mädchen, wenn sie selbstbewusst daher kommen. Helfen Sie Ihren Enkelkindern und gießen Sie nicht noch genussvoll Öl in das Feuer ihrer Konflikte.

Regel Nr. 7 Befördern Sie das Geben und Nehmen!

Danken Sie ab! Sie sind keine Majestät und kein Herrscher

Ihr Rat ist nicht Gesetz! Erwarten Sie nicht, dass Ihr Rat und Ihre Hilfe immer und sofort angenommen werden.

Die verflossenen Jahre haben uns Großeltern manchen Erfolg, aber auch manche Niederlage beschert. Wir haben aus vielem unsere Schlüsse gezogen und dabei lehrreiche, aber auch bittere und schmerzhafte Erfahrungen gemacht. Manchmal fühlten wir uns als Sieger, manchmal als Verlierer. All das könnten wir unsern Kindern und Enkeln ersparen, wenn sie doch auf uns hören würden. Wie gerne würden wir unser Wissen und die daraus entstandenen Erfahrungen mit der Enkelgeneration teilen – wenn sie uns denn ließen.

Wissensaustausch, der nur einseitig funktioniert, ist kein Austausch, sondern eine dozierende Belehrung. Das mag die junge Generation überhaupt nicht. Großeltern, die alles wissen und vor allem, alles besser wissen, finden kein Gehör, auch wenn unter ihrem Geschwafel vielleicht das eine oder andere Wertvolle ist. Es bleibt eine Einbahnstraße. (Lesen Sie dazu unser Buch: »Wissen Großeltern alles besser?«)

Geben und Nehmen lautet die goldene Formel: Warum nehmen Sie nicht auch den einen oder anderen Ratschlag an? Wenn es um menügesteuerte Haushaltsgeräte geht, kann Ihnen das Enkelkind hilfreich zur Seite sein, genauso wie bei Computern oder Handys. Wenn Sie bereit sind, Neues zu lernen, werden Ihre Kinder und Enkel nicht abgeneigt sein, Ihnen zuzuhören.

Erinnern Sie sich, wie die Älteren Ihnen Ihre Erziehungsmethoden madig machten oder Ihre Wohnungseinrichtung kritisierten? Wie haben Sie reagiert, wenn andere Recht hatten mit dem, was sie rieten? Haben Sie sich bedankt und den Umstand sofort geändert? Oder haben Sie sich zunächst dagegen gesträubt und nach längerem Nachdenken oder erst, wenn Sie genau das Gleiche Ihre besten Freunde praktizieren sahen, etwas geändert? Sie schoben vielleicht zwischen den Rat der Anderen noch eine Bestätigung, erst dann reagierten Sie. Genau das sollten wir unseren Kindern ebenfalls zugestehen.

Als kleine Hilfe stellen Sie folgende Überlegung an: Geben Sie guten Freunden einen sachlichen Rat, würden Sie entsetzt abwinken, wenn man Ihnen unterstellt, Order erteilt zu haben. Sie würden klarstellen, der Rat sei eher ein Tipp gewesen, keinesfalls ein Befehl. Warum gehen Sie nicht genauso mit Ihren erwachsenen Kindern um, wenn Sie einen Ratschlag erteilen, nachdem Sie darum gebeten wurden. Wer seinen Kindern keine Entscheidungsfreiheit über das Annehmen oder Ablehnen von Ratschlägen lässt, handelt egoistisch. Dann sind Ratschläge wirklich Schläge.

Also erwarten Sie nicht, dass die ganze Familie nach Ihrer Pfeife tanzt. Sollten Sie nach geraumer Zeit aber merken, dass Ihre Ratschläge in der Enkelfamilie fruchten, hüten Sie sich vor lautem Triumph. Das könnte Ihnen als Rechthaberei ausgelegt werden. Bleiben Sie normal und offen für die nächste Frage nach einem Ratschlag. Denn so einer Person nimmt man eher Ratschläge ab oder fragt sie sogar danach.

Regel Nr. 8 Machen Sie sich Ihre Kinder nicht durch Schuldgefühle gefügig!

Emotionale Erpressung ist eines der perfidesten Mittel, das die Großelterngeneration einsetzt, um sich Kinder und Enkel gefügig zu machen.

Emotionale Erpressung kann auf unterschiedliche Weise geschehen:

Wir verknüpfen unsere Zuneigung mit bestimmten Bedingungen,

wie Verhaltensweisen oder Ritualen. Nur wenn an Weihnachten unterm Tannenbaum alle *Oh du fröhliche* anstimmen, machen wir ein freundliches Gesicht und gibt es Geschenke.

Wenn man uns nicht Recht gibt, meinen wir, mangelnde Zuneigung zu verspüren

und verallgemeinern, indem wir behaupten, es mangle den Kindern an Liebe und Ehrfurcht vor den Eltern.

Wir übertragen die Eigenverantwortung für unser Wohlergehen auf unsere Kinder.

Wenn es uns nicht gut geht, sind sie schuld.

Wir propagieren eine Zuneigungspflicht.

Tochter oder Sohn mit Partnern und Enkeln sind verpflichtet, uns zu beachten und ihre Zuneigung zu zeigen.

Wir nehmen eine Opferrolle ein

und erzeugen damit bei den Kindern Schuldgefühle. Weil wir krank, einsam usw. sind, sind sie verpflichtet, uns zu helfen.

Wir erpressen sie mit der Vergangenheit

Ich bin deine Mutter, ich habe dich geboren, du hast mir viele Probleme bereitet, ich habe an deinem Krankenbett gewacht, dir die Windeln gewechselt… darum darf ich jetzt alles von dir verlangen.

Wir vergleichen

Die Nachbarin hat viel nettere Kinder. Sie wird jedes Wochenende von ihnen abgeholt…

Wir schweigen und ignorieren

Wir hüllen uns in eisiges Schweigen und lassen unsere Kinder im Ungewissen und in Unsicherheit. Wir veranstalten ein imaginäres Quiz: Rate mal, welche Laus mir über die Leber gelaufen ist?

Damit sind wir wieder im Mittelpunkt des Denkens und Handelns unserer Kinder. Wir liefern ihnen den Anlass für Konflikte und Auseinandersetzungen.

Wir drohen mit unserm Tod

Im fortgeschrittenen Alter muss jeder mit seinem Ableben rechnen. Also lassen wir Sätze fallen, wie: »Ihr werdet schon sehen, wenn ich nicht mehr bin…« »Es könnte ja auch mein letztes Weihnachtsfest sein…« Wir erpressen mit unserm Sterben. Manche treiben es noch weiter und drohen mit Selbstmord.

Wir verdrehen die Wahrheit

»Aber du wolltest doch nicht mit zum Grillen«, sagt der Sohn und wir antworten: »Das habe ich nie gesagt!« Und wissen, dass wir gnau das

gesagt hatten und uns jetzt ärgern, dass er uns nicht ein paar Mal gebettelt hat.

Wir vermeiden direkte Botschaften

Wir lassen die Bemerkung fallen, dass wir nächste Woche einen Fach-
arzttermin haben und hoffen, die Kinder hören heraus, dass wir gefahren werden müssten. Wir sagen: »Bei der Nachbarin wurden heute
Fenster geputzt« und hoffen, die Kinder hören unsere indirekte
Botschaft: Jemand müsste bei uns mal Fenster putzen. Anstatt zu
fragen: »Könntet ihr uns nächste Woche zu Dr. Sowieso fahren?« Oder
direkt zu bitten: »Wann habt ihr mal Zeit, meine Fenster zu putzen?«,
wählen wir undurchsichtige Kommunikationswege.

Gut gemeint

Wir schützen uns bei allem damit, dass wir es ja gut meinen. Wer sich
auf so einen Standpunkt stellt, verweigert sich jeder vernünftigen und
sachlichen Kommunikation. Wer es gut meint, ist nicht angreifbar. Wer
es gut meint, hat vermeintlich einen Freibrief, darf sich alles erlauben,
solange er oder sie es gut meint, doch ist das Gegenteil von gut leider
gut gemeint.

Emotionale Erpressung ist Manipulation

Warum tun Großeltern das? Weil sie nicht bereit sind, ihre Verantwortung abzugeben, weil sie immer noch gerne im Mittelpunkt stehen
wollen.

Wissen Sie, wie der fachliche Rat lautet, der Ihren Kindern für solche
Großeltern gegeben wird? Ihre Kinder werden angehalten das Neinsagen zu lernen. Wenn das nicht reicht, sollen sie auf räumliche Distanz
zu Ihnen gehen. Mit anderen Worten: Sie sollen wegziehen, sich vom
Acker machen dorthin, wo Sie sie nicht so schnell erreichen können.
Wollen Sie das? Mit Sicherheit nicht. Also sollten Sie sich Gedanken
machen, wie Sie aus der Erpresserfalle herauskommen.

Regel Nr. 9 Arbeiten Sie an Ihrer Einstellung!

Halb voll oder halb leer?

Wie ist Ihre Einstellung zum Leben? Wenn Sie schon immer alles öde und verdammenswert fanden, ist es höchste Zeit, diese Einstellung zu ändern. So wie Sie dem Leben gegenüber stehen, wird Ihr Verhältnis zur Enkelgeneration. Kein junger Mensch hält sich gerne im Dunstkreis von Ignoranten, Pessimisten oder Besserwissern auf.

Durch Jammern und Schwarzmalen ändern wir gar nichts. Im Gegenteil. Man wird uns meiden. Erwarten wir oder geben wir? Sind wir Bedenkenträger oder Problemlöser? Erpressen wir unsere Kinder, weil wir uns ungefragt und ungebeten über alles, was sie betrifft, Sorgen machen, damit aber unsere Gesundheit ruinieren und falsche Abhängigkeiten schaffen?

Verbreiten Sie Optimismus und Sie werden überall willkommen sein. Sie gehören dann zu den bevorzugten Personen, in deren Nähe man sich gerne aufhält.

Halten Sie sich weitgehend aus familiären Konflikten raus

Einer Familie muss es möglich sein, Konflikte auszutragen, ohne ständig unter dem Druck der Rücksichtnahme auf die Großeltern zu stehen. Wenn Sie gleich um die Ecke wohnen, nehmen Sie Ihre Sachen und gehen Sie heim. Fragen Sie nicht am nächsten Tag, wer was gesagt hat und wer als Sieger vom Platz ging.

Wenn Sie zu Besuch sind, gehen Sie in die Küche und räumen die Spülmaschine aus oder lesen Sie den Enkeln vor. Auf jeden Fall ziehen Sie sich zurück, wenn es geht, in das Ihnen zur Verfügung gestellte Schlafzimmer. Sind Sie im Hotel untergebracht, verziehen Sie sich nach dorthin. Erwähnen Sie die Situation am nächsten Tag mit keinem Wort. Sätze wie: »Was war denn bei euch los?«, sind tabu. Bedenken Sie: Wir alle haben eine subjektive Sicht auf das Leben. Während die einen vielleicht einen aufwändigen Akt aus der Müllentsorgung machen, reden die andern gar nicht darüber, wer gerade aus der Haustür geht, nimmt eben den Müllsack mit. Die einen freuen sich über die Hunde auf der Wiese, die andern sind ängstlich, weil sie Hunde nicht mögen. So wie wir das Leben anschauen, gestalten wir es auch. Die einen können sich nur innerhalb von Strukturen bewegen, die andern finden Strukturen hinderlich.

Regel Nr. 10 Die Großen bitte nach hinten!

Wie beim Gruppenfoto

Wer groß gewachsen ist, kennt das: Bei jedem Klassenfoto wurden wir Großen nach hinten geschickt. Große Menschen kennen also die zweite Reihe schon ziemlich lange. Aber auch Großeltern, die eher klein und darum beim Gruppenfoto Kandidaten für die Pole-Position sind, müssen lernen, eine Reihe nach hinten zu treten. Das ist nicht einfach und erfordert manchmal recht viel Kraft. Haben Sie als Eltern bisher immer den Laden geschmissen, sämtliche Entscheidungen gefällt, hatten den Überblick und alles lief reibungslos? Jetzt sollen Sie das Feld plötzlich den unerfahrenen Kindern überlassen, zusehen, wie die ihre eigenen Fehler machen, die doch vermeidbar gewesen wären, hätten sie nur auf die Eltern gehört oder sie einbezogen? Jetzt auszuhalten, dass auch etwas schief laufen kann, wenn die Eltern nicht mehr mitmischen, ist schwer. Sich spitze Bemerkungen deswegen zu verkneifen, noch schwerer. Gelassenheit zu lernen ist äußerst wichtig in der zweiten Reihe. Wer sich diesem Lernprozess verweigert wird aber bald außerhalb gestellt, aus dem Bild gedrängt, ist weg vom Fenster.

Die zweite Reihe hat nämlich Vorteile, die, näher betrachtet, nicht zu verachten sind. Oft stehen die Hinteren auf einem Podest und haben dadurch die Übersicht. Wer viel überblickt, weiß auch viel, erfährt mehr, kann weise handeln. »Älterwerden ist wie auf einen hohen Berg steigen. Je höher man kommt, desto beschwerlicher wird es, aber die Aussicht wird immer besser«, ist auf einer Postkarte zu lesen. Während die erste Reihe dazu bestimmt ist, weiterhin die volle Verantwortung zu tragen – viel Energie braucht und wenig Dank bekommt – stehen in der zweiten Reihe all die, denen Wertschätzung und Achtung zukommen.

Mit zunehmendem Alter ist es wichtig, wertgeschätzt zu werden. Dennoch dürfen Sie nützlich sein und gebraucht werden. Die richtige Balance wird Ihre Zufriedenheit steigern und ist für Ihre Kinder von großem Vorteil. Wollen Sie von Ihrer Familie weiterhin gebraucht werden, gehen Sie in die zweite Reihe.

Hier kommt zum Tragen, was wir im Kapitel »Schenken, schlucken, schweigen?«, bereits beschrieben haben. Wir dürfen lernen, Zurückhaltung zu üben, ohne uns zu einem Objekt der Willkür zu machen. Zurückhaltung ist eine der sogenannten preußischen Tugenden, zu der auch Sparsamkeit, Sauberkeit, Aufrichtigkeit gehören. Zurückhaltung wird mit Bescheidenheit in einem Atemzug genannt. Zurückhaltung sollte Großelterntugend werden – sich zurückhalten. Lernen, sich sofort eines vorschnellen Kommentars zu enthalten. »Was habt Ihr denn da für ein komisches Bild hängen?« Vielleicht ist es das Ergebnis eines Volkshochschulkurses der Schwiegertochter, worauf diese ganz besonders stolz ist, und schon ist man voll ins Fettnäpfchen getreten.

Sich zurückhalten, wenn den jungen Leuten mal der Gaul durchgeht und sie sich unverhältnismäßig in unsere Angelegenheiten mischen, unglückliche Kommentare abgeben oder uns auf andere Weise brüskieren. Manchmal sind das nur Auswüchse einer »elterlichen Pubertät«, wo sie uns auf diese Weise ihre Unabhängigkeit und Eigenständigkeit beweisen wollen, ihre »Reife« als Eltern. Kurz, jetzt, wo sie selber Eltern sind, wollen sie auch erwachsen sein. Eine entsprechende Erwiderung von uns Großeltern liegt natürlich auf der Zunge und sollte dennoch schnellstens heruntergeschluckt werden. Auch wenn das Schlucken manchmal sogar ein Würgen bedeutet, sollten wir Großmut walten lassen. Das Leben erzieht. Mit jedem Jahr, das Ihre Kinder Eltern sind, wird ihre Großspurigkeit weniger werden. Ohne dass Sie sich ständig einmischen müssen.

Regel Nr. 11 Suchen Sie nach einem Alleinstellungsmerkmal

Kochen, nähen, stricken, Autos reparieren, Regale andübeln, Möbel nach Anleitung zusammenbauen, Rasen mähen, einen grünen Daumen haben – gibt es etwas, das nur Sie besonders gut können? Dann haben Sie ein wichtiges Alleinstellungsmerkmal innerhalb Ihrer Familie. Sie füllen eine Lücke, die ohne Ihre Fähigkeiten entstehen würde. Die Lücke wird zur Brücke, einer Brücke zu den Enkeln und deren Eltern.

Genießen Sie es also, wenn die Schwiegertochter Ihnen einen Korb Flickwäsche bringt, freuen Sie sich, wenn der Schwiegersohn Sie um Mithilfe beim Reifenwechsel bittet. Wer aber sein einzigartiges Wissen und Können als Köder oder Mittel der Erpressung gebraucht, sollte sich nicht wundern, wenn die Enkelkinder in kaputten Hosen laufen und das Auto der Eltern unnötig finanzielle Mittel verbraucht, weil der Reifenwechsel von einer Werkstatt gemacht wird.

Wer sein Wissen und Können einsetzt, um im Gegenzug Liebe und Zuwendung einzufordern, muss sich nicht wundern, wenn er am Ende nur leere Hülsen in der Hand hat anstelle einer reichen Ernte.

Regel Nr. 12 Machen Sie sich unabhängig!

Kinder und Enkel sind nicht alles, was das Leben Ihnen zu bieten hat

Fühlen Sie sich manchmal wie das fünfte Rad am Wagen, ein Klotz am Bein? Die Gefahr besteht, wenn Großeltern in den Kindern und Enkeln ihren einzigen Lebenssinn sehen, sich nur auf diese fokussieren. Wenn Sie außer dieser Familie weder Freunde noch Abwechslung haben. Wenn Sie sich weigern, neue Kontakte zu knüpfen, ungehalten werden, wenn Sie sich unter Ihresgleichen bewegen sollen.

Wer sich an die Enkelfamilie krallt, wird zur Last

Konflikte sind dann vorprogrammiert, Kinder und Enkel geraten schnell zwischen die Fronten. Denn sie sind viel spontaner und wechselhafter in ihren Entscheidungen, als es Großeltern recht sein kann. Die Tagesplanung und Essenszeiten können fließend sein. Hektik und Stress sind bei ihnen an der Tagesordnung. Großeltern wird das stören und sie werden als Bremsklotz empfunden. Beide Seiten machen sich ein schlechtes Gewissen, es gibt Ärger und Bitterkeit. Die Großeltern empfinden die Enkelfamilie als undankbar und diese die Großeltern als rücksichtslos und intolerant. Das alles kann passieren, wenn Kinder und Enkel der einzige Draht zum Leben sind. Dieser Draht kann schnell reißen, wie der berühmte seidene Faden, an dem manches hängt. Gewöhnen Sie sich gar nicht erst an, darauf zu lauern, wann Kinder oder Enkel aus der Firma oder Schule heimkommen. Sie dann womöglich abzupassen, weil Sie mit ihnen reden wollen, sich beschweren müssen oder gar auf sie warten, weil Sie doch gekocht haben. In diese Falle geraten Sie, wenn die Enkelfamilie Ihr einziger Lebensinhalt ist. Schön, wenn Sie noch in der Lage sind, Mahlzeiten zuzubereiten. Die Kinder sind nicht pünktlich? In Zeiten der Mikrowelle ist das kein Problem. Stellen Sie die Mahlzeit hin und gehen Sie Ihrer Wege. Sie sollten ein eigenes Programm haben, das Sie davon abhält, mit beleidigter Miene am Tisch zu sitzen und stumm zu lauern, bis der Rest der Familie eingetroffen ist.

Großeltern müssen ihre Unabhängigkeit und Selbstständigkeit bewahren, solange dies möglich ist! Wer selbst aktiv ist, den argert nicht, wenn die Kinder allein in Urlaub fahren. Wer selbst aktiv ist, wird nicht auf unausgesetzte Zuwendung und Zuneigung der Kinder und Enkel pochen. Ein eigenes Leben, ein eigener Terminkalender bewahren vor überzogenen Erwartungen an die Enkelfamilie. Horchen und sehen Sie in sich hinein. Welche Träume hatten Sie oder haben Sie noch immer? Eine Sprache lernen? Gehen Sie zur Volkshochschule. Ein wenig mehr Bewegung? Suchen Sie sich eine Sportgruppe. Einfach nette Menschen treffen? Treten Sie einem Verein bei. Irgendwo behilflich sein? Es gibt genug Flüchtlinge, Kinder oder kranke Menschen, die Hilfe brauchen. Werden Sie kreativ und flexibel. Machen Sie noch was aus Ihrem Leben, ohne Ihre Enkelkinder zu vernachlässigen. Aber glauben Sie uns, die werden sich gerne hinten anstellen, wenn sie sehen, was für coole, aktive Großeltern sie haben!

VERWÖHNEN SIE IHRE ENKEL RICHTIG?

Verwöhnen fördert keinen Egoismus, im Gegenteil

Unseren Eltern und deren Vorfahren wäre nie in den Sinn gekommen, sich selbst zu verwöhnen, denn sie waren pflichtbewusste Menschen bis ins tiefste Innere. Noch in unserer Kindheit hieß es, wenn man uns beim Träumen oder Herumsitzen ertappte: Hast du nichts zu tun? Wenn nicht, sagte unsere Mutter, dann kann ich das ändern! Jede Minute, jede Sekunde hatte mit sinnvoller Arbeit gefüllt zu sein: Hausaufgaben erledigen, Pflichtaufgaben im Haushalt abarbeiten, im Garten helfen, einkaufen gehen. Von Verwöhnen war nie die Rede. Verwöhnen war ein Schimpfwort, das einen abfälligen Klang hatte. »Verwöhnte« Kinder waren verzärtelt, verpimpelt – unbrauchbar für das gewöhnliche Leben. »Verwöhnte« Kinder heulten bei jedem bisschen, jammerten steinerweichend, wenn sie sich eine Blase gelaufen hatten oder greinten, wenn sie etwas nicht bekamen. Verwöhnte Kinder waren Memmen. Solche Kinder wollten die meisten Eltern nicht. Zur Zeit unserer Kindheit war »Verwöhnen« etwas Negatives. Mütter, die ihre Kinder »verwöhnten« galten als schwach, weil sie keine Grenzen setzen konnten.Deshalb war in unserer Generation von »verwöhnen« nicht die Rede, wenn es um uns und unseren Alltag ging. Selbst im Urlaub, in den Ferien, sprach man nur von Erholung, nicht von Verwöhnen. Sich etwas zu gönnen, das war es – sich zu verwöhnen hatte ein »Geschmäckle«, wie die Schwaben zu sagen pflegen.

Das Wort »Verwöhnen» wurde erst später, viel später, salonfähig. Plötzlich gab es »Verwöhnwochenenden«, »Verwöhntage«, ohne dass die Allgemeinheit daran Anstoß nahm. Denn nun verstand man darunter Leuchtpunkte, Zeit, die aus dem Alltag gehoben war, in der man sich selbst etwas Gutes tat, ohne besorgt sein zu müssen, dass der Charakter darunter leidet.

Wir selbst, Marianne und Reinhard Kopp, bekamen auch schon »Verwöhnwochenenden« als Geschenke und wir haben diese Zeit sehr genossen. Von solchen Momenten kann man lange zehren und Kraft daraus für die alltäglichen Aufgaben ziehen.

Ich erinnere mich noch gut an eine Zeichenstunde in meiner fünften oder sechsten Klasse, als das Thema hieß: Was ich einmal werden möchte. Ich malte Bücherregale und viele Buchrücken, denn ich wollte Bibliothekarin werden. Mein Vordermann aber hatte entweder nicht richtig zugehört, keine Lust oder er wusste noch nicht, in welche Richtung seine berufliche Laufbahn gehen sollte. Ich reckte meinen Hals erst nach vorne, als unser Zeichenlehrer, über sein Blatt gebeugt, zu schimpfen begann. Mein Klassenkamerad hatte eine Insel gemalt, ringsum Wasser im schönsten Türkis. Auf der Insel eine Palme, gelber Sand, darauf ein Handtuch und eine Person. Den Vorwurf unseres Zeichenlehrers parierte er: Ich will mal Urlauber werden!, was dem Pädagogen vollends die Sprache verschlug. (Dazu muss man bedenken, dass unsere Schulbildung in der damaligen DDR darauf abzielte, die junge Generation zu Menschen zu erziehen, bei denen alles und jedes Tun sinnvoll und für den Aufbau des Sozialismus nützlich zu sein hatte.)

Ich möchte Urlauber werden, Lebenszeit mit Nichtstun verbringen – wie viele träumen davon und wären doch enttäuscht, wenn sich dieser Traum verwirklichen ließe. Verwöhnen zum Dauerzustand machen zu wollen, bedeutet, Maß und Mitte zu verlieren. Auf solche Zeiten folgt unweigerlich Dekadenz, Verfall in jeder Hinsicht.

Das dachte sich wohl auch Marlene Engelhorn, eine österreichische Millionenerbin, die den größten Teil ihres Vermögens einem Bürgerrat zur Verteilung zur Verfügung stellte. Für sie ist nach eigener Aussage ein »normales« Leben mit Arbeit und Freizeit anziehender als Jetset-Lifestyle. Guten Champus nur in guten Momenten und nicht wie andere Wasser trinken.

Gerade zukünftige Lottomillionäre träumen ja davon, dass, wenn sie den Jackpot geknackt haben, ihr Leben in ein Dauerverwöhnprogramm umzuwandeln. Nicht nur Stars und Sternchen, die sich in den Ruhestand verabschiedet und nach ein paar Jahren wieder am Schlagerhimmel oder Filmfirmament auftauchten, haben es (manchmal bitter) erfahren müssen: Wer in Dauerverwöhnschleife lebt, lebt sinnentleert, verliert die Lust daran. Denn auch einen Höhepunkt an den anderen zu reihen, bedeutet Stress und Langeweile. Wer eine Menge Jahre vor sich hat, zwar mit einem gut gefüllten Bankkonto, aber trotzdem ohne Sinn und Ziel, dem wird alles öde und fad. Dann ist Verwöhnen so gewöhnlich, dass man überhaupt keine Freude mehr daran hat, vor allem keine Vorfreude darauf. Wer immer nur Eis schlecken darf, verdirbt sich den Magen, wer von einer Party zur anderen hetzt, seine Empfindungen. Wer ständig alles hat und alles verfügbar hat, verliert die Freude darauf und ist nicht mehr imstande, zu schätzen, was er hat.

Sich von sinnstiftendem Tun zu erholen, das macht den Verwöhneffekt. Sinnstiftend kann sowohl der Broterwerb als auch eine ehrenamtliche Tätigkeit und nicht zu vergessen, unser Einsatz bei den Enkeln, sein.

Gehen wir der Sache auf den Grund

Das Verb »wöhnen« ist im 17. Jahrhundert untergangen, es verschwand aus unserem deutschen Sprachgebrauch. Es kommt vom althochdeutschen »wennen«. Das Wort »wöhnen« kennen wir nur mit Vorsilben: entwöhnen, verwöhnen, gewöhnen. Sprachverwandt mit diesen Worten ist auch das Wort »wohnen«, also irgendwo hinzugehören, daheim zu sein. Worte mit der Vorsilbe »ver« kennzeichnen im Deutschen ein Wort als schwierig oder negativ. Worte mit »ver« bedeuten ein Beseitigen, Wegschaffen, »Ver«brauchen: verrücken, vertreiben, verzehren. Die Vorsilbe »ver« drückt u. a. in Verbindung mit Verben aus, dass eine Person etwas falsch macht: verwöhnen. Manchmal wird das betreffende Wort durch die Vorsilbe »ver« verstärkt: verfehlt, verweigert. Oder ins Gegenteil gekehrt: verachten, verkennen. Oder die Vorsilbe »ver« gibt dem Wort einen neuen Sinn: verbinden, verstehen, verdienen. Für die Gebrüder Grimm bedeutete »verwöhnen« nachteiliges beeinflussen.

Zweierlei Bedeutung des Wortes »Verwöhnen«

Wir wiesen am Anfang des Kapitels schon darauf hin, die Bedeutung von Verwöhnen ist im Wandel begriffen. Wurde es noch vor wenigen Jahrzehnten mit verzärteln, verpimpeln oder überberbehüten in Verbindung gebracht, wird es gegenwärtig als Umschreibung dafür benutzt,

sich selbst oder anderen etwas Gutes zu tun durch besondere Zuwendung, Hege und Pflege. Es geht nicht ums Verzärteln, sondern um
Wohltaten für einen selbst oder seine Mitmenschen.

Verzärteln wäre das Gegenteil von richtigem Verwöhnen

Wer Enkel verzieht, verpimpelt, verzärtelt, macht Egoisten und
Narzissten aus ihnen. Menschen, die sofort ein Geschrei anstimmen,
ihre Mitmenschen, wozu auch wir Großeltern gehören, tyrannisieren
und solange aus der Rolle fallen, bis ihr Umfeld ihnen gibt, was sie
fordern. Großeltern, die sich in solchen Bahnen bewegen müssen sich
nicht wundern, wenn die Enkel in ihren Forderungen immer unver-
schämter und rücksichtsloser werden.

Maßlosigkeit und Inkonsequenz sind kein Verwöhnprogramm

Bedeutet: Höhepunkte zu schaffen, etwas, das es nicht alltäglich gibt.
Wir fahren z. B. mit unsern Enkelkindern gerne mal in eine bestimmte
Eisdiele, um dort das besonders leckere Spaghetti-Eis zu genießen. Wer
es versteht, besondere Höhepunkte für seine Enkel zu schaffen, wird
sich zum richtigen Verwöhn-Opa oder zur Verwöhn-Oma befähigen.
Wobei es nicht unbedingt Eis sein muss. In dieser Weise sind Ihrer
Phantasie keine Grenzen gesetzt.

Bedenken Sie aber: Kinder dürfen auch Warten lernen. Sie müssen
nicht immer alles und sofort bekommen. Wir fahren auch nicht jeden
Tag mit unsern Enkeln Eis essen. Wir überhäufen sie nicht mit
Höhepunkten oder Überraschungen. Als kleines, tägliches Verwöhn-
programm bei uns müssen sie nach den Mahlzeiten nicht mithelfen, die
Küche aufzuräumen, was bei ihnen daheim Pflichtprogramm wäre.
Aber sie helfen gerne beim Kochen und Backen, weshalb wir unsern
Speiseplan nach ihren Wünschen richten.

Wie verwöhnen wir unsere Enkel richtig?

Wir können den Satz: Heute haben wir unsere Enkel richtig verwöhnt,
auf zweierlei Weise betonen. Legen wir die Betonung auf »verwöhnt«,
kann es heißen, dass wir genau das gemacht haben, was »falsches«

Verwöhnen ausmacht: Sie durften alles, sie mussten gar nichts, es gab keinerlei Grenzen. Es wurde noch pompöser und ausschweifender.

Oder wir betonen den Satz auf »richtig«. Und damit beginnt für viele Großeltern die Fragen: was ist, was wäre denn »richtig«?

Richtig heißt, es in angemessener Weise zu tun. Angemessen wäre, das jeweilige Verwöhnen auf das jeweilige Enkelkind anzupassen. Tun Sie Ihrem Enkelkind etwas Gutes, etwas, das dem Kind gut tut. Enkel mit einer Mehlunverträglichkeit verwöhnen wir keinesfalls mit Kuchen vom Bäcker. Enkel, die unter Diabetes leiden nicht mit einer riesigen Zuckerwatte.

Verwöhnen – um wen soll es eigentlich gehen?

Wenn Großeltern verwöhnen als Mittel der Bestechung benutzen, müssen sie sich nicht wundern, wenn dieser Schuss nach hinten losgeht. Großeltern, die sich mit Hilfe eines Verwöhnprogramms in den Mittelpunkt stellen wollen, Sterne bei den Enkeln verdienen möchten, können sich die Mühe sparen. Denn sie lohnt nicht. Unsere Enkelkinder, egal in welchem Alter, sind nicht so dumm, uns nicht zu durchschauen. Im Gegenteil, manche sind sogar so gewieft, dass sie uns schamlos ausnutzen, aus unserem Wunsch, uns lieb Kind bei ihnen zu machen den größtmöglichen Profit herauszuschlagen. Wir betonen es ja auch im Kapitel »*Schenken, schlucken, schweigen*«: setzen Sie sich nicht in Wettbewerb zu anderen Familienmitgliedern, wenn Sie dazu weder finanziell noch mental oder zeitlich in der Lage sind. Wenn das Enkelkind von den anderen Großeltern eine Ferienreise nach England geschenkt bekommt, freuen Sie sich doch mit ihm, aber lassen Sie den Neid beiseite. Falls diese Großeltern so einen Reisescheck genau mit diesen Hintergedanken, nämlich die liebsten und besten Großeltern für die Enkel zu sein, ausgestellt haben, brauchen Sie nur abzuwarten. Enkel sind selten bestechlich.

Bleiben Sie, wie man so schön sagt, auf dem berühmten »Teppich«

Großelterliche Egozentrik ist fehl am Platze, wenn es darum geht, den Enkeln etwas Gutes zu tun. Sie verwöhnen es nicht mit dem teuersten

Fahrrad, wenn man bedenkt, wie viele Räder täglich gestohlen werden. Das gäbe nur Ärger und Vorwürfe und schlechte Gefühle. Besorgen Sie stattdessen ein gebrauchtes Fahrrad und rüsten Sie es gemeinsam mit dem Enkelkind auf. Gemeinsames Schaffen schweißt zusammen, verbindet ein Leben lang. Das Enkelkind lernt zu schätzen, was es hat und kann später mal so manchen Handgriff anwenden: einen Schlauch flicken oder wechseln, die abgesprungene Kette neu aufziehen usw. Und Sie müssen sich keine Sorgen machen, dass irgendein Verbrecher Ihrem Enkel das Rad vom Fahrradschloss abkneift. Denn gebrauchte Räder sehen irgendwie alle gleich aus. Die Wahrscheinlichkeit eines Diebstahls ist damit verringert.

Außerdem: gerade in Zeiten von Nachhaltigkeit und Klimaschutz gebrauchten Gegenständen ein zweites Leben zu ermöglichen, ist total angesagt, auch bei der Enkelgeneration.

Richtig verwöhnen – aber wie?

Verwöhnen Sie im Rahmen bestehender Familienregeln. Lebt die Familie vegan, wäre es ein falsches Verwöhnprogramm, die Enkel mal richtig mit Fleisch zu verkösten, weil Fleisch für Sie als Großeltern immer noch ein »Stück Lebenskraft« ist. Sie dürfen nicht vergessen, dass Kinder, die rein pflanzliche Nahrung zu sich nehmen, anders verdauen, weshalb die von Ihnen gut gemeinte Schweinshaxe oder der Hähnchenschenkel zu Schwierigkeiten führen könnte. Nicht nur im Verdauungssystem, auch in der Beziehung zu Ihren Kindern. Mag Ihnen der Grund für deren Lebensweise unverständlich bleiben, akzeptieren Sie ihn und fahren Sie nicht das Gegenprogramm. Reden Sie mit Ihren Kindern. Vielleicht verlangt der Opa, weil er es von jeher so gewohnt war, sonntags seinen Braten auf den Tisch. Fragen Sie die Kinder, wie Sie sich in Anbetracht des Enkelbesuchs verhalten sollen. Wären die Kinder mit Gemüse zufrieden? Es soll ja Kinder geben, die bei Großeltern auch mal ein Auge zudrucken und sagen, wenn die Kinder mögen, dürfen Sie bei Euch Fleisch essen. Dann haben Sie die Freigabe, aber nicht für drei Wochen täglich eine Fleischmahlzeit, denn das ist für niemanden gesund. Bei unserer jugendlichen Enkelin pendelt es zwischen vegetarisch und fleischlich. Meistens bevorzugt sie vegetarisch, manchmal aber auch Fleisch. Sie darf es daheim wie auch bei uns Großeltern, selber entscheiden.

Achten Sie bitte auch die Familienphilosophie Ihrer Kinder. Sie »verwöhnen« das Enkelkind nicht, wenn Sie die Zeit bei Ihnen dazu verwenden, Ihnen einen Glauben ein- oder auszureden. Falls solche Themen zwischen Ihnen und den Kindern in Streit auszuarten drohen, lassen Sie sie beiseite. Falls Sie gläubig sind, aber die Enkel nicht in diesem Sinne erzogen werden, vermeiden Sie das »missionieren«. (Mehr darüber in unserm Ratgeber »Miteinander, füreinander, voneinander«) Ober umgekehrt, machen Sie Ihr Enkelkind nicht unsicher, wenn es von daheim gewohnt ist, bei Tisch und vor dem Zubettgehen zu beten, indem Sie ihm klarmachen wollen, dass das alles »Quatsch« sei.

Was Verwöhnen nicht bedeutet

Wenn Sie bestimmte Angebote dazu nutzen, um das Kind den eigenen Eltern zu entfremden, verwöhnen Sie nicht, sondern missbrauchen das Enkelkind für Ihre Zwecke. Falls Sie in einem Konflikt mit den Enkeleltern leben, sollten Sie deren Kind(er) nicht als Erpressungsmittel missbrauchen. Auch wenn es von Seiten der Enkel heißen sollte: Bei euch ist es viel schöner... Freuen Sie sich über so ein Kompliment, aber meißeln Sie es nicht in Stein oder baden Sie nicht darin. In ein paar Jahren wird Ihr Enkelkind Sie vielleicht voll »uncool« finden. Einstellungen in diesem Alter kommen und gehen.

Bringen Sie Ihr Kind nicht in Loyalitätskonflikte zu seinen Eltern. Vielleicht hat sich der Schwiegersohn verspekuliert und die Familie deshalb finanzielle Engpässe. Urlaube und andere Extravaganzen sind erstmal gestrichen. Sie könnten die Enkel mitnehmen in Ihren Urlaub und Sie richtig verwöhnen und Ihnen täglich eintrichtern: Das hätten Eure Eltern auch haben können, wenn nicht Euer Vater ... Oder: Sie geben den Enkeleltern einen Zuschuss und schicken sie alle in den Urlaub, als Familienverwöhnprogramm. Ohne viele Worte oder gar Vorwürfe. Denn hinterher ist man immer schlauer, auch was finanzielle Transaktionen angeht.

Verwöhnen bedeutet auch nicht, Dinge hinter dem Rücken der Eltern und gegen deren ausdrücklichen Willen zu tun. Das wären schlechte Geheimnisse, die Großeltern und Enkel miteinander gegen den Rest der Familie teilen. Irgendwann fällt solches Verhalten uns Großeltern mächtig auf die Füße und dann könnten wir das Nachsehen haben. Nachts bis sonst wann Filme anschauen, obwohl die Kinder spätestens 21 Uhr im Bett sein sollten beispielsweise. So etwas gehört nicht ins Verwöhnprogramm für minderjährige Enkel und schon gar nicht in die Geheimnistruhe. In die Geheimnistruhe gehört beispielsweise, dass das Enkelkind daheim nicht verrät, dass es gemeinsam mit Großvater etwas für Papas Geburtstag gebaut hat oder die Großmutter für Mama eine Jacke strickt. Weil sie deswegen keine Zeit hat zum Kochen, gehen Großeltern und Enkel ins Gasthaus zum Essen. Ob die Kinder Cola trinken dürfen, sollten kluge Großeltern vorher grundsätzlich mit den Eltern absprechen. Bedenken Sie: Gelegentliches Verwöhnen stärkt Ihr Enkelkind, denn es weiß sich geliebt und geborgen.

Die beiden Z, die Spitze des Verwöhnprogramms

Zeit haben und Zuhören – auch für Kinder der reinste Luxus. Mutter und Vater müssen arbeiten, die Kinder in der Schule und für die Schule ihr Pensum erledigen. Daneben gibt es noch das Vereinsleben oder ein Hobby. Alles muss unter einen Hut gebracht werden, weshalb es in der Enkelfamilie oft sehr hektisch zugeht. Wer auf Großeltern zurückgreifen kann die Zeit haben, einspringen können, wenn Not am Mann ist und zuhören, hat es gut. Großeltern, die Zeit haben, können meistens auch gut zuhören. Einfach hinhören, hören. Nicht werten oder diskutieren, nicht die Gelegenheit nutzen, seine eigene Meinung zu platzieren, sondern einfach da sein und hören. Zuhören bedeutet intimes Miteinander, vertraut sein und vertrauen können. Das brauchen unsere Enkelkinder besonders.

VERWÖHNEN SIE SICH AUCH SELBST

Das WIE hängt von uns ab

Wer immer nur an andere denkt, erschöpft sich schnell. Wer so eine Erschöpfung ständig ignoriert, wird ernstlich krank: körperlich und seelisch. Das betrifft sowohl Frauen, als auch Männer. Jahrelang, oft jahrzehntelang, haben sie alles gegeben im Beruf, der Familie und der Partnerschaft. Ohne auf sich und ihre Bedürfnisse zu achten, glaubten sie, das Richtige zu tun. Selbstlosigkeit oder Altruismus bedeutet aber nicht, sich für andere einzusetzen unter persönlicher Selbstvernachlässigung.

Wir haben im Laufe unseres Dienstes als Pastorenehepaar viele Menschen kennengelernt, die sich mit allen Kräften solchen selbstlosen Diensten gewidmet haben und dabei ihre persönlichen »Baustellen« vernachlässigten, die sich sogar legitimiert fühlten, ihre persönlichen Probleme unbewältigt lassen zu dürfen, solange sie in selbstloser Mission unterwegs waren.

Wir Großeltern sind angehalten, uns um die Enkel zu kümmern, eine Generation, für deren Existenz wir gar nicht verantwortlich sind. Eigentlich eine Unmöglichkeit! Und doch lassen wir alles stehen und liegen, wenn es um die Enkel geht. Wie es gelingt, dass wir hierbei nicht übertreiben, unsere Gesundheit aufs Spiel setzen oder unser psychisches Wohlbefinden, darum soll es in diesem Kapitel gehen. Unsere Enkel haben mehr von uns, wenn Oma und Opa gesunde, psychisch stabile Menschen sind. Dazu können wir selbst aktiv etwas beitragen, indem wir uns dem widmen, was uns Großeltern stark macht, innerlich wie äußerlich.

Wohlbefinden durch äußere Ordnung

Um es noch einmal klarzustellen: Wir reden in diesem Kapitel von uns Großeltern und unseren Bedürfnissen. Gerade weil es um äußere Ordnung geht, betonen wir es hier noch einmal. Es geht um unsere äußere Ordnung, nicht um die der Enkelfamilie.

Es ist niemandem gedient, wenn wir uns täglich in der Wohnung der Enkelfamilie abplagen und unsere eigenen vier Wände vernachlässigen. In einem unordentlichen Zuhause kann niemand auftanken, der stundenlang in einem anderen Zuhause geputzt, gekocht und gewaschen hat. Wer Ordnung in seinen eigenen vier Wänden schafft, tut damit nicht nur etwas für die Äußerlichkeiten, sondern auch für seine Seele.

Äußere Ordnung entspricht innerer Ordnung, diese einfache Gleichung sagt doch schon recht viel. Hausputz bekommt in dem Moment eine heilsame, fast meditative Wirkung für die Seele, wenn wir uns Zeit dafür nehmen und ganz bei der Sache sind. Klöster machen es uns vor. Hier werden Reinigungsarbeiten keinesfalls als minderwertiges Tun angesehen. Sie haben einen hohen, (religiösen) Stellenwert, weil ein sauberer Fußboden eine Wirkung auf unsere Seele hat, genauso wie ein aufgeräumter Schrank. Dass solche Tätigkeiten schweigend ausgeführt werden, tut ein Übriges. Schweigend, vielleicht auf Knien, Fußböden zu schrubben hat etwas Meditatives. Über das kluge, weise Schweigen haben wir in diesem Buch bereits ausführlich geschrieben.

Gerade das Putzen wird feindselig missachtet, obwohl es eine weltumspannende Tätigkeit ist. Auch wenn sich das Umfeld unterscheidet, eine Hütte im Urwald wird anders gesäubert, als ein Wohnzimmer mit handgeknüpften persischen Teppichen, es läuft aber alles auf diese Basisarbeit hinaus: putzen.

Inzwischen gibt es schon Saugroboter, kleine, flache, runde Geräte, die selbstständig durch unsere Räume fahren und die Fußböden diskret vom Schmutz befreien. Die sich sogar von allein an die Aufladestation andocken und ihre Besitzer fast nicht mehr behelligen. Denn Putzen gilt in unserer Gesellschaft als erniedrigend. Wer putzen gehen muss, ist meistens ganz unten angekommen. Wer putzen lässt, erweckt den Anschein, als beginne sein sozialer Aufstieg. Wohl in keinem anderen Bereich wächst der Anteil der Schwarzarbeit wie in diesem.

Wer putzt, wendet sich sozusagen der Kehr-Seite eines Lebens zu. Meistens ist es das eigene Leben, es kann aber auch das der Enkelfamilie sein oder eines Arbeitgebers. Tagsüber werden in den Bürohochhäusern Geschäfte gemacht. Kaum haben die Angestellten,

Manager und Chefs ihre Schreibtische verlassen, rücken die Reinigungs-
kräfte an und ein anderes Leben zieht für wenige Stunden hier ein.
Wenn der Chef ein paar Tage nicht im Hause ist, mag es ja noch gehen.
Der von ihm zu verantwortende Bereich wird funktionieren, vielleicht
fällt sein Fehlen gar nicht weiter auf. Im Gegensatz zur Raumpflege. Ist
die Putzkolonne ein paar Tage ihren Pflichten nicht nachgekommen,
merkt das jeder. Im ungeputzten Büro arbeitet es sich nur halb so
angenehm. Der Arbeitsplatzinhaber fühlt sich unwohl, fast, als sei er
selber schmutzig.

Wohlbefinden durch guten Schlaf

Schlaf ist ein Phänomen. Ruhephasen sind Wundermittel der Natur, ob
für Menschen, Tiere oder Pflanzen. Ohne Ruhephasen werden alle
Organismen anfällig für Krankheiten, degenerieren oder sterben aus.

Unser Schlafrhythmus wird vom Tag- und Nachtrhythmus bestimmt:
am Tag sind wir aktiv, die Nacht ist zum Schlafen da. Während des
Schlafes regeneriert unser Körper, aber unser Gehirn und das Unterbewusstsein verarbeiten, was uns den Tag über beschäftigte. Wir
verschieben deshalb Entscheidungen auf den anderen Tag, um sie erstmal zu »überschlafen«.

Der Schlaf aktiviert unsere Selbstheilungskräfte und stärkt unser
Immunsystem. Wer krank ist, legt sich ins Bett und schläft. Danach ist
das Fieber meistens gesunken und der Patient fühlt sich frisch. Darum
wird Schlafentzug als Foltermethode angewendet. Menschen, die tagelang nicht geschlafen haben, halluzinieren oder sterben sogar.

Es sei einer dieser Mythen, dass alte Leute weniger Schlaf brauchten,
sagen die Wissenschaftler. Genauso ein Mythos wie der, dass Spinat
besonders viel Eisen enthalte. Auch alte Leute können oft lange und
gut schlafen. Abhängig von einem guten Schlaf ist die sogenannte
Schlafhygiene. Darunter versteht man die Gegebenheiten und Bedingungen, unter denen wir schlafen.

Es beginnt mit der Einrichtung des Schlafzimmers

Ein Schlafzimmer sollte gut belüftet und nicht zu warm sein. Es sollte abgedunkelt werden können. Elektronische Geräte wie Handys, Tablets, Computer und andere gehören nicht ins Schlafzimmer. Die äußere Umgebung muss stimmen.

Auch unser Innerstes beeinflusst unser Schlafverhalten stark. Nehmen Sie einmal ihre Tagesstrukturen unter die Lupe. Ein strukturierter Tagesablauf beginnt am Morgen mit dem Aufstehen und bestimmt wesentlich, wie unsere innere Uhr »tickt«. Schweres Essen am Abend, dazu Alkohol oder Koffein, sind garantierte Schlafhemmer. Dagegen ist ein kleiner Spaziergang an der frischen Luft eine gute Vorbereitung auf die Nacht.

Wer das Diskutieren von Problemen oder einen Streit bis kurz vor dem Schlafengehen aufschiebt, muss sich nicht wundern, wenn er sich die halbe Nacht wach im Bett herumwälzt. Streit und Probleme überfordern Gehirn und Unterbewusstsein und werden nicht, während wir schlafen, verarbeitet.

Wer bis spät aufregende Filme schaut oder am Computer sitzt, könnte ebenfalls Schwierigkeiten beim Schlafen haben. Außerdem gilt, nur ins Bett zu gehen, wenn man wirklich müde ist. Wer nicht schlafen kann, sollte sich nicht im Bett quälen, sondern aufstehen. Die niederländische Schriftstellerin Margriet de Moor schreibt in ihrem Buch »Schlaflose Nacht« von einer Frau, die nachts Kuchen backt, weil sie nicht schlafen kann. Vielleicht können Sie lesen, entspannende Musik hören oder andere nützliche Dinge tun. Sich dabei unter Spannung zu setzen, dass man eigentlich schlafen sollte, ist nicht zielführend. Wenn mich mal die Schlaflosigkeit quält, setze ich mich an meinen Laptop und schreibe.

Leben Sie allein im Haus, können Sie tun und lassen, was Sie wollen. Niemanden wird es stören. Ansonsten ist natürlich Rücksichtnahme geboten. Achten Sie dennoch darauf, das nicht zur Regel werden zu lassen. Denn gerade wir Großeltern brauchen unsern Schlaf. Wir wollen gesund bleiben und ausgeruht sein für unsere Enkel.

Wohlbefinden durch Bewegung

Sich innerlich beweglich zu halten, davon haben wir in diesem Buch ganz viel geschrieben. An dieser Stelle soll es um die physische Bewegung gehen, um unsere Fitness.

Wenn wir mit den Enkeln einigermaßen mithalten wollen, müssen wir uns fit halten. Schon Zweijährige können uns aus der Puste bringen, wenn die plötzlich loslaufen. Wir kommen kaum hinterher, der Puls rast und die Bronchien pfeifen. Bewegung ist das beste Hausrezept auch gegen manche Wehwehchen. Sich täglich regelmäßig zu bewegen, hilft nicht nur gegen mancherlei Beschwerden, es beruhigt die Psyche und schafft Ausgleich.

Wer sich regelmäßig bewegt, spart sich manches Medikament. (Vorsicht, wir raten nicht, anstelle von Medikamenten zur Bewegung. Solches Vorgehen muss immer im Einklang mit ärztlichem Rat erfolgen!) Bewegung ist ein wirkliches Wundermittel, von dem Großeltern, je älter sie sind, rege Gebrauch machen sollten.

Wohlbefinden durch Genuss

Genießen ist eine hohe Lebenskunst. Wer genießt, hat mehr vom Leben. Wer nur genießt, hat die Kunst des Genusses nicht verstanden. Wer genießen kann, um neue Kräfte zu sammeln, hat es begriffen. Denn Genuss ist kein Dauerzustand, sondern ein besonderer Augenblick, eine besondere Zeit. Wir können alles zum Genuss umfunktionieren, das Aufräumen genauso, wie das Schlemmen in der Eisdiele. Beides wird dann zu etwas Besonderem und Erhabenem. Besonderes und Erhabenes sorgen für einen Erholungseffekt, geben uns Ruhe und innere Balance und sind darum wichtig.

Persönlicher Genuss ist abhängig von den individuellen Neigungen und Vorlieben. Bis heute wäre für mich eine Tasse Kakao, ich betonte es schon, kein Genuss. Genauso mag ich keinen Alkohol. Dafür trinke ich sehr gerne Wasser.

Viele Menschen empfinden Gartenarbeit als persönlichen Genuss, andere steigen auf Berge oder erkunden eine Region. Bedenken Sie bei allem, was Sie genussvoll tun: Jeder Genuss braucht Zeit und Raum.

Im Sommerhalbjahr schlendern tausende Touristen an den Ufern des Bodensees, sei es in Deutschland, Österreich oder der Schweiz. Besonders reizvoll sind die warmen Sommerabende, wenn die Lichter am gegenüberliegenden Ufer aufzuleuchten beginnen. Das milde, mediterran anmutende Klima tut ein Übriges. Bei solchem Flair draußen zu sitzen, vor sich einen Eisbecher, dessen Anblick allein schon das Wasser im Munde zusammenlaufen lässt – ein totaler Genussmoment, oder? Doch wird so ein Eisbecher in lauer Sommernacht nur dann zum echten Genuss, wenn wir uns die innere Erlaubnis dazu geben und loslassen können. Das heißt, den Kalorienzähler beiseitezulegen und alle störenden Gedanken davon zu jagen. Habe ich daheim das Fenster zugemacht? Ist der Herd ausgeschaltet? Was werden unsere Kinder sagen, wenn wir hier so herumsitzen? Wer den Kopf nicht frei hat, kann nicht genießen.

Wenn wir uns zum Essen in ein feines Restaurant ausführen lassen, wird das kaum in Kittelschürze und Gummistiefeln geschehen. So ein Outfit ist eher was für die Imbissbude. Aber es muss ja nicht gleich ein Sternerestaurant sein. Kochen Sie daheim was Feines, decken Sie sich den Tisch schön, ziehen Sie sich was Nettes an und genießen Sie einen tollen Abend zu zweit!

Wohlbefinden durch die Natur

Wenn Sie auf Bio stehen, müssen Sie Naturliebhaber sein. Denn nirgendwo geht es natürlicher und nachhaltiger zu, als in der Natur. Als urban lebende Menschen entfremden wir uns der Natur immer mehr. Wer die Natur nur über das Internet, den Fernseher oder Bücher erlebt, kann zwar viel Detailwissen sammeln, dennoch bleiben ihm ganz entscheidende Eindrücke verschlossen: das Fühlen, das Schmecken, das Riechen.

Unsere Familie lebt in unmittelbarer Nähe eines Waldgebietes. Ob per Fahrrad oder zu Fuß, wir kommen gar nicht umhin, den Wald zu tangieren. Manchmal bringt unser Enkel ein Stück Holz für den Kamin mit, ein anderes Mal einen besonders schönen Fichtenzapfen oder einen Stein. Wir finden Pilze oder suchen Springkraut, das beim Berühren der Samenstände die kleinen Körner meterweit zu schleudern in der Lage ist. Pilze, Beeren, Blumen, Tiere – das alles bietet uns der Wald. Jede Stadt hat Grünflächen und Parks. Sollten Sie inmitten eines Häusermeeres leben, versuchen Sie täglich, ein wenig im Grünen zu sein. Am besten mit den Enkelkindern. Je mehr sich die Menschen in Städten zusammenfanden, desto größer wurde das Verlangen nach Ursprünglichkeit. Wir merken es an unsern Enkeln. Das Leben im Haus ist reglementiert: Sie müssen ihre Lautstärke anpassen, sollen abends und nachts ruhig sein und sind in der Auswahl ihrer Spiele eingeschränkt. Es wäre fatal, im Wohnzimmer Toreschießen zu üben. Kaum sind wir aber im Wald, müssen sie erstmal schreien, rufen, brüllen. Sie dürfen toben und die Wege verlassen. Sie leben für eine kurze Zeit ein Stück Freiheit und Selbstbestimmung.

Zurück zur Natur heißt, dass wir Menschen in die ursprüngliche Umgebung streben. Die äußere Natur hilft unserer inneren. Wer sich der Mühsal einer Bergbesteigung nicht verweigert, wird auf dem Gipfel mit einem phantastischen Ausblick belohnt. So weit oben scheinen die Probleme unten geblieben oder so klein wie die Welt unter uns geworden zu sein. Sich bei einer Bergwanderung richtig auszupowern gibt ein unbeschreibliches Glücksgefühl. Das Gefühl, sich selbst besiegt und die Herausforderung gemeistert zu haben, lässt uns wachsen. Dazu kommen die phantastischen Farben: das Blau des Himmels, das Grün des Grases. Dazwischen all die anderen Farbtöne von Blüten und Früchten. Die Natur ist ein unerschöpflicher Schatz, der nur darauf wartet, dass wir ihn gemeinsam mit unseren Enkelkindern entdecken.

Sie können sich auch ein Stück Natur nach Hause holen, indem Sie Ihre Wohnung mit Grünpflanzen beleben oder den Balkon begrünen. Bepflanzen Sie einen Blumenkasten mit Kräutern, die Sie regelmäßig »ernten«. So ein Kasten kann am Küchenfenster Platz finden.

Wohlbefinden durch kulturelles Leben

Ob Sie ins Konzert gehen oder ins Schauspielhaus, ob Sie im Sommer eine Freilichtaufführung besuchen oder ein Theaterabonnement haben, überall erleben Sie Kultur. Kulturelle Veranstaltungen sind Höhepunkte, auf die wir uns in der Regel besonders vorbereiten. Wir kleiden und frisieren uns entsprechend. Eventuell müssen wir uns sogar neue

Kleidung kaufen. Schon das Probieren der Konzertrobe im Geschäft stimmt uns voller Vorfreude auf das kulturelle Ereignis ein.

Selbst wenn wir mit den Enkeln in Jeans und Pullover eine Aufführung im Freien besuchen, ist so ein Ereignis etwas Besonderes. Wir tauchen für die Zeit der Vorstellung gemeinsam in ein Abenteuer ein, hören und sehen, was da auf der Bühne geboten wird, lassen uns von der Spannung ergreifen und genießen.

Kultur tut unserer Psyche gut. Kulturelle Ereignisse heben uns aus dem Alltag, schaffen erhabene Momente. Warum eilen alle aus dem »Who is who«, angefangen bei den Politikern, alljährlich im Hochsommer nach Bayreuth, um einer Wagner-Oper beiwohnen zu können? Warum folgen sowohl Dirigenten als auch namhafte Sänger dem Ruf, im Bayreuther Festspielhaus ein Engagement antreten zu dürfen, obwohl die Gagen recht niedrig sein sollen? Es geht ihnen um Kultur, um das kulturelle Erbe, um eine Tradition, der sie sich verpflichtet fühlen.

Besuchen Sie Museen und Ausstellungen, nehmen Sie sich Zeit, in einer Gemäldegalerie beispielsweise Monets Bilder zu betrachten. Kultur gibt uns Inspiration. Unsere Seele bleibt nicht unberührt davon. Wir haben zumindest ein Gesprächsthema. Vielleicht befassen wir uns eine Weile darüber hinaus mit der gehörten Sinfonie, der Oper oder kaufen uns einen Bildband über den Maler, dessen Bilder uns so faszinierten. So hat Kultur in uns eine kreative Stimmung ausgelöst, eventuell den Impuls gegeben, die eigene Kreativität zu auszuprobieren. Möglicherweise beschließt Oma, auf dem Dachboden nach der Kiste zu suchen, worin ihre ersten Malversuche liegen. Oder Opa verkündet, er werde sich dem örtlichen Mandolinenorchester anschließen. Das können Anstöße sein, die wir von kulturellen Ereignissen bekommen.

Wenn der kulturelle Anstoß nicht mehr für Sie infrage kommt, vielleicht können Sie Ihre Enkel motivieren, ein Instrument zu lernen, ins Ballett zu gehen, Geschichten zu schreiben, zu malen. Der Möglichkeiten sind viele.

Wohlbefinden durch Lächeln

Lächeln Sie

Bei einem Besuch von Angela Merkel in den USA rätselten via Twitter viele Amerikaner, weshalb die Kanzlerin so ernst dreinschaue. Frau Merkel war kaum ein Lächeln zu entlocken. Nicht etwa, weil ihr das meiste nicht behagte – es ist einfach so, wir Deutschen lächeln nun mal kontrollierter und dosierter. Wir sagen nicht euphorisch: Das Beste, was ich je aß. Wir äußern uns zurückhaltender: War gar nicht so schlecht. Uns sorgen und besorgt sein, können wir viel besser. Wenn uns nicht zum Lachen zumute ist, dann müssen wir uns doch nicht verbiegen, oder? Es käme uns unecht, fast verlogen vor, wenn wir so tun, als sei alles paletti. Trotzdem möchten wir Sie ermutigen, wenigstens zu lächeln. Weil Lächeln ein Ausdruck von Offenheit und Freundlichkeit ist. Wer lächelt, wird als angenehmer Zeitgenossen empfunden und als vertrauenswürdig.

Lächeln entspannt innerlich und äußerlich

Ein freundliches Lächeln kann schwierige Situationen entspannen. Was sich dabei äußerlich abspielt, hat Auswirkungen auf die Psyche. Wir entspannen uns auch innerlich, sehen klarer und beurteilen Fakten anders, als würden wir uns im Zustand von Wut und Ärger befinden.

Lächeln hilft dem Immunsystem

Lächeln aktiviert unsere Selbstheilungskräfte. Denn Lächeln baut Stress ab. Deshalb ist Lächeln eine gute Medizin gegen Stimmungstiefs. Lächeln Sie Ihren Ärger einfach weg! Das hat nichts mit Oberflächlichkeit zu tun, sondern mit einer bewussten Entscheidung.

Lächeln macht schön

Wer lächelt, wirkt sympathisch. Lächelnde Menschen sind attraktiv. Lächeln hat einen kosmetischen Effekt.

Lächeln ist ansteckend

Wer lächelt, wirkt anziehend auf seine Mitmenschen. Lächelnde Menschen senden positive Signale an ihre Umwelt. Denn wer mit einem netten Lächeln bedacht wird, lächelt gerne zurück.

Wohlbefinden durch Engagement für andere

Helfen Sie gerne

Wer andern hilft, verändert zwei Leben! Das gilt nicht nur für Retter aus Lawinenunglücken, Seenot oder anderen Katastrophen, das gilt genauso für uns Großeltern. Für die Enkel dazusein, sich um die Enkelfamilie zu kümmern, verändert nicht nur deren, sondern auch unser Leben.

Warum ist das so?

Es gab schon immer Menschen, die sich für andere weit über das Maß des Üblichen eingesetzt haben. Sie haben erkannt: Wer nur für sich selbst lebt, wird niemals über sich hinauswachsen. Erst, wenn die Hilfe für andere ein Teil unserer elementaren Persönlichkeit wird, sind wir in einen Prozess der persönlichen Reife eingestiegen. Weil wir dann über den eigenen Tellerrand blicken. Wer sich nur mit sich und seinen Bedürfnissen beschäftigt, gerät in eine innere Isolation. Solche Personen werden schließlich eigene Gefangene.

Eigene Empathie fördern

Wer sich für andere, vor allem seine Enkel, engagiert, fördert damit das eigene Verständnis und die persönliche Empathie für die Probleme anderer. Empathische Menschen haben ihren Horizont erweitert, wodurch eine innere Zufriedenheit entsteht. Solche innere Zufriedenheit ist sinngebend.

Wer also weiß, für wen oder wofür er sich engagiert, hat Sinn gefunden und wird zufriedener sein als andere Mitmenschen. Denn sich für etwas engagieren zu können gibt Erfüllung und macht glücklich. Zu wissen, dass es sehr wohl einen Unterschied macht, ob man die Welt mit seiner Anwesenheit bereichert oder nicht, lässt uns zuversichtlich, froh und glücklich sein – alles wichtige Voraussetzungen für eine dauernde Lebenszufriedenheit.

Spuren hinterlassen als Lebensaufgabe einer Generation

Der Entwicklungspsychologe Erik Erickson nannte es eine Lebensaufgabe der Generativität, etwas an andere weitergeben zu können und damit Spuren auf der Welt zu hinterlassen.

Gebrauchtwerden ist lebenswichtig

Wir Großeltern können in der Enkelbeziehung unserm tiefen, menschlichen Bedürfnis, etwas weitergeben zu können, nachgehen und sind damit in einer sehr glücklichen Lage. Denn das Gefühl, nicht gebraucht zu werden ist schlimmer, als kein Geld zu haben. Wer sich nicht gebraucht fühlt, sieht auch keinen Sinn mehr im Leben.

Wer andern hilft, hilft sich selbst

Wer andern hilft, bekommt in dem Moment schon ein Echo, ein Feedback. Das heißt, wir müssen nicht darauf warten, später für unsere guten Taten belohnt zu werden. Selbstlosigkeit macht uns damit unabhängiger von der Anerkennung unseres Umfeldes. Wir dienen uns sozusagen selbst, wenn wir anderen dienen.

Aus eigener Betroffenheit

Viele Menschen engagieren sich ehrenamtlich aus eigener Betroffenheit in einer Selbsthilfegruppe, weil sie krank sind, waren oder jemand aus ihrer Umgebung betroffen ist. Oder sie reisen um die halbe Welt, um Verschütteten zu helfen, weil sie das als wichtig für sich erkannt haben. Dabei ist nicht wichtig, wie viel der Einzelne tut, sondern aus welchem Motiv heraus. So ein Engagement kann sich im Laufe der Zeit verändern. Aus einem ehrenamtlichen Helfer wird ein Hauptamtlicher oder seine Position innerhalb einer Rettungskette verändert sich.

Engagement im Alltäglichen

Es muss nicht immer spektakulär sein, wie Hilfseinsätze im Hochwassergebiet oder bei einer Schneekatastrophe. Schon ein klein wenig Engagement im Alltag macht das Leben leichter, das eigene und das der Mitmenschen. Eine gedankenlos weggeworfene Tüte aufzuheben und zu entsorgen gibt uns das Gefühl, die Welt ein klein wenig besser gemacht zu haben. Solches Tun ist ein gutes Vorbild für unsere Enkel. Die Vermittlung eines globalen Gefühls – ich habe die Welt verbessert – bewahrt unsere Enkel vor unrealistischen Erwartungen. Sie müssen nicht auf das besondere Ereignis warten, um auf sich aufmerksam zu machen. Unsere Enkel sollen wissen, viele kleine Dinge, von vielen kleinen Leuten an vielen Orten vollbracht, bewirken das Große. Wenn sie alten Menschen über die Straße helfen oder beim Ein- bzw. Aussteigen aus den öffentlichen Verkehrsmitteln, wird sie das zufrieden und froh machen. Zu wissen, dass sie in jenem Moment der einzige waren, die dem alten Menschen aus der Situation helfen konnten, gibt Genugtuung.

Finanzielle Hilfe

Wenn der Sponsor-Opa sein Geld gönnerhaft, nach langem Lamento rausrückt, werden weder er noch die Beschenkten zufrieden und glücklich auseinandergehen. Er fühlt sich überlegen, die andern als Versager und Verlierer. Das finanzielle Engagement altruistischer Menschen hat nichts mit »Loskaufen« zu tun. Altruistische Menschen wollen ihren Reichtum mit anderen teilen, sie wollen Menschen in Not helfen und teilhaben lassen. Daher sind ihre Spenden keinen »milden Gaben« sondern Ausdruck von Dankbarkeit und Hinwendung.

Wer andern hilft...

... kommt mit gleichgesinnten Menschen in Kontakt. Gleiche Ziele und Interessen verbinden. Freude und Stolz über Erreichtes und Erkämpftes verbinden auf unvergleichliche Weise.

ALTERSBILDER, ALTERSSTEREOTYPE

Wir sind nicht alt, wir sind nur schon länger jung als unser Enkel...

Der alte Großvater und sein Enkel

Es war einmal ein steinalter Mann, dem waren die Augen trüb geworden, die Ohren taub, und die Knie zitterten ihm. Wenn er nun bei Tische saß und den Löffel kaum halten konnte, schüttete er Suppe auf das Tischtuch, und es floß ihm auch etwas wieder aus dem Mund. Sein Sohn und dessen Frau ekelten sich davor, und deswegen mußte sich der alte Großvater endlich hinter den Ofen in die Ecke setzen, und sie gaben ihm sein Essen in ein irdenes Schüsselchen und noch dazu nicht einmal satt; da sah er betrübt nach dem Tisch und die Augen wurden ihm naß. Einmal auch konnten seine zittrigen Hände das Schüsselchen nicht festhalten, es fiel zur Erde und zerbrach. Die junge Frau schalt, er sagte nichts und seufzte nur. Da kaufte sie ihm ein hölzernes Schüsselchen für ein paar Heller, daraus mußte er nun essen. Wie sie da so sitzen, so trägt der kleine Enkel von vier Jahren auf der Erde kleine Brettlein zusammen. »Was machst du da?« fragte der Vater. »Ich mache ein Tröglein«, antwortete das Kind, »daraus sollen Vater und Mutter essen, wenn ich groß bin.« Da sahen sich Mann und Frau eine Weile an Fingen endlich an zu weinen, holten alsofort den alten Großvater an den Tisch und ließen ihn von nun an immer mitessen, sagten auch nichts, wenn er ein wenig verschüttete. (aus Projekt Gutenberg.de, Grimms Märchen)

So etwas gibt es heute nicht mehr – oder doch?

Dieses Märchen ist eher eine Parabel, denn es hat so gar nichts Märchenhaftes an sich. Ein untypisches »Märchen«, in dem keine Fee kommt und den Großvater erlöst oder die Enkeleltern bestraft. Das Gute und Verändernde geht allein vom Enkel aus, der eigentlich nur nachahmt, was die Eltern ihm vorleben: alte Leute sind lästig und unbrauchbar. Weshalb ihm die Idee kommt, schon mal vorzusorgen für die Zeit, wenn seine Eltern alt und schwach geworden sind. Er baut ein »seniorengerechtes« Geschirr, damit sie dann mit ihm am Tisch die Mahlzeiten einnehmen können.

Im letzten Kapitel unseres Ratgebers nehmen wir den Faden vom Anfang dieses Buches nochmal auf. Es geht um Altersbilder, darum, wie wir von der Gesellschaft, vor allem der jungen Generation, gesehen werden *möchten*. Auch darum, wie *wir* uns präsentieren. »Alt wird man von alleine«, sagt der Volksmund sehr richtig. Aber *wie* wir altwerden, dass ist der Knackpunkt. Oder besser ausgedrückt: wie wir altwerden *wollen*.

Ertragen wir die zunehmende Anzahl an Lebensjahren oder gestalten wir sie? Wie gestalten wir sie? Oma oder Opa wird man ungefragt. Wie man Großelternschaft gestalten kann, davon haben wir in diesem Buch geschrieben. Es liegt vielfach an uns, welches Bild wir unsern Enkeln vom Altwerden vermitteln.

Negative Altersbilder waren zu Zeiten von Jakob und Wilhelm Grimm gängig. Alt zu werden bedeutete seinerzeit, keine Beachtung mehr zu finden. In diesem Märchen rückt der Enkel dieses Bild zurecht.

Das Alter heutzutage hat etwas Faszinierendes

Am 6.6.2024, dem 80-jährigen Gedenktag an die Landung der Alliierten in der Normandie, heirateten ein 100-jähriger US-Veteran und eine 96-Jährige in Frankreich. Betrachtet man die Fotos, so strahlt die hochbetagte, in Pink gekleidete Braut, wie eine frisch verliebte 19-Jährige. Meine Großmutter hätte den Kopf geschüttelt und gesagt: Alter schützt vor Torheit nicht. Das Hochzeitspaar sah da offensichtlich ganz anders: man muss die Feste feiern wie sie fallen. Glückwunsch zu solchen jugendlichen Ansichten! Der beste Beweis dafür, dass alt nicht gleich alt ist. Wir Älteren sind eine große heterogene, uneinheitliche, Gruppe.

In diesem Kapitel fragen wir uns, wie es gelingt, den Spagat zwischen den Stärken des heutigen Alterns und den Herausforderungen eines hohen Alters zu meistern.

Beginnen wir von vorne

Kinder haben vor Augen, größer zu werden. Stolz werden mit den Fingern die bereits erreichten Lebensjahre angezeigt. Schließlich warten sie sehnsüchtig darauf, endlich in die Schule zu dürfen. Teenager wollen in den Besitz ihres Personalausweises und dann eines Führerscheines kommen. Das Erlangen der Volljährigkeit ist ein weiterer Focus. Beruf, Karriere und eventuell Familiengründung prägen die Zeit bis zum mittleren Alter.

So kennen wir das Leben.

Bis dann kurz vor dem Ruhestand gemischte Gefühle aufkommen können. Einerseits ist es Freude auf mehr Zeit für die Familie, eigene Hobbys usw. Andererseits ist es vielleicht etwas Wehmut über den Abschied von der Arbeitswelt, den Kontaktverlust zu Kollegen… Mit zunehmendem Alter lässt zwar alles nach, nur das Nachlassen lässt nicht nach.

Ein Kollege sagte zur mir damals, als ich in den Ruhestand ging etwas scherzhaft: »Reinhard, überleg es dir gut, ob du in Rente gehen willst, denn das hat noch niemand hat überlebt…«

Die Lebensspanne zwischen dem 60. und 80. Lebensjahr bezeichnet man in der Gerontologie als das »Dritte Alter«. Ab 80 beginnt das sogenannte »Vierte Alter«.

Begrenzungen und Einschränkungen des Alters

Grundsätzlich wird niemand leugnen, dass es mit zunehmendem Alter zu vermehrten Einschränkungen kommt. Die Sehfähigkeit lässt nach. Ältere Menschen brauchen nicht nur eine Brille, sie nutzen zuweilen eine Lupe, bevorzugen in der Regel eine größere Schrift. Das Hörvermögen nimmt ab. Ein Hörgerät schafft dann oftmals Abhilfe, um seine Umgebung wieder besser wahrnehmen zu können und die Lebensqualität zu erhöhen. Mit Begrenzungen zu leben ist in jeder Lebensphase unwillkommen.

Schon bei Kleinkindern beobachten wir, wie sie Grenzen austesten. Bei Schulkindern – vor allem in der Pubertät – ist es besonders ausgeprägt. Auch im Erwachsenenalter versuchen wir, Begrenzungen zu überwinden. Zeitliche Begrenzungen sind wir bemüht, mit Aktivismus, Hektik und Tempo zu überwinden. Physische Grenzen werden durch

Fitnessprogramme wettgemacht. Geistige Grenzen – blenden wir sie aus oder überspielen sie?

Unsere Reaktionsfähigkeit verlangsamt sich. Das zeigt sich beispielsweise beim Autofahren. Verzögert wird angefahren oder gebremst. Beim Überholen wird die Geschwindigkeit des Gegenverkehrs unterschätzt, was dann zu folgenschweren Unfällen führen kann.

Wir produzieren ungewollt Staus im Supermarkt, indem wir länger als gewöhnlich mit unserm Einkaufswagen vor den Regalen verharren. Kurzum – kognitive Fähikeiten lassen nach.

Weiterhin gibt es Einschränkungen in der Beweglichkeit. Ursache sind nicht nur eine mangelhafte Bewegung, ein größeres Körpergewicht, Kreislaufprobleme, ein beeinträchtigter Bewegungsapparat (Skelett, Muskeln). Es können auch Folgen von falscher Ernährung, Krankheiten oder Geschehnissen sein, die sich im Laufe der Jahrzehnte »angesammelt« haben. Schließlich wird der Rollator zum unentbehrlichen Begleiter.

Mobilität ist deshalb ein wichtiger Faktor für den alternden Menschen, damit er nicht sozial ausgegrenzt wird. Natürlicherweise verkleinert sich der Lebensradius mit zunehmendem Alter. Viele Verwandte aus der Kindheit und Jugendzeit sind bereits verstorben, dazu gehören auch die eigenen Eltern. Freunde und Bekannte aus der Schulzeit, Kollegen oder Menschen aus dem persönlichen Umfeld gibt es auch nicht mehr. Damit solches Alleinsein nicht in Einsamkeit endet, sind soziale Kontakte und soziale Teilhabe für Ältere unabdingbar für ein lebenswertes Leben.

Altersbilder in der Gesellschaft

Betrachten wir die einzelnen Komponenten eines alternden Menschen, so lässt sich aus solchen Bausteinen schnell ein gängiges Altersbild formen: alt, abgetakelt, inkompetent, schwach, hilfsbedürftig – kurzum vulnerabel. Wollen wir uns in diese Schablone der Stereotype pressen lassen? Es geht uns sicher gegen unser Empfinden, zu einer vulnerablen, verwundbaren, störanfälligen Altersgruppe gezählt zu werden. Alter ist nämlich nicht gleich »Alter«. Der heute 60-Jährige hat vielleicht

83-jährige Eltern, für die er immer noch der »kleine« Sohn ist, und könnte 103-jährige Großeltern haben – eine ganz andere Generation. Darum kann man uns als 60 bis 100-Jährige nicht über den »einen Kamm scheren«. Siehe die Hochzeitsgeschichte vom D-day.

Altersdiskriminierung

Dr. phil. Christoph Rott sagt: »Der Begriff Überalterung ist diskriminierend, weil er eine vermeintliche Norm beinhaltet, die durch die Zahl und den Anteil älterer Menschen überschritten wird – mit angenommenen negativen Folgen für die Gesellschaft.«

Während der Pandemie konnte man sich nicht des Eindrucks erwehren, dass Senioren undifferenziert als »vulnerable Gruppe« bezeichnet wurden, Menschen, die eines besonderen Schutzes bedurften, für die jüngere Menschen Opfer zu bringen hatten.

In diesem Zusammenhang ist es interessant, einmal die Koalitionverträge der Landesregierungen unter dem Gesichtspunkt von Seniorenpolitik zu vergleichen. Die Spanne reicht von wertvollem Potential für die Gesellschaft bis zur ausschließlichen Betreuungsbedürftigkeit. Senioren werden von der Politik kaum als Bereicherung der Gesellschaft angesehen. Dabei haben viele Politiker selber das Renteneintrittsalter überschritten. 2012 gab das Bundesministerium für Familie, Senioren, Frauen und Jugend eine Dokumentation über eine Konferenz »Altersbilder im Wandel« (2011 in Berlin) heraus. Darin findet sich auch der Gedanke der Generationengerechtigkeit. Diese lesenswerten Ausführungen sind unter diesem Titel im Internet downloadbar.

Demografischer Wandel

Der demografische Wandel ist für Gesellschaft und Politik eine große Herausforderung: Immer mehr Babyboomer gehen in Rente, was einen Mangel an Fachkräften, eine angespannte Situation in der Pflege u. v. m. bedeutet. Kurzum: Wir Alten sind zu einer Übermacht geworden. Da können schon bedrohliche Bilder für die nachwachsenden Generationen entstehen. Denn der Generationenvertrag im Rentensystem ist in Schieflage geraten. Immer weniger junge Menschen müssen für immer mehr Rentenbezieher aufkommen. Auch das Pflegesystem ist am Kollabieren. (Mehr zu diesem Thema lesen Sie in unserm Buch »Gibt es Generationengerechtigkeit?«)

age-ism

Wir sprechen heute von age-ism, wenn es um das negative Altersbild geht. Der Begriff meint Stereotype (wie wir denken), Vorurteile (wie wir gefühlsmäßig bewerten) und Diskriminierung (wie wir handeln) gegenüber Menschen aufgrund ihres Alters.

Es ist oft beschämend, dass Menschen aufgrund ihres Alters in unangemessener Weise anders als jüngere Menschen behandelt werden. Mal geschieht es, indem Rechte, Unterstützungen und das Anhören Älterer verweigert werden. Werden sie angehört, werden sie oft nicht ernstgenommen. Damit hört das Selbstbestimmtsein auf und die Entmündigung beginnt.

Age-ism ist eine Fremdbewertung des Alters, geprägt von einem Verständnis der Isolation und Vereinsamung, der Abhängigkeit und Hilfsbedürftigkeit sowie dem Abbau und Verlust von Fähigkeiten und Fertigkeiten älterer Menschen. Letztendlich ist es eine unzulässige, nicht hinnehmbare Verallgemeinerung. Im Umgang mit der Enkelgeneration erleben wir oft, dass nicht alle jungen Menschen so denken. Daher gilt es hier immer zu differenzieren. Spaßeshalber sei gesagt, dass es unter jüngeren Leuten Menschen gibt, die schon immer alt wirken und wohl nie jung waren.

Was auch zur Wahrheit gehört

Natürlich bedeutet Altern gewisse Einschränkungen, wie wir selber wissen. Kennen Sie das geflügelte Wort: »Jugend kann, Alter darf«? Die Perspektive junger Menschen ist: Was kann ich noch erreichen? Die Perspektive von uns Älteren: Was kann ich weitergeben? Jede Altersphase hat ihre eigene Dynamik. Darum: Altern kann für jeden ein neuer Aufbruch sein.

Wie war es früher?

Ein Ausflug in die Geschichte zeigt, dass im Altertum einerseits die Weisheit des Alters hervorgehoben wird, andererseits seine Hinfälligkeit und Nutzlosigkeit als eine Last für die Jüngeren beschrieben wird. Wie im Märchen am Anfang unseres Kapitels.

Interessanterweise gilt Cicero (106–43 v.Chr.) als der wichtigste und einflussreichste Fürsprecher des Greisenalters. Er schrieb im Alter von 62 Jahren die wohl umfangreichste antike philosophische Abhandlung über das Alter (Cato maior de senectute), die von der Renaissance bis ins 19. Jahrhundert wieder neu entdeckt wurde. Er setzt sich in der »Figur des Cato mit vier Einwänden gegen das Alter auseinander: Es hindere an der vita activa bzw. zwinge zur Untätigkeit, beraube den Körper seiner Stärke, unterbinde viele sinnliche Freuden und sei endlich dem Tode nahe.«

Der römische Philosoph Seneca (gest. 65 n. Chr) bezeichnete dagegen das Alter als »eine unheilbare Krankheit« und konstatierte »selten ist derselbe Mensch glücklich und alt«. Dieser Ansicht, entweder glücklich oder alt zu sein, widersprechen wir ausdrücklich.

Im Bereich der Kunst erinnern wir an die Zeichnung Albrecht Dürers von seiner Mutter Barbara aus dem Jahre 1514. Wie sich später herausstellte, zeichnete er seine todkranke Mutter zwei Monate vor ihrem Ableben. Gezeichnet von den Entbehrungen des Lebens strahlt sie eine innere Schönheit aus, die nur nach so einem Leben sichtbar wird. Eine Aura, wie sie nur mit Falten und Alterserscheinungen zum Tragen kommt.

Politik und ältere Menschen

Seit 1993 haben die Bundesregierungen in Deutschland in jeder ihrer Legislaturperioden durch entsprechende Kommissionen Altersberichte verabschiedet. Die Kommissionen richten ihr Augenmerk auf Herausforderungen für die Politik in Bezug auf ältere Menschen. Wohnen, Pflege, soziale Teilhabe und Digitalisierung im Alter sind Themen, die bis jetzt analysiert wurden. Der gegenwärtig letzte Altenbericht (bereits der 8.) wurde 2020 veröffentlicht.

Auf Initiative der UN wurde 2002 der zweite Weltaltenplan in Madrid verabschiedet. Auch die Völkergemeinschaft hat global die Anliegen der älteren Generation auf dem Schirm.

2022, 20 Jahre nach der Verabschiedung des zweiten Weltaltenplanes, kam es in Rom bei einer Konferenz zur Bewertung des Ist-Standes. Es ging um die Anerkennung, Stärkung und Sicherung der Menschenrechte Älterer mit dem Ziel, die Gesellschaft für alle Lebensalter zu gestalten.

Die Antidiskriminierungsbehörde des Bundes gab 2020 eine Dokumentation über »Age-ism Altersbilder und Altersdiskriminierung in Deutschland« mit interessanten Fakten und Entwicklungen heraus.

Erkennbar wurde, dass die Politik bemüht ist, sich von negativen Altersbildern zu lösen. Einen ganzen Katalog an Forderungen und Unterstützungsangeboten finden Sie auf der Webseite der Bundesinitiative der Senioren Organisationen (BAGSO). So prangert die BAGSO z. B. in einem ihrer Positionspapiere ein negatives Alters(fremd)bild an: »Altersdiskriminierung spricht Älteren grundlos Fähigkeiten ab und verhindert die Entfaltung ihrer Potentiale.«

Was sind die Vorzüge des Alters?

Wem es möglich ist, gesund in den Vorruhestand zu gehen, dem öffnen sich Zeitfenster, die sich mit zunehmendem Alter nach und nach schließen könnten. Die sich jetzt auftuenden Möglichkeiten gilt es zu entdecken und wahrzunehmen. Nutzen Sie deshalb die Chance des Augenblicks (der vor Ihnen liegenden berufsfreien Jahre). Betrachten Sie es als geschenkte Zeit, die Ihnen, Ihrem Lebenspartner, Ihren Enkeln, Ihren Freunden guttun wird.

Starten wir in den Ruhestand, können wir Arbeits- und Berufsleben Lebewohl sagen und unseren Terminkalender anders gestalten. Mehr Freiheiten, mehr Möglichkeiten ergeben sich. Es gibt zivilgesellschaftliche Bereiche, wo wir uns einbringen können, mitgestalten und mitentscheiden dürfen. Gehen Sie mit offenen Augen und Ohren durch Ihre Welt.

Die Wahrnehmung des Alters ist immer persönlich

Es ist sicher ein Stück Altersweisheit, anzuerkennen, dass uns nicht unbegrenzt Zeit, Kraft, Gesundheit, Verstand und Selbständigkeit zur Verfügung stehen. Wir zerstören unsere Gefühlslage und unser Glücksempfinden, wenn wir uns zu viel für den Tag vornehmen. (Rentner haben niemals Zeit???) Ein übervoller Tagesplan garantierte schon immer in allen Lebensphasen ein unzufriedenes Resümee am Tagesausklang. Das brauchen wir im Alter nicht mehr.

Lebensglück ist nicht vom biologischen Alter abhängig

Prof. Dr. Eckart Hammer, Sozialwissenschaftler und Gerontologe macht in seinen Publikationen deutlich, »Männer altern anders als Frauen«. Altern bleibt ein individueller Prozess.

Die 81-jährige Elke Heidenreich hat unlängst ein Buch über das Alter herausgegeben. Sie schreibt, wie sie das Alter als etwas Unvermeidliches annimmt und versucht – trotz aller unleugbarer negativer Aspekte – ihm das Beste abzugewinnen. Nach anfänglichem Unbehagen, sich diesem Thema zu widmen, fand sie schließlich einen positiven Zugang. So sagte sie: »Alles über Sechzig ist ein Geschenk, fast alles unter dreißig (mit Bezug auf ihre Biografie, Anm. d. Verf.) Quälerei. ... Ich finde schon gar nicht, dass das Leben im Alter weniger wert ist«. Ihrer Meinung und Erfahrung nach sind einmal getroffene Entscheidungen zu akzeptieren als Voraussetzung für ein glückliches Alter. Aktiv zu sein und sich zu engagieren gehört genauso dazu. Gesundheit und finanzielle Absicherung im Alter versteht sie als Privilegien.

Die 92-jährige Schauspielerin und Medizinerin Marianne Koch gab mit 90 Jahren das Buch »Alt werde ich später« und unlängst ein Buch »Mit Verstand altern«, heraus. Neue Erkenntnisse der Altersmedizin sowie die bekannte Aussage des »lebenslangen Lernens«, greift sie in ihren Ausführungen auf. Sie schreibt, dass durch ein Interesse an Neuem, sich die Verbindungen zwischen den Gehirnzellen verstärken bzw. neue

– auch im Alter – gebildet werden. Es ist auch gut, sich an Dinge zu erinnern, die man früher gern getan hatte, für die aber kaum Zeit blieb. Jetzt wäre die Zeit, es nachzuholen. Beispielsweise eine Sprache zu lernen, sich mit Digitalisierung zu befassen, ein Buch zu schreiben usw. Bewegung und eine gesunde Ernährung sind in gleicher Weise vorteilhaft. Sie rät dazu, sobald sich erste Einschränkungen zeigen, sich frühzeitig zu informieren und ärztliche Hilfen in Anspruch zu nehmen. »Mutig sein« und »sich an Neues wagen« schütze vor Einsamkeit und sei das beste Rezept für ein vergnügtes Alter.

Franz Müntefering widersprach unlängst in einem Zeitungsinterview dem Satz von Joachim Fuchsberger »Alt werden ist nichts für Feiglinge«. Sein Argument: jeder wird alt, deshalb ist er oder sie noch lange nicht feige. Was man daraus mache, darauf käme es an. Er frage sich, ob das Altern gelingen kann oder nur ein »Abstellraum« wäre. (Bildzeitung online, 9.6.2024) Wir haben ihn vor ein paar Jahren persönlich kennengelernt und denken gerne an diese bereichernde Begegnung zurück, die wir auch auf einem Foto dokumentiert haben.

Marie-Agnes Strack-Zimmermann, Jahrgang 1958 und gestandene Oma, fährt zwar nicht im »Hühnerstall«, aber Motorrad. Wir Senioren haben in diesen Zeiten alle Möglichkeiten, im Gegensatz zu früher. Vor ein paar Jahrzehnten noch bestand »Altenbetreuung« aus einem gemeinsamen Kaffeetrinken einmal im Monat.

Nutzen wir doch die Chancen, die sich heute für uns bieten!

»Erfolgreiches Altern« wurde von dem Altersforscher J. R. Havinghurst (1963) als ein »innerer Zustand der Zufriedenheit und des Glücks« umschrieben. Ein »optimales Altern« ist von der Kontinuität eines aktiven Lebensstils und dem Bemühen älterer Menschen abhängig, indem sie den Einschränkungen der eigenen sozialen Kontakte entgegenwirken.

Der technisch-medizinische Fortschritt unserer Tage trägt dazu bei, dass die Lebenserwartung steigt. Viele Krankheiten, an denen vor Jahrzehnten Menschen frühzeitig verstarben, können inzwischen behandelt bzw. geheilt werden. Medizinischer Fortschritt sagt zwar noch nichts über Lebensqualität im Alter aus, kann aber nicht unerheblich dazu beitragen.

Verschiedene Gerontologen haben erforscht, dass das Zusammenwirken vieler Faktoren zu einer Langlebigkeit mit gutem Wohlbefinden führen kann. Dazu gehören z. B. genetische, physiologische, biologische Faktoren. Nicht zu vergessen ist, welche Persönlichkeitsentwicklung wir durchgemacht haben, welche Sozialisierung wir erlebten, welchen Belastungen wir ausgesetzt waren. Umweltfaktoren, unser sozialökonomischer Status, unser Lebensstil gehören dazu.

Unser Genpool bedingt zunächst unsere Ausgangssituation. Wobei entscheidend ist, wie wir damit umgegangen sind, was wir uns aufgeladen, zugemutet haben. Unsere Lebenseinstellung – ob das Glas halb voll oder halb leer ist, kann unser Lebenskapital erweitern oder dezimieren. Jeder ist seines Glückes Schmied besagt, dass es in unserer Hand liegt, was wir daraus machen. Die Weisheit der Vergangenheit bewegt die Zukunft. Welches Wertefundament hat dabei Ihr Leben bestimmt? Waren es langlebige Werte oder solche, die dem ständig wechselnden Mainstream angepasst wurden? In einem beständigen Wertefundament sehen wir einen wichtigen Aspekt, unsere Enkel zu begleiten und ihnen bei ihren Zielsetzungen behilflich zu sein.

Zeit ist nicht immer Geld, Zeit ist Leben!

Je älter wir werden, desto mehr macht sich das Gefühl breit die Zeit vergehe immer schneller. Woran mag das liegen? Für manches wie z. B. Körperhygiene brauchen Ältere mehr Zeit. Wir erleben täglich die immer gleichen Abläufe, die Tage machen oft keinen Unterschied mehr, die Wochen auch nicht. Monotonie stellt sich ein, es fehlt an Glanz, an Höhepunkten. Damit daraus keine Einsamkeit entsteht, ermutigen wir Sie, aktiv zu werden. Suchen Sie sich ein Ehrenamt, halten Sie Kontakt mit Ihren Enkeln und der Enkelfamilie. Probieren Sie neue Dinge aus oder unternehmen Sie mal das, was Sie schon immer mal erleben wollten. Auf diese Weise kann sich Ihr Zeitempfinden verändern. Wenn man nichts tut, vergeht die Zeit natürlich auch; aber sie vergeht anders, als wenn wir sie mit »unseren Zutaten« füllen.

Wie soll unser Fazit über unser Leben einmal lauten?

Zum Glück hatte ich ein bequemes und unspektakuläres, normales Leben.
Oder möchten Sie von sich sagen können:
Ich habe mein Leben gelebt. Ich war engagiert. Ich habe vieles ausprobiert. Ich habe mich gefordert und bin daran gewachsen. Mein Leben hat sich gelohnt.
Ein Geheimrezept für gutes Altern gibt es nicht. Uns fliegt da nichts zu – und wer darauf wartet, lässt wertvolle Jahre seines Lebens ungenutzt vorüberziehen und verpasst das Glück, das möglicherweise vor seiner Haustür steht. Wir haben die Verantwortung für unser Leben im dritten und vierten Lebensalter selbst in der Hand. Machen Sie aus Ihrem Leben glückliche Jahre mit Ihrer Lebenspartnerin, Ihrer Familie, Ihren Enkelkindern und Ihren Freunden.

Liebe Großeltern,

danke, dass Sie uns bis hierher gefolgt sind. Vielleicht war manches in diesem Buch neu für Sie, überdenkenswert oder Sie wussten das meiste bereits, haben aber noch nie darüber nachgedacht. Wie auch immer, wichtig ist, dass wir Großeltern gemeinsam für die Enkelgeneration da sind.

Es wird Ihnen aufgefallen sein, dass Begriffe wie Gelassenheit, Eigenständigkeit oder Veränderung wiederholt, aber in unterschiedlichem Zusammenhang vorkommen. Manches ist so wichtig, dass wir es nicht oft genug betonen können.

Unsere »Reise« ist noch nicht zu Ende, denn inzwischen beschäftigt sich die junge Generation mit Klimawandel und Nachhaltigkeit. Auch dabei wollen wir nicht abgehängt werden und sind deshalb bemüht, auf dem Laufenden zu bleiben. Lesen Sie dazu unser Buch »Gibt es Generationengerechtigkeit?« oder eins unserer anderen elf erschienen Publikationen aus unserer Edition GroßelternAkademie.

Sie können uns gerne für einen Vortrag, ein Seminar oder einen Workshop buchen.

Treten Sie mit uns in Kontakt über info@grosselternakademie

Weitere Themen zur Großelternschaft sind auf www.grosselternakademie.de zu finden.

QUELLENNACHWEIS:

Bücher:

Amrhein, Volker: die Rolle der Großeltern im Familienverband – und ihre Alternativen (Staatsinstitut für Frühpädagogik, München)

Baer, Udo und Gabriele Fricke-Baer:

Wie Kinder fühlen (Beltz Verlag 2008)

Vom Schämen und Beschämt werden (Beltz Verlag 2008)

Das ABC der Gefühle (Beltz Verlag2008)

Biberti, Ilse und Henning Scherf: Das Alter kommt auf meine Weise (Südwest Verlag 2009)

Bode, Sabine: Nachkriegskinder (Klett-Cotta 2011)

Biermann, Wolf: Warte nicht auf bessre Zeiten ((Prophyläen Verlag, 2016)

Budde, Gunilla-Friederike: Rezension von Chvojka, Erhard: Die Geschichte der Großelternrollen (Böhlau-Verlag 2003)

Chvojka, Erhard: Die Geschichte der Großelternrollen (Böhlau-Verlag 2003)

Dawirs, Ralph & Moll, Gunther: Die 10 größten Erziehungsirrtümer (Beltz Verlag, 1. Auflage 2010)

Dusolt, Hans: Oma und Opa können helfen (Beltz Verlag, Weinheim und Basel, 2004)

Elternbildung Österreich (www.eltern-Bildung.at)

Demografische Forschung (Max-Planck-Institut 2007. Jahrgang 4 Nr. 4)

Eltern im Netz (Bayerisches Landesjugendamt; www.elternimnetz.de)

Furman, Ben: Ich schaffs!(Carl-Auer Verlag GmbH, 6. Auflage, 2015)

Gründinger, Wolfgang: Wir Zukunftssucher (edition Körber-Stiftung, Hamburg 2012)

Gürtler, Helga: Das Glück einer besonderen Beziehung (Herder-Verlag 2004)

Hansen, Michaela: Als Granny Aupair in die Welt (Deutscher Taschenbuch Verlag GmbH&Co.KG, München, 2013)

Härtling, Peter: Oma (dtv junior, Beltz Verlag 1975)

Höpflinger, Fancois; Hummel, Cornelia; Hugentobler, Valerie: Enkelkinder und ihre Großeltern – intergenerationelle Beziehungen im Wandel (Seismo-Verlag 2006)

Hungerland, Beatrice: Familie im Wandel (Ringvorleseung am 04.11.2008)

Holtkampf, Jürgen: Kinder lieben Medien – Was Eltern wissen sollten (Stimme der Familie 9-10/2007)

Karremann, Manfred: Es geschieht am helllichten Tag (DuMont Buchverlag 2007)

Kersten, Detlef: Cartoons für Grüoßeltern (Lappan-Verlag 2008)

Klosinksi, Gunther: Großeltern heute – Hilfe oder Hemmnis? (Attempto Verlag 2008

Lempp, Reinhart: Enkel für Anfänger (Diogenes-Verlag 2007)

Lohre, Matthias: Das Erbe der Kriegsenkel (Güthersloher Verlagshaus, 1. Auflage, 2016

Meves, Christa: Großeltern ABC (Christiana-Verlag 2008)

Meves, Christa: Mut zum Erziehen (Gütersloher Verlagshaus, 1978)

Milzner, Georg: Digitale Hysterie (Verlagsgruppe Beltz, 2016)

Müller-Münch, Ingrid: Die geprügelte Generation (Klett-Cotta 2012)

Nöstlinger, Christine: ABC für Großmütter (DachsVerlag) 1999)

NZZ online: von Großeltern und Enkelkindern (25. Februar 2007)

Riederle, Philipp: Wer wir sind, und was wir wollen (Knaur 2013)

Ruthe, Reinhold: Zufrieden im Alter (Brendow Verlag 2008)

Ruthe, Reinhold: Mitten im Leben (Brendow Verlag 2008)

Schäfer, Annette: Großeltern, die unentbehrliche Generation (Psychologie heute 9/2006)

Schirrmacher, Frank: Das Methusalem-Komplott (Karl Blessing Verlag 2004)

Scholz, Detlef: #Familie — Entspannter Umgang mit digitalen Medien (Carl-Auer Verlag GmbH 2016)

Schönfeld, Sybil Gräfin: Kinder brauchen Großmütter (Piper 1996)

Sinus Milieu Studie 2010

Spes Christiana, Band 20/2009

Stoppard, Miriam: Das Großeltern-Buch (Dorling Kindersley 2006)

Stöcklin-Meier, Susanne: Was im Leben wirklich zählt (Kösel-Verlag, München 11. Auflage 2008)

Thirsch, Hans: Großelternschaft heute (herausgegeben bei G. Klosinski)

von Münchhausen, Marco: Wo die Seele auftankt (Campus Verlag GmbH, Frankfurt/Main, 2004)

Vorwerk Familienstudie 2009

Weil, Simone: Die gefährlichste Krankheit (Friedens-bibliothek/Antikriegsmuseum der Evangelischen Kirche in Berlin-Brandenburg, 2. Auflage 2008)

Zaugg, Katharina: Wellness beim Putzen (h.e.p.Verlag ag, 2. Auflage, 2004)

Ursula Lehr, Psychologie des Alterns, 10. Auflage, 2003, Quelle & Meyer Verlag Gmbh & Co., Wiebelsheim

Heimat – Räume, Gefühle, Konjunkturen«, 2020 von der Bundeszentrale für politische Bildung in Thüringen herausgegeben

Sven Plöger, Zieht euch warm an, es wird heiß, Westend Verlag Frankfurt Main, 2020

Quellen im Internet:

www.großelternreport.de

http://eltern-raten-eltern-forum.de/grenzen-setzen/

http://www.familienhandbuch.de/babys-kin-der/erziehungsfragen/grenzen/grenzensetzenindererziehung.php

https://www.aphorismen.de/zitat/32621

http://www.daserste.de/information/politik-weltgeschehen/morgenmagazin/service/service-auch-mal-nein-sagen-100.pdf

http://karrierebibel.de/nein-sagen/

http://www.frauenzimmer.de/cms/helfersyndrom-die-egoistische-form-der-hilfe-2510241.html

https://www.aphorismen.de/zitat/122488

http://www.alltagsforschung.de/voll-im-stress-warum-wir-unsere-zeit-fur-mitmenschen-opfern-sollten/

https://blog.socialhub.io/storytelling-social-media-die-macht-der-geschichten/

http://www.ninakarner.com/warum-ist-storytelling-wichtig-und-warum-fuer-mich/

http://www.psychosoziale-gesundheit.net/psychohygiene/kindheit.html

http://www.psychosoziale-gesundheit.net/psychohygiene/pdf/faust3_kindheit.pdf

http://www.huffingtonpost.de/2016/09/07/lesen-kinder-toll_n_11889716.html

http://www.kinderbuch-couch.de/mit-kindern-lesen-tipps-zum-vorlesen.html

http://www.t-online.de/eltern/schulkind/id_76029268/studie-klaert-wie-das-vorlesen-kinder-beeinflusst.html

http://www.deutschlandfunk.de/es-war-einmal-vorlesen-foerdert-kindesentwicklung.680.de.html?dram:article_id=371723

http://www.stern.de/familie/kinder/vorlesestudie-2015--vorlesen-macht-kinder-schlau-6544892.html

http://www.rga.de/lokales/remscheid/bibliothekarin-vorlesen-macht-klug-6988346.html

http://www.papa-online.com/vorlesen/

https://www.kindergesundheit-info.de/themen/spielen/hauptsache-spielen/spielvoraussetzungen/

https://www.kindergesundheit-info.de/themen/spielen/hauptsache-spielen/spielen-ist-gesund/

https://www.kindergesundheit-info.de/themen/spielen/hauptsache-spielen/entwicklungsfoerderung/

https://www.kindergesundheit-info.de/themen/spielen/hauptsache-spielen/spielvoraussetzungen/

https://www.kindergesundheit-info.de/themen/spielen/hauptsache-spielen/allein-zusammen/

http://www.kindergartenpaedagogik.de/418.html

https://de.wikipedia.org/w/index.php?title=Spiel&printable=yes

https://de.wikipedia.org/w/index.php?title=Spezial:Buch&bookcmd=download&collection_id=e111dfe874de07de741f8552e74faac6931bbe01&writer=rdf2latex&return_to=Spiel

https://www.kindergesundheit-info.de/themen/spielen/hauptsache-spielen/

http://sz-magazin.sueddeutsche.de/texte/anzeigen/45179/Wir-zwei-gegen-den-Rest-der-Welt

https://de.wikipedia.org/wiki/Die_10_Gebote_der_Gelassenheit

https://www.healthyhabits.de/mehr-gelassenheit/

http://www.zeitzuleben.de/machen-sie-sich-auch-standig-sorgen/

http://www.gutenachrichten.org/ARTIKEL/gn12mj_art4.htm

http://www.stil.de/knigge-thema-der-woche/details/artikel/die-jugend-von-heute-wie-sie-generationskonflikte-vermeiden-und-das-gegenseitige-verstaendnis-foe.html

https://www.welt.de/kultur/history/article106225975/Altern-ist-keine-Krankheit-sondern-verdient-Respekt.html

http://www.apotheken-umschau.de/Psyche/Mehr-Respekt-bitte-212961.html

http://www.zeit.de/2016/23/generationenkonflikt-rente-babyboomer-arbeitsmarkt-stellenabbau-sparzwang/komplettansicht

http://www.lizzynet.de/2938660.php

https://de.wikipedia.org/wiki/Respekt

https://de.wikipedia.org/w/index.php?title=Spezial:Buch&bookcmd=download&collection_id=ac7b6d644e4a5740517e64add2270995439da0ae&writer=rdf2latex&return_to=Respekt

http://www.lizzynet.de/3048228.php

http://www.elternimnetz.bayern.de/kinder/erziehungsfragen/alltag/regeln.php

http://www.spiegel.de/panorama/gesellschaft/erziehungsfreie-zonen-die-monster-anderer-eltern-a-756703-2.html

http://www.zeit.de/2011/26/L-SM-Juul/komplettansicht

http://www.morgenpost.de/familie/article127339428/Kinder-brauchen-Grenzen-Doch-wie-sagt-man-es-den-Eltern.html

http://familylab.de/files/artikel_pdfs/presse_pdfs/beziehung_wie_sie_gelingt.pdf

http://www.gangolf-neubach.de/wp-content/uploads/2014/12/Wertschaetzung-schafft-Wertschoepfung-Artikel.pdf

ttp://lachen-lernen-entspannen.de/wertschaetzung/

https://de.wikipedia.org/wiki/Wertsch%C3%A4tzung

http://www.dr-mueck.de/pdfs/Wertschaetzungskompetenz-Beachtung-Respekt-Anerkennung-Dr-Herbert-Mueck.pdf

www.vdma.org/article/-/articleview/616148

https://www.business-nlp.ch/files/ibnlp/downloads/Business-NLP_Artikel_Wertschaetzung.pdf

http://www.zeit.de/angebote/partnersuche/magazin/magazin_Sehnsucht_nach_Geborgenheit

https://www.psychotipps.com/geborgenheit.html

https://www.palverlag.de/lebenshilfe-abc/geborgenheit.html

http://lachen-lernen-entspannen.de/wertschaetzung/

http://sz-magazin.sueddeutsche.de/texte/anzeigen/45179/Wir-zwei-gegen-den-Rest-der-Welt

http://www.hoppsala.de/index.php?menueID=21&contentID=872

https://de.wikipedia.org/wiki/Alexander-Technik

http://www.mbsr-berlin.com/was-ist-achtsamkeit.html

http://www.alexander-technik-schu-le.de/Abschlu%C3%9Farbeit_Wahrnehmung%20und%20Aufmerksamkeit%20in%20der%20Alexandertechnik_Teresa.pdf

http://www.erziehungskunst.de/fileadmin/archiv_alt/2005/0205p003Ellenberger.pdf

https://de.wikipedia.org/w/index.php?title=Interesse_(Psychologie)&printable=yes

http://www.gewuenschtestes-wunschkind.de/2014/11/arten-der-aufmerksamkeit-und-zuwendung-warum-unsere-kinder-manchmal-nicht-genug-zu-bekommen-scheinen.html

http://www.papa-online.com/aufmerksamkeit/

https://de.wikipedia.org/wiki/Interesse_(Psychologie)

gesundheitsmanager.aok.de/gesundheit-und-wohlfuehlen/wohlfuehlen/tipps-fuer-mehr-geborgenheit-16590.php

http://marialourdesblog.com/geborgenheit-das-schonste-nebenwort-der-liebe-2/

http://www.br.de/themen/wissen/hartnaeckigkeit-stabilitaet-vorurteile-100.html

http://www.huffingtonpost.de/sherrie-campbell-phd/sieben-wege-selbstbewusstsein-kinder_b_5158798.html

http://www.focus.de/familie/erziehung/was-eltern-falsch-machen-koennen-zwoelf-dinge-die-ihnen-ihr-kind-nicht-verzeihen-wird_id_2746515.html

https://www.palverlag.de/eltern-frieden-schliessen.html

http://www.urbia.de/magazin/familienleben/von-der-schwierigkeit-seine-stiefkinder-zu-lieben

https://www.nifbe.de/component/themensammlung?view=item&id=620:kinder-annehmen-wie-sie-sind&catid=24

http://www.zeitzuleben.de/selbstwertgefuehl-sich-selbst-annehmen/

http://www.aussteiger-familie.de/bedinungslose_liebe_einstieg_uebung/

http://www.elternwissen.com/erziehung-entwicklung/erziehung-tipps/art/tipp/patchwork-familie-so-gelingt-das-miteinander-ohne-probleme.html

http://de.newsner.com/20-sachen-die-alle-eltern-ihren-kindern-sagen-sollten-warnung-tun-sie-es-nicht-werden-sie-es-bereuen

http://jademond.de/ich/vom-annehmen/

http://www.kreativesdenken.com/artikel/loslassen.html

https://www.psychotipps.com/sich-annehmen-lernen.html

http://www.zeitzuleben.de/andere-menschen-akzeptieren-lernen/

https://de.wikipedia.org/wiki/Akzeptanz

https://www.palverlag.de/Antipathie.html

http://de.wikihow.com/Mit-Menschen-umgehen,-die-man-nicht-mag

http://www.huffingtonpost.de/rachel-macy-stafford/wichtigste-erziehungsmassnahme_b_11888294.html

http://www.sueddeutsche.de/muenchen/noergeln-in-sueddeutschland-bayern-ist-ohne-grant-nicht-denkbar-1.1336757-2

http://www.zeitblueten.com/bekanntenkreis-aussortieren/

http://www.cosmopolitan.de/richtiger-umgang-mit-noerglern-keine-chance-fuer-energy-sucker-62812.html

https://www.seele-verstehen.de/themen/seelenleid/beleidigung/

http://rette-sich-wer-kann.com/selbstbestimmung/energiesauger-erkennen-einfach-schlechte-gesellschaft-loswerden/

https://web.de/magazine/wissen/denken-veraendert-struktur-gehirns-32028882

http://www.flow-magazin.de/article/lass-uns-doch-einfach-zusammenbleiben

http://www.morgenpost.de/printarchiv/kultur/article104524088/In-der-Noergelfalle.html#modal

http://www.sozial-pr.net/hor-auf-zu-meckern-ein-10-punkte-plan-gegen-notorische-norgler-und-schwarzseher/

http://www.bild.de/ratgeber/2014/streit/so-wehren-sie-sich-gegen-noergler-36324138.bild.html

https://www.welt.de/gesundheit/article12361003/Warum-Menschen-im-Alter-ploetzlich-boshaft-werden.html

http://www.psychologie-guide.de/staendiges-noergeln-zeugt-von-unzufriedenheit.html

http://www.businessinsider.de/noergeln-toetet-nicht-nur-nerven-so-ungesund-ist-jammern-wirklich-2016-3

https://ivanblatter.com/noergeln-ist-aufschieben/

http://www.livenet.de/themen/kirche_und_co/christliches_gemeindeleben/frauen/129240-hoeren_sie_endlich_auf_zu_noergeln.html

http://www.stern.de/gesundheit/warum-uns-perfektionismus-alles-andere-als-gluecklich-macht-5937362.html

http://www.update-seele.de/fileadmin/1_3Orientierung.pdf

http://www.stil.de/knigge-thema-der-woche/details/artikel/etikette-ohne-falschen-ehrgeiz-in-7-schritten-aus-der-perfektionismus-falle.html

http://www.stephanwiessler.de/perfektionismus/

http://www.stephanwiessler.de/perfektionismus/

http://www.stern.de/gesundheit/warum-uns-perfektionismus-alles-andere-als-gluecklich-macht-5937362.html

http://www.zeitblueten.com/news/perfektionismus-perfektionisten/

http://www.zeitzuleben.de/raus-aus-der-perfektionismusfalle/

https://www.psychotipps.com/perfektionismus-ueberwinden.html

https://www.psychotipps.com/perfektionismus-ueberwinden.html

https://www.palverlag.de/lebenshilfe-abc/perfektionismus.html

https://www.palverlag.de/lebenshilfe-abc/perfektionismus.html

http://www.gluecksdetektiv.de/ein-hoch-auf-den-fehler-warum-uns-makel-unzulaenglichkeiten-und-fehlschlaege-erst-wirklich-voran-bringen/

http://www.zeitzuleben.de/fehler-sind-etwas-wunderbares/

http://www.stern.de/panorama/julia-engelmann/julia-engelmann-kolumne-im-stern--verantwortung-uebernehmen-6582266.html

http://dubistgenug.de/verantwortung-uebernehmen/

https://www.angst-panik-hilfe.de/angst-vor-verantwortung.html

https://www.psychotipps.com/selbstverantwortung-teil-3.html

http://www.psyhp.de/zumich.html

http://www.myway-training.de/blog/der-einzige-weg-die-orientierung-im-leben-zu-behalten/

http://www.zeitzuleben.de/meine-lebensphilosophie/

http://www.zeitzuleben.de/wie-sie-den-beruf-finden-der-zu-ihnen-passt/

http://www.update-seele.de/de/sich-trauen/orientierung-finden/

https://www.uni-muenster.de/imperia/md/content/fb2/d-praktischetheologie/pastoraltheologie/tr__sten.pdf

http://www.gewuenschtestes-wunschkind.de/2015/04/warum-man-kinder-immer-troesten-sollte-und-wie-man-einem-kind-richtig-trost-spendet.htm

http://www.zeitblueten.com/news/trost-troesten/

http://www.gedankenpower.com/28-lebensweisheiten-die-ich-in-22-jahren-gelernt-haben/

http://www.aachener-zeitung.de/ratgeber/familie/den-enkeln-ein-besonderes-andenken-mit-auf-den-weg-geben-1.329075

http://www.moms-blog.de/lebensweisheiten-kinder/

http://www.bigfm.de/topic/12687/mutter-toechtern

http://www.beschaeftigungsfaehigkeit-sichern.de/publikationen/abschlussveranstaltung/gaus290507.pdf

https://www.pronovabkk.de/gesundheit/gesundheit/seelische-gesundheit/der-mensch-braucht-wurzeln-36a7a8f38ab79b26

http://www.dijg.de/ehe-familie/forschung-kinder/wurzeln-zugehoerigkeit-hirnentwicklung/

http://lebe-wild-und-wunderbar.de/wenn-die-wurzeln-fehlen-wird-das-fliegen-schwierig

https://www.pronovabkk.de/gesundheit/gesundheit/seelische-gesundheit/der-mensch-braucht-wurzeln-36a7a8f38ab79b26

http://www.udo-leuschner.de/sehn-sucht/sehn-sucht/s02heimweh.htm

https://de.wikibooks.org/w/index.php?title=Zur_Psychologie_des_Heimwehs:_Druckversion&printable=yes

http://www.washilftgegen.com/heimweh-bei-erwachsenen-was-tun/

http://www.deutschlandradiokultur.de/gekappte-wurzeln.1278.de.html?dram:article_id=192577

https://www.welt.de/vermischtes/article106152992/Klammernde-Eltern-und-ihre-Tyrannei-der-Intimitaet.html

https://www.welt.de/wissenschaft/article132728527/Die-German-Angst-steckt-tief-in-unseren-Genen.html

http://uexkuell-akademie.de/vererbte-kriegserfahrungen-was-lebt-in-den-kindern-und-enkelkindern-weiter/

http://www.sueddeutsche.de/leben/kriegsenkel-generation-der-lange-schatten-1.3152623?reduced=true

http://www.business-nlp.ch/files/ibnlp/downloads/Business-NLP_Artikel_Wertschaetzung.pdf

http://selbstwertgefuehl.dove.de/Articles/Written/When_does_family_banter_become_family_bullying.aspx

http://www.faz.net/aktuell/wissen/mensch-gene/wenn-zank-unter-geschwistern-zum-mobbing-wird-13341905.html http://www.drdutschmann.de/Mobbing.html

http://www.salzachbruecke.eu/de/de/artikel/mensch-natur-56/familie-generationen-59/was-wir-voneinander-lernen-koennen-1650.htm

http://www.salzachbruecke.eu/de/de/artikel/mensch-natur-56/familie-generationen-59/was-wir-voneinander-lernen-koennen-1650.htm

http://www.emotionaleerpressung.de/

(http://www.apotheken-umschau.de/Psyche/Mehr-Respekt-bitte-212961.html)

http://www.sagen.at/texte/maerchen/maerchen_deutschland/brueder_grimm/meisterpfriem.html

22.06.2016, 11.32 Uhr

https://de.wikipedia.org/wiki/Schweigen

https://www.geschichten-netzwerk.de/coaching-therapie/geschichten/die-drei-siebe/

https://de.wikipedia.org/wiki/Aktives_Zuh%C3%B6ren

https://www.google.de/books/edition/Die_Vorsilbe_ver_und_ihre_Geschichte/iTu_phMTtoYC?hl=de&gbpv=1&pg=PP1&printsec=frontcover 4.4.24

https://www.stern.de/gesellschaft/millionenerbin-marlene-engelhorn-verschenkt-25-millionen-euro-34552796.html#:~:text=17.03.2024%2C%2016%3A57,und%20l%C3%A4sst%20andere%20entscheiden%2C%20wohin. 4.4.24

https://www.t-online.de/leben/familie/erziehung/id_48506954/die-schmusetuchlobby-welche-rolle-spielen-uebergangsobjekte-.html

ƐDITION GROßELTERNAKADEMIE

Miteinander, füreinander, voneinander
Wir christlichen Großeltern von heute

Mein liebes Enkelkind
Enkeltagebuch

Das ABC für Großeltern

Coole Großeltern

Neugier aufs Dessert
Impulse für Großeltern

Was Ihr Euren Kindern antut, wenn Ihr sie von den Großeltern trennt
Ein Plädoyer für die Enkel-Großelternbeziehung

Zueinander finden
Wege aus der Trennung von den Enkelkindern

Wissen Großeltern alles besser?

Gibt es Generationengerechtigkeit?

Küche, Kreuzfahrt, Kombizange
Unterhaltsamer Großelterntest

Nur bei Präsenzveranstaltungen bzw. Kursen erhältlich:

366 Impulse für den schönsten Job der Welt: Großeltern zu sein

... da wollen Sie nicht mehr raus!
Impulsbuch für werdende Großeltern